译文经典

# 古代哲学的智慧

Qu'est-ce que la philosophie antique?

Pierre Hadot

〔法〕皮埃尔·阿多 著

张宪 译

上海译文出版社

皮埃尔·阿多自 1991 年以来担任法兰西学院的荣誉教授。他的研究首先关注古希腊文化和基督宗教之间的关系，然后是新柏拉图主义的神秘主义和希腊化时期的哲学。他的著作中也有对表现哲学灵性现象的一般描述。

纪念韦尔克 (A. -J. Voelke)

总有一天，人们会情愿在色诺拉的《回忆》而不是《圣经》中寻求道德与理性的自我完善；蒙田和贺拉斯将成为我们的向导，带领我们走进这位最简单、最光辉的圣贤——苏格拉底。

所有学派及其经验的成果都有理由属于我们。我们不必以曾经受益于伊壁鸠鲁主义，来作为应用斯多葛主义的借口。

——尼采


古希腊的哲学家们，如伊壁鸠鲁、芝诺、苏格拉底等等，比现代任何一位哲学家都更坚守真正的哲学理念。

当一位老者对柏拉图讲述他所听到的有关道德的课程时，这位哲学家对他说："你想要开始有道德地生活时，你不仅需要思考，还应考虑应用。"然而，如今，我们将遵照这一训导生活的人当作空想家。

——康德


产生思想的正是渴求。

没有了道德，上帝只是一个词汇而已。

——普罗提诺


哲人在城邦中应占什么位置？应是一个人类雕塑家的位置。

——辛普利西乌斯

愿意做善事比认识真理更为重要。

——彼特拉克

我认为，那些把学习哲学作为一种唯利是图的交易的人，是对人类最有害的人。

——塞内加

我们脑海中的柏拉图和亚里士多德总是身着长袍的教书先生。他们非常诚恳，同其他人一样，他们也会对朋友微笑；他们在研究法律和政治时的态度是轻松而休闲的，这是他们生活中最放松的时刻。真正的哲学家，他们总是生活得简单而平静。

——帕斯卡

倘若哲学理论吸引着你，那么请坐下，在你心灵里一遍遍地检查这些理论。但是，千万别叫你自己为哲人，也别让别人这样叫你。

——爱比克泰德

如今只有哲学教授，没有哲人。

——梭罗

今天我什么都没做。——什么？难道你没有生活过吗？这不仅是你最基本的工作，也是最杰出的贡献。

——蒙田

# 译　序

当代法国哲人、哲学史家皮埃尔·阿多因患肺炎，于
2010 年 4 月 24 日在巴黎辞世，享年 88 岁。[①] 今天，我终于
完成了他的名著《古代哲学的智慧》[②]的中文翻译，算是对
逝者补献上的一份悼念、一份崇仰。

我最先与这位法国哲人神交，是阅读他的另一部名著
《作为生活方式的哲学》。该书的英文版附有译者对他的采
访，阿多在对话中讲述了自己的教育背景、求学经历、哲学
生涯和生活态度。

阿多 1922 年出生于法国的兰斯，从小接受非常严格的
天主教宗教教育。他说，天主教在他成长中扮演了一个重要
的角色——既是他认识世界的第一印象，亦是他后来对之萌
生疑问的价值体系。他的灵性之路开始于托马斯主义哲学，
是通过阅读马里坦的哲学著作而接触到的。托马斯主义哲学
把亚里士多德主义和新柏拉图主义结合起来，对于哲学初学

者有一个好处，就是一开始就使他们注意到一种哲学的体系形成和严整结构。阿多从托马斯主义这个基于远古和中世纪传统的哲学中，找到世界事物本质（essence）与实存（existence）之间的区别。而宗教教育，使他在走向哲学之路的一开始就直接熟悉神秘主义，并对之着迷一生。他甚至在维特根斯坦——他是第一个把维特根斯坦介绍到法国的学者——的《逻辑哲学论》中，读出与神秘主义的共鸣："确实存在着那种不可言说的东西。这种东西只能显示自己；它是神秘的。"③

　　阿多对"灵性的修炼"（exercices spirituels）——或者简称"灵修"——的研究，其灵感来自对英国哲人、枢机主教纽曼著作《赞同的基本原理》的阅读。就是说，纽曼著作对真实赞同与想象赞同之间的区分，引起了阿多研究灵修的冲

① 最先在互联网上发布阿多逝世消息的，是他的学生和合作者迈克尔·沙斯。迈克尔·沙斯把老师的两部主要著作《古代哲学的智慧》和《作为生活方式的哲学》，先后翻译成了英文。

② 法国哲学史研究权威皮埃尔·阿多的名著 *Qu'est-ce que la philosophie antique?* 于 1995 年由法国伽里玛出版社出版。1999 年由波尔勒尔译成德文 *Wege zur Weisheit, oder Was lehrt uns die antike Philosophie?*（《通向智慧之路：古代哲学教会我们什么？》），而迈克尔·沙斯翻译的英文版 *What is Ancient Philosophy*（《何为古代哲学？》）于 2004 年由哈佛大学出版社出版。目前的中文版虽然直接从法文版译出，却也参考了英文版和德文版，我觉得德文版的书名译法更贴切，故采用了一个与之类似的书名译法《古代哲学的智慧》。

③ 根据阿多的引文译出，见《作为生活方式的哲学》（*Philosophy as a Way of Life, Spiritual Exercises from Socrates to Foucault*, ed. with an introduction by Arnold I. Davidson, tr. by Michael Chase, Blackwell, 1995），第 285 页。

动。这种研究带出两个问题：第一，现代人还能理解古代文本并且依据它们而生活吗？第二，在当代世界与古代传统之间，已经形成了一种不容置疑的断裂吗？阿多对第一个问题的回答是肯定的，对第二个问题的回答则是否定的。

他把对自己哲学观的形成影响最大的三种哲学——柏格森的"生命哲学"、马克思主义和存在主义，都看成是古代灵修在今天的延续。在阿多看来，柏格森主义并非一种抽象的、概念式的哲学，而是一种观看世界、改变认知的新方式。存在主义——包括海德格尔①、萨特、梅洛-庞蒂、加缪和马塞尔——使我们晓得，对经验世界、感知、身体经验的反应处理，与社会的、政治的和日常的生活是彼此不可分开地联系在一起的。马克思主义——撇开其经济唯物论的成分不谈——更是在哲学中，把理论和实践、理论反思与日常生活紧密相连。

不管阿多如何探索形而上学和神秘主义在基督宗教、伊斯兰教、印度教和新柏拉图主义中的表现形式，如何从对神秘主义的兴趣引导到研究普罗提诺，再延伸到对伊壁鸠鲁主义和斯多葛主义乃至整个古代哲学的研究，他始终记得自己年轻时读过的诗人查理·贝玑的诗句"哲学并不走进哲学课堂"。对于阿多来说，哲学与其说是一种体系构造，倒不如

---

① 按照我的理解，海德格尔的存在哲学（Existenzphilosophie），与萨特的存在主义（existentialisme）还是有一些根本上的区别。

说是一种具体的行动，它改变我们对世界的感知和我们自己的生活。换言之，与其说哲学是一种论辩（discours），倒不如说哲学是一种生活——因为论辩本身就是一种生活的实践。简言之，只要人类生活在延续，对生活方式的选择就是不可避免的；也就是说，哲学作为生活方式的选择，即灵修，是与人类生活本身一样永久持存的。

中国读者现在可以通过阿多《古代哲学的智慧》这个中文版，了解他如何专注于古希腊文化和基督宗教之间的关系，如何着手研究新柏拉图主义的神秘主义和希腊化的哲学。阿多的学术探索着力揭示表现哲学的那种灵性现象，却让人真切感受得到他自己亲身灵修的那种恬静淡泊。

阿多的书法文原名 *Qu'est-ce que la philosophie antique?* 我的中文版书名与德文版 *Wege zur Weisheit: Oder Was lehrt uns die antike Philosophie?*（Eichborn Verlag, Frankfurt, 1999）有点类似，德文版翻译过来为《通向智慧之路：古代哲学教会我们什么?》，本书译名《古代哲学的智慧》与之相比较为简洁，亦不失贴切。

翻译从 2007 年 7 月我在香港道教学院讲课时正式算起，断断续续进行，至今亦有 3 年之久。按照翻译草稿页码比例计算，约 1/3 在香港完成，1/3 在德国海德堡大学访学期间完成，1/3 在广州家里完成。

最先萌发翻译阿多这一名著的念头，完全出于教学考虑。从 2004 年开始，我不时地要按系里的要求，给外国哲学方向的研究生开"中世纪哲学"课程。开课，中世纪哲学家原著文本的阅读自然是必不可少的。然而，有两本书的阅读同样重要，而且也是构成我对整个中世纪哲学理解的基础：一本是新托马斯主义哲人吉尔松的《中世纪哲学精神》，另一本就是现在这本《古代哲学的智慧》。《中世纪哲学精神》有台湾出版的繁体中文版，因此，我决意着手翻译《古代哲学的智慧》，部分可以放在自己为修课学生编的《中世纪哲学英文读本》的附录里作为参考，部分留作自己研究写作用。

2009 年 9 月，我的法籍同事梅谦立教授和张贤勇副教授，建议我在原译稿的基础上，把剩下的 2/3 译完，作为中大哲学系、比较宗教研究所"古代基督宗教研究"项目的翻译部分。梅教授随即写信给法国的出版社，征询版权事宜。法国出版社年底回信说，版权已经为上海译文出版社购得。上海译文出版社编辑在得知我已经译出阿多该著作的部分内容之后，随即来信与我联系，双方很快便签订了出版合同——我将在 2010 年 10 月份把全部译稿交由译文出版社出版。于是，才有了现在这个中文版。

阿多这部著作，可以看作他的《作为生活方式的哲学》的姊妹篇。《作为生活方式的哲学》写在前，长于哲学说理；《古代哲学的智慧》写于后，重在古代希腊罗马哲学史的细节描述。

该书整体布局一分为三：第一部分交代古希腊"哲学"的定义及其来龙去脉；第二部分可视为《作为生活方式的哲学》一书的细节展开，描述古代各个哲学学派（校）灵修的方法和特点；第三部分在分析中世纪基督宗教哲学如何连接古代哲学和近现代哲学的基础上，阐发哲人今天获得灵魂宁静所不得不面对的种种艰难选择乃至悖谬处境。①综观全书要旨，我们不难得出如下看法：宗教与哲学在古代本源的天然联系，经过基督宗教哲学的自我调适，在今天亦就重新接上了。

阿多在"前言"中告诉我们，他写这部著作，是想"通过其一般的和共同的特点，描述由古代哲学所代表的那种历史的和灵性的现象"。"灵性的"（spirituel）这个词，一般而言亦可译作"精神的"，但与法文的 l'esprit（精神、理智、思想）有所不同，更多强调宗教超越的维度。我认为，"精神的"这个形容词在今天中文语境中，基本上没有了原来宗教的修饰意蕴。所以，我在绝大多数情况下，都把 spirituel译作"灵性的"，旨在传达出希腊哲人灵魂生活中静观神灵——由此在根本上改变自己——的一面。

与"灵性"相连的另一个表达的中文翻译是"灵性的修

① 这里使我联想起勒维纳斯的《艰难的自由》（*Difficile Liberté*，Albin Michel, 1963）。

炼"，即"灵修"。"灵修"这个字眼对于国内从事西方哲学研究的学者来说，可能比较陌生；说"灵修"是整个古代哲学的生活方式，更会令人不解。然而，阿多这部著作，洋洋洒洒300多页，要表达的其实就是这个基本看法。[1]用阿多的话来说，"哲学不过是为了智慧而做准备的修炼。"[2]不过，有意思的是，在古代哲人那里，"灵修"既可以体现在饮食养生中，亦可以表现在对话和沉思里，更集中在对超越者的静观上。不难理解，所有这些活动都意味着一种生活方式的选择。这种生活方式——要言之——就是回到灵魂本身的宁静平和，亦即我们常说的返璞归真。阿多关于灵修与古代哲学的研究，影响了当代法国另一位哲人福柯关于"自身教养"概念的表述。此外，阿多还从东方佛教哲学尤其是中国古代（庄子）哲学中，读出了与古希腊罗马哲人同样的灵修意蕴。[3]

阿多的著作分三部分，相应地展开对这个思想进行论证的三个阶段。

该书的第一部分就是第一阶段的工作——重新追寻古代哲人"爱智慧"（philosophia）的起源和传统。希腊人称智慧女神为索菲亚（Sophia）。不过，"索菲亚"这个观念在古代

---

[1] 阿多的《作为生活方式的哲学》，甚至他的几乎所有著作，要说的基本上也就是这个意思。

[2] 阿多，《古代哲学的智慧》（Gallimard, 1995），第19页。

[3] 参见《古代哲学的智慧》（十二）"问题与视角"。

的使用却是丰富多样的，既可以表示灵魂向神祇的升华，亦可指人的知识学问，还可意味与他人打交道的心机技巧。哲人的"本职工作"，便是教导人，尤其是不谙世事的青年人，通过日常生活最细微、最直接的生活琐事，学会安顿灵魂、向神超升——这就是最大的德性。这种德性要求生活的简朴真诚，实际上就是整个哲学追求的那种生活方式的根本旨趣。

在著作的第二部分，阿多详细分析了古代哲学中不同学校（学派）如何从不同的方面，体现"爱智慧"——被看作"灵修"这种生活方式——的特点。例如，阿多指出，在柏拉图学派那里，灵修把追求卓越的对话伦理，与爱的升华密切结合起来。亚里士多德则把神灵智性的静观，视为哲学幸福和精神活动的顶点。[①]犬儒主义的灵修需要忍受饥渴贫寒，由此获得自由、独立、内心力量、不烦和灵魂宁静，由此使自己适应一切环境。伊壁鸠鲁的灵修则通过对死亡的沉思，教会我们懂得对自然和生命的深深感恩，以感恩之心接受每个不可预期的时刻。斯多葛主义的灵修不管如何具体，见之于物理学、知识论和道德论，却都是为了应对"恶"而

---

① 亚里士多德讲的智性静观活动（theoria），通常被国内学者理解为与实践相对的"理论的"（théorique）活动，强调其思辨的、抽象的意义。其实，按照阿多扎实的文本考据，亚里士多德在谈论哲学时，并不使用théorique，而只用"静观的"（théorétique）这个词。在亚里士多德看来，"静观的"并不与"实践的"相对立，恰好相反，它能够本身就表现为一种实践的、实际的、活动的哲学，一种带来幸福的哲学。

进行的"预先练习"(pré-exercice)。就是说,我们预先想象生活中各种不同的困难、倒霉、痛苦和死亡,一旦它们出现,就会因为我们自己的预先"远虑"而变得无所畏惧。而怀疑主义的灵修则类似今天哲人胡塞尔所说的"现象学还原",即把我们自己对世界的存在首先来一番"停止判断"(epochê),以便可能享受达至大全本身的那种真正的灵魂安宁。

对我而言,阿多最吸引人的是第三部分——把发轫于中世纪的基督宗教哲学,视为连接古代与近代哲学的一个必不可少的环节。可以毫不夸张地说,阿多在他著作的这个部分,为我提供了一副精美透析的眼镜,使我更清楚地发现基督宗教哲学的灵修与古代哲学灵修如何一脉相承,又如何开启近代以降的整个西方哲学。简言之,我们可以在早期教父巴西勒①——更不用说奥古斯丁和托马斯·阿奎那——对《圣经》的评注中,看到所有斯多葛主义、柏拉图主义和亚里士多德主义的论题——灵修就是唤醒上帝已经放在我们灵魂内的思想和行动的理性原则。而且,经院哲学的讲经和辩论,完全是对流行于古代哲学各个学派的教学和练习方法的承继和扩展。从中世纪过渡到近代再延伸到当代,我们熟悉

---

① 国内学界研究西方哲学史,基本上不谈早期教父的哲学,这在我看来是个遗憾。实际上,教父哲学是把希腊哲学与基督宗教连接起来的最早尝试,对后来经院哲学的形成有很重要的影响。

的哲人如笛卡儿、康德、卢梭、叔本华、克尔恺郭尔、马克思、尼采、柏格森、维特根斯坦、海德格尔和梅洛-庞蒂，无一不以各自的努力，忠诚于古代哲学那种有活力的、生存性的维度——通过超越自己而成为永恒。他们把哲学不仅想象为一种具体的、实践的活动，而且看作人类栖息和感知世界的方式的一种转变。

一句话，只有不断地进行灵修，我们才有可能一方面回归古代哲人的爱智慧，另一方面使自己走向永恒。

阿多的《古代哲学的智慧》，是他长期致力于对古代哲人和哲学研究进行深入反思的成果。阿多写这部著作，大量地依靠了古代哲人的文本。这样做，目的是让那些并不总是容易接近原始资料的学生，能够更好地理解古代哲学教给他们的智慧。阿多的著作，语言简洁清晰，叙述流畅通达，读来毫无艰辛晦涩之感，却不失内在的思想深度和力度，一如他自己对哲学本身的理解表达。而且，参考书目如此丰富，却安排得井然有序，恰到好处。我粗略估算，该书的引文和注的篇幅约占全书正文的1/4；参考书，包括大量直接引用的书籍，约有三四百部之多；注为800多条；人名数百个。不少他所引用的古代经典文本，都是由他自己亲自翻译处理过的。因此，我在翻译他的引文时，绝大部分都是按照他自己的法文译文直接译出。少数参考了已有中文版的地方，我都在注中标明出处。当然，我是第一次试着直接翻译法文著作，自知法文水平有限，翻译理解并不精准，所以整个翻译免不了参考英文版和德文版。因此，有些原来法文版中段落较长的地方，我都按照英德文版再做分段的加工处理。在注和"年代大事记"中个别地方，我亦根据英德文版做了些许改动。

近年来，国内学界对古希腊-罗马典籍以及古典学问的介绍、研究热情日渐高涨，令我这个一向崇仰古希腊-罗马生活方式的人兴奋莫名。我真诚希望，阿多的这部名著中文版的出版，能够为古典学的研究增加新的视角和方法，从而使人们真正理解古希腊-罗马哲学与犹太-基督宗教的内在联系。要言之，我们不但要熟知列奥·施特劳斯的"微言大义"，而且也最好能够花点时间来阅读阿多的《古代哲学的智慧》，认真思考他以灵修这一哲学生活方式为契机，贯通古今哲人追求大智慧的良苦用心。

在此，我要对我的研究生表示深深的谢意：镇超和刘超把约2/3的手稿输入电脑，小苏初译了"年代大事记"，而"参考书目"部分则是由汪聂才帮忙统一处理的。我特别感谢我的法籍同事梅谦立教授，他在非常繁忙的教学科研中抽出宝贵时间，帮我通读了一遍译稿，改正补充译稿中错漏的地方，并对一些译文的处理提出了很好的意见。我还要借此机会，表达对上海译文出版社的敬意——我藏书的相当一部分是来自这个出版社制作的"精神食粮"，它们一方面滋养了我的灵性鉴赏能力，另一方面也让我书柜的自身价值得以提升。同时，也是他们力促阿多著作在中国的翻译出版。

翻译在目前国内学术成果评定中，令人遗憾地不能算作"原创性"成果。但按我对翻译的理解，翻译肯定属于译者用一种文字表达另一种文字的"原创性"工作。更不用说，翻译本身是一种艰辛的精神劳作，是译者与作者在灵魂深处进行的一连串有时免不了是特别紧张而艰难的对话。因此很自然地，我在享受这一精神劳作的同时，也会对估计到自己语言水平、思想境界不够而可能出现表达的错漏感到不安。我只能祈求有兴趣阅读此书的读者见谅、包容，用自己正确而深刻的理解，完成对一部名著的开放性的诠释。当然，对我翻译中出现的错漏提出批评，我也是完全能够接受并加以改正的。

中大康乐园天贯居

# 目 录

# 前　言


　　我们很少反思，哲学就它本身来说究竟是什么。①确实，定义哲学是非常困难的。哲学学生被介绍的，首先是所有哲学。例如，全法教师资格会考轮着考柏拉图、亚里士多德、伊壁鸠鲁、斯多葛派哲人、普罗提诺，在经常被正式学习课程所忽视的中世纪“黑暗”之后，又考笛卡儿、马勒伯朗士、斯宾诺莎、莱布尼兹、康德、黑格尔、费希特、谢林、柏格森，以及一些当代哲学家。为了考试，学生常常不得不写一篇论文，表明自己非常熟悉这样或那样作者的理论。还有另一种论文用来测试学生反思“哲学”问题的能力，因为古代或当代的哲人通常都讨论这个问题。就问题本身而言，这一些没有什么错。因为看起来，正是通过学习各种哲学，一个人才可以最终得到有关哲学的观念。然而，“哲学史”并不等同于各种哲学的历史，因为我们通过“各种哲学”所理解到的是理论的论辩和哲人的体系。除了这种历史之外，事实上还有哲学生活模式研究的空间。

眼下这部著作尝试通过一般和共同的特点，描述由古代哲学所代表的那种历史的和灵性的现象。读者也许会问，为何我们要把自己限于如此遥远的古代哲学？我乐意做出如下回答。首先，这是一个我在其中希望获得某种能力的领域。其次，用亚里士多德的话来说，如果一个人要理解事物，就必须关注它们如何逐渐形成，[②]在它们一出现的那个时刻就抓住不放。我们现在在谈论"哲学"，是因为希腊人造出 philosophia 这个词，意指"爱智慧"；又因为希腊哲学被传到中世纪，然后到现代。因此，我们的目标是在其本源处就抓住这种现象，由此清醒意识到，哲学是一种在时间的某个特别时刻出现的历史现象，并且一直发展到了今天。

在这部著作中，我想表明，在古人处理 philosophia 的表现与今天通常处理哲学的表现——至少因为大学教学的迫切状态，它被介绍给学生的那种形象——之间，存在深刻的差

---

① 德勒兹和瓜塔里题为《什么是哲学？》（Qu'est-ce que la philosophie? Paris, 1991）的著作无论在精神上还是在方法上都与当今的著作相差甚远；然而，菲隆纳克的《什么是哲学？康德与费希特》（Qu'est-ce que la philosophie? Kant et Fichte，Paris, 1991）则是本很有趣的小册子，通过费希特与康德之间的通信来探讨哲学的本质问题。人们在《哲学历史辞典》（Historisches Wörterbuch der Philosophie，Basel, 1989）卷7 P-Q第572—927页中，找到了从古至今关于哲学定义的一系列值得关注的研究。

② 亚里士多德，《政治学》，Ⅰ，2，1252a24。

别。学生们获得这样的印象：他们研究的所有哲人，都分别用一种原本的方式，努力发明一种新的、系统的和抽象的结构，无论如何都要解释这个宇宙；或者至少，当代的哲人们试图详细阐述一种关于语言的新论辩。这些理论——人们也许可以称之为"普遍的哲学"（philosophie générale）——在几乎所有体系中，产生出了道德的学说和批评。可以说，由此引出了个人和社会体系普遍原则的结果，因而鼓励人们实现一种特别的生活选择，接受某种行为模式。认识这种生活选择将是否有效的问题，完全是次要的、附属的，它并不进入哲学论辩（discours philosophique）的视角。

我认为，如果这样一种图像被用于古代哲学，那是错误的。显然，人们不可能质疑古代哲人对知识论、逻辑学或物理学这些最精妙问题进行理论反思的非凡能力。然而，这种理论活动必须这样来看：它不同于那种与人们通常拥有的哲学观念相一致的看法。首先，至少自苏格拉底时代以来，生活方式的选择已经不是被放在哲学活动过程的结束，像附属或附录那样。相反，它一开始就与对其他生存态度的批评反应，与经历和观察世界的某种方式的整体看法，与自主的决定本身有复杂的相互关联。因此，在某种程度上，这种抉择决定某种特别的学说，亦即教导的方式。所以，哲学论辩源于一种生活选择和生存抉择——而不是相反。其次，这种选择和决定从来不是单独做出的。从来不可能存在处于某个集体、共同体——一句话，某个哲学"学派"——之外的哲学或哲人。由是，哲学学派尤其与某种生活方式的选择和生存抉择相一致，它要求个人生活风格的完全改变，一个人整个存在的改变，最后是对以某种方式存在和生活的渴望。这种生存抉择也隐含某种世界观，因而，哲学论辩的任务是揭示这种生存抉择和世界的表象，证明其合理性。所以，理论的哲学论辩诞生于这种最初的生存抉择，并且引回到它那里去。哲学论辩凭借自己逻辑和劝导的力量，以及它试图对生活者施加的影响，刺激教师和学生真正面对自己最初的选择。换言之，它在某种程度上是某种生活理想的运用。

所以，我要说的是，哲学论辩必须从既是表达又是手段的生活方式视角加以理解。因此，哲学尤其是一种生活方式，是那种与哲学论辩紧密相连的生活方式。此书的一个根本论题，就是那个把哲学与智慧分开的距离。哲学不过是为了智慧而做准备的修炼。我们并不关心这样的对立：一方面是作为一种理论的哲学论辩的哲学，另一方面是作为缄默生活方式的智慧——它从论辩借此获得自我完成和完美的时刻起就加以践行。这是韦尔主张的图式，他写道：

哲人其实并不"明智"；他既没有智慧，也不是智慧。他言说，即使他的论辩只着眼于自我抑制，他还是要继续言说，一直到实现目的并超越他在其中终结的完美事例为止。①

　　这也许是一种类似维特根斯坦《逻辑哲学论》的情形，因为，《逻辑哲学论》的哲学论辩最后通过缄默的智慧（une sagesse silencieuse）得以超越。②从柏拉图的《会饮篇》开始，古代哲学以这样或那样的方式承认，哲人并非圣贤。不过，古代哲学并不把它自己看作一种纯粹的论辩——当智慧出现时，它就不存在了。毋宁说，它同时而且不可分割的是一种论辩和生活方式，朝向智慧却永远无法得到它。然而，柏拉图、亚里士多德和普罗提诺的论辩止于某些经验的门槛——如果这些经验不是智慧，那么它们至少是一种智慧的预示。

　　我们也不会反对论辩和生活方式，因为它们分别与理论和实践相一致。论辩可以有践行的方面，就它倾向于对听者或读者产生效果来说。就生活方式而言，它当然不可能是理论的，但它可以是 théorétique——即静观的（contemplatif）。

　　为了清楚起见，我必须详细说明，我是在书写我口述语言所表述"推论的思想"（pensée discursive）的哲学意义上，

_____

① 韦尔，《哲学的逻辑》（*Logique de la philosophie*，Paris，1950），第 13 页。

② 关于这点，参见加布里埃尔的论文 "作为文学的逻辑？维特根斯坦文字形式的涵义"（"La logique comme littérature？De la signification de la forme littérature chez Wittgenstein"），载《新交往》（*Le Nouveau Commerce*，82—83，1992），第 84 页。

而不是在"一种表明态度的说话方式"（manière de parler révélant une attitude）的流行意义上（例如，像在"种族主义论辩"中那样），来理解"论辩"的。例如，我拒绝混同语言和认识的功能。在这个语境中，让我引用鲁菲清晰明快的话：

> 事实上，完全有可能在没有语言的情况下思维和认识；在某些方面，也许有可能用一种更高的方式去思维。思想可以被定义合理行为的能力、精神表现的本领和抽象所承认。那些能够区别三角形状或者某种对象组合的动物，就像还没讲话的婴孩和没有受过教育的聋哑人一样，能够思维……临床研究证明，在语言发展和理智发展之间没有任何关联：精神有缺陷的人能够讲话，受失语症之苦的人可以是非常理智的……即使在普通人当中，构思的能力也能够多少被表达的能力所扼杀。看来，伟大的发现能够由语言独立地通过在大脑中精心构思的范式（patterns）加以处理。[①]

我强调这点，因为在此书的叙述中，我们将遇到这些情形，其中哲学的活动继续得以进行，即使论辩不能表达这种活动。

---

① 鲁菲，《从生物学到文化》（*De la biologie à la culture*，Paris，1976），第357页。

我们将不关心哲学作为生活方式，与以某种方式外在于哲学的哲学论辩之间的对立和分离。相反，我们希望表明，哲学论辩是这种生活方式的一部分。但是，必须承认，哲人的生活选择决定他的论辩。就是说，哲学论辩不能被看作自在地和自为地存在的实在事物，因此它们的结构不可以独立于形成它们的哲人而加以研究。苏格拉底的论辩能够与苏格拉底的生死分开吗？

灵性修炼①这种看法将经常出现在以下的内容中。我使用这个术语，指的是这样一些践行：它们可以是物理学意义上的，如饮食养生；或者是推理方面的，如对话和沉思；或者是直观上的，如静观；但它们全都是着眼于做出这些践行的主体方面所实现的某种改变和转变。哲学教师的论辩也可能采取一种灵性修练的形式，如果论辩以这样的方式表现出来的话，就是说，作为听者、读者或对话者的学生，能够取得灵性的进步，而且内在地转变自己。

这个论证将分为三个阶段展开。第一阶段将重新追寻 philosophia 这个词最先使用的历史。我们将试图理解柏拉图在《会饮篇》中定义这个词的哲学意义，因为正是在那里，他把 philosophia 规定为爱智慧。然后，我们将试图重新发现古代不同哲学——被看作生活方式——的特点；这将使我们

---

① 韦尔南也在《希腊人的神话与思想》卷 1 (*Mythe et pensée chez les Grecs*，t. I, Paris, 1971)，第 96 页中使用了这个术语。

思考这些哲学的共同特征。在第三阶段，我们将分析，从中世纪起，哲学以什么理由并在什么程度上，被看作一种纯理论的态度。我们最后将追问，是否有可能回归古代的哲学理想。为了证明我们回答的正确性，我们将大量地依靠古代哲人的文本。我认为，这将有利于那些并不总是容易接近原始资料的学生。

我介绍给读者的这些反思，是长期致力于对古代哲人和哲学研究的成果。在这个探索的过程中，两部著作给了我强烈的影响。首先是 1954 年由拉博发表的著作《灵魂的指引》(Seelenführung，法文版 Direction des âmes)，[①]它展示了由伊壁鸠鲁派和斯多葛派所采纳的这些践行的不同形式。拉博的著作也把古代和基督宗教的灵性之间的连续性作了清楚的陈述。不过，这部著作因此太过把自己限于理性修炼的修辞学方面。第二部是我夫人的著作，她在认识我之前，就写了一本关于塞内加和希腊-罗马的意识指引传统的书。[②]她把这个斯多葛派哲人的著作，重新植入对古代哲学的一般看法中。

我有幸遇见了两个哲人，他们两位都和我一样对这些问题感兴趣：一位是已逝的韦尔克，他关于哲学作为灵魂的精

---

① 拉博，《灵魂的指引：古代灵修的方法》(Seelenführung, Methodik der Exerzitien in der Antike, Munich, 1954)。

② I·阿多，《塞内加与灵魂指引的希腊-罗马传统》(Seneca und die griechisch-römische Tradition der Seelenleitung, Berlin, 1969)。该著作是 1965 年完成的博士论文，直到很多年以后才出版。

神治疗（thérapie de l'âme）的研究，在几年前就已发表了；[①]
另一位是我的波兰同事多曼斯基，他关于中世纪和文艺复兴
的哲学解释，不久前才出版。[②]他由此指出，在中世纪，哲
学的古代解释如何至少部分地被遮盖起来，它又如何在文艺
复兴时期，例如通过彼特拉克和伊拉斯谟重新起作用。此
外，我在1977年以"灵性修炼和古代哲学"为题发表的论
文，看来对福柯关于"自身教养"（culture de soi）[③]的想象产
生了另一种影响。在他和我之间的一致和不同，我已经在别
的地方提到。[④]

我要对维格涅表达衷心的感谢，正是他建议我写下这部
著作，而且对我表示出极大的耐心。我亲爱的女同事阿梅永
通过她的意见和书信，为我澄清了有关萨满教的复杂问题，
在这里我向她表达最真挚的谢意。我特别感谢西蒙，还有奥
佰利、卡里尔和I·阿多，他们阅读了我的手稿，使我那些
笨拙的表达和错误得以尽可能地被消除。

---

① 韦尔克，《哲学作为灵魂的精神治疗》（*La philosophie comme thérapie de l'âme*，Fribourg-Paris，1993），皮埃尔·阿多写的序言。

② 多曼斯基，《哲学——理论或生活方式：从中世纪到文艺复兴的争论》（*La philosophie，théorie ou mode de vie. Les controverses du Moyen Âge et du début de la Renaissance*，Fribourg-Paris，1996），皮埃尔·阿多写的序言。

③ 福柯，《自身的焦虑》（*Le Souci de soi*，Paris，1984），第57页。

④ P·阿多的论文"对自身教养概念的反思"（*Réflexions sur la notion de culture de soi*），载《哲人福柯：国际学术会议论文集》（*Michael Foucault philosophe. Rencontre internationale*，Paris，9，10，11 janvier 1988，Paris，1989），第261—269页。

第一部分

柏拉图的"哲人"定义及其先例

# 一

## 哲学之前的哲学

**希腊最早思想家的故事**

"哲学之前的哲学"，这些属于爱智慧一族的词汇，事实上直到公元前 5 世纪才出现，而爱智慧这个术语本身直到公元前 4 世纪才由柏拉图规定出来。但是，亚里士多德和与他一道的整个哲学史传统，把"哲学家"这个词用于希腊最早的思想家。①这些思想家在公元前 6 世纪开始时，在小亚细亚的殖民地、受希腊影响的地区周边出现。更准确地说，他们出现在米利都城镇：第一个是数学家和工程师泰勒斯。他是七贤之一，因预测公元前 585 年 5 月 28 日的日蚀而闻名。接下来，有阿那克西曼德和阿那克西米尼。然后，这个思想运动扩展到其他希腊殖民地，如西西里岛和南意大利。公元前 6 世纪，科洛封的色诺芬尼移居到爱利亚。公元前 6 世纪晚期，最先是来自离米利都不远的萨摩斯岛的毕达哥拉斯，在克罗顿纳住下，然后又安家在墨塔蓬通。逐渐地，南意大利和西西里岛成为一个异常活跃的智性文化中心，巴门尼德和恩培多克勒等人都在该地区活动。

所有这些思想家主张对世界进行理性的解释——这是思想史上的一个里程碑。确实，在他们之前，在近东和古希腊别的地方，已经有各种宇宙演化论。但是，那些已经是神话化的了——就是说，它们把世界历史描述为在各种拟人实体之间的一场战斗。他们是圣经"创世记"［或者"族谱书"（livre des générations）］意义上的"创世人"（genèses），因为这些经文希望把一个民族带回到对自己先民的回忆，使这个民族与宇宙力量和神谱重新连接起来。世界、人、民族的创造：这些都曾经是宇宙演化论的对象。正如纳达夫已经指出的那样，[②]虽然最早的希腊思想家用一种理性的世界理论取代如此神话的叙述，他们仍然保留构成更古的宇宙演化论的三分图式。他们提出一种理论来解释世界、人和城邦的起源。这种理论是理性的，因为它试图不把世界说成是在拟人化元素中的一场战斗，而是在"本然的"实在事物之间的战

① 他们的著作残篇可以在迪蒙编的《前苏格拉底哲学家》（*Les Présocratiques*, Paris, Gallimard, Bibliothèque de la Pléiade, 1988）中找到（关于迪蒙作品详见后文注）。同时参见同一作者为大学生课程编的《前苏格拉底学派》（*Les Écoles présocratiques*, Paris, Gallimard, Folio Essais n° 152）。

② 纳达夫，《希腊人关于本然概念的起源和进化》（*L'origine et l'évolution du concept grec de phusis*, Leviston-Queenston-Lampeter, The Edwin Mellen Press, 1992）。

斗，而且这些实在事物中的一个支配其他。这个彻底的转变被用希腊词本然（phusis）加以概括，它本来指开端、发展和一个事物由此构造自己的过程。这个他们叫历史①的智性劳作的对象，就是普遍的本然。

　　贯穿希腊哲学传统，思想家提出了受到这种宇宙演化论图式影响的理性理论。这里，我们将只是以柏拉图为例。因为，柏拉图在一系列题为《蒂迈欧篇》、《克力提亚斯篇》（或《大西岛的故事》）、《赫谟克拉特斯》（计划的这最后一篇，却被《法律篇》所代替）的对话中，希望写一篇长文来论述本然的整个范围，从世界、人到雅典的起源。这里，我们再次发现一部"族谱"书，它把雅典人带回到对他们的起源和先辈的回忆，以便使他植根于宇宙秩序和创造神灵的根本活动中。柏拉图揭示这种活动：在《蒂迈欧篇》中，他提出自己叫做"寓言"的东西，其中，巨匠造物主的神话人物创造世界，正如柏拉图着眼于由理念构造的永恒模范一样。②但是，在《法律篇》卷十里，柏拉图不再满足于提出一个神话的故事；他要在一种大家可以接受的严格证明上，找到自己的宇宙演化论。通过这种理性努力，柏拉图清晰地

---

　　① 赫拉克利特，残篇 35（*Fragment* 35, Dumont），第 154 页；柏拉图，《斐多篇》（*Phédon*），96 a 7。

　　② 参见 P·阿多的论文"柏拉图《蒂迈欧篇》中的物理与诗"（Physique et poésie dans le *Timée* de Platon），载《神学和哲学评论》（*Revue de Théologie et de Philosophie*，115, 1983），第 113—133 页；纳达夫，《希腊人关于本然概念的起源和进化》，第 341—442 页。

回归到那个本然的概念，因为早期的希腊思想家都把它视为"自然过程"。而且，他强调这个过程的原初性、本原性质。但是，对于柏拉图来说，[1]原初的、本原的东西是运动，即产生自身和作为自身运动——就是说——灵魂。因此，一种创造论的图式被进化论图式所取代。宇宙不再来源于本然的自动作用，而是灵魂理性的产物；灵魂作为第一原则，先于别的一切事物，由此与本然等同。

## 教化

我们也可以谈论关于另一种前苏格拉底的希腊思潮——与希腊人精神性根本要求有关的实践和理论：渴望塑造和教育，[2]或者希腊人叫做教化（Paideia）的东西。[3]自从遥远的荷马时代的希腊以来，年轻人的教育便成了贵族阶级或者是

---

[1] 参见纳达夫的《希腊人关于本然概念的起源和进化》，第443—535页。

[2] 关于希腊人道德教育的开始，见 I · 阿多的《塞内加和灵魂指引的希腊-罗马传统》，第10—38页；同一作者的论文"灵修指引"（"The Spiritual Guide"），载阿姆斯特朗（A. H. Armstrong）编的《古典地中海人的灵性：埃及人、希腊人和罗马人》（*Classical Mediterranean Spirituality. Egyptian, Greek, Roman*, New York: Crossroad, 1986），第436—459页。

[3] 关于直至公元5世纪古代希腊和雅典人的教化，见 W · 耶格的《教化：希腊人的塑造》（*Paideia. La formation de l'homme grec*, 1964）。该书第2卷有必要翻译，这本书探讨的是苏格拉底和柏拉图，而且已经于1955年在柏林出版。也见马罗的《古代教育史》（*Histoire de l'éducation dans l'Antiquité*, Paris, 1950）；林奇的《亚里士多德学派：希腊教育机构研究》（*Aristotle's School. A Study of a Greek Educational Institution*, University of California Press, 1972）第五章"雅典高等教育的起源"（"The Origins of Higher Education at Athens"），第32—68页。

拥有卓越德性之人的当务之急。这是血统高贵所要求的卓越德性,[①]稍后在哲人中则成为美德,或者灵魂的高贵。幸亏泰奥格尼斯用诗歌汇集起各种道德规条,我们才能够获得关于这种贵族教育的观念。[②]这种教育由成年人传授,囿于社会团体本身。根据其规矩,年轻人要努力获得的品质——身体力量、勇气、责任意识和荣誉感——都是勇士及体现伟大和被视为神圣先驱的人们所具备的。公元前5世纪开始,正如民主开始繁荣一样,城邦国家同样要通过身体操练、体育、音乐和灵性修炼来塑造自己的未来公民。但是,民主生活产生权力斗争,这就要求有人要懂得如何劝导人民,如何促使他们在公民大会上作出自己的决定。假如一个人想成为人民的领袖,他得要掌握语言——智者派运动要满足的正是这样的需要。

## 公元前5世纪的智者派哲学家

随着公元前5世纪雅典民主的高涨,已经遍及希腊殖民地、小亚细亚和南意大利的所有智性活动都在雅典开门立户。思想家、教授和学者云集该城,引入了直到那时还

---

① 参见 W·耶格的《教化:希腊人的塑造》,第29页起。这部著作很好地指出教育(贵族的、与其世袭地位相称的)和教养(根据哲学,人作为自己应该是的东西)之间的不同。

② 同上书,第236—248页。

不为人所知的、为各种不同爱好的人所接受的思想模式。例如，来自希腊殖民地爱奥尼亚的安那克萨哥拉被雅典人指控为无神论者而流亡海外，[1]这个事实表明，在希腊的小亚细亚殖民地内发展起来的探索精神，令雅典人深感不安。公元前5世纪著名的智者派哲学家也常常是外来人：普罗塔戈拉和普罗迪库斯来自希腊殖民地；高尔吉亚来自南意大利。他们所代表的思想运动，既表现为对前人的继续，亦是一种中断。就继续方面来说，巴门尼德、爱利亚的芝诺和麦里梭的论证方法也许可以在智者派的悖论中看到；智者派试图汇集所有由他们之前的思想家已经累积起来的科学及历史的知识。但是，也有中断的情况，因为他们要对这种累积起来的知识加以批判，他们中每个人都用自己的方式强调本然和人类习俗之间的冲突。此外，他们的活动特别着重于青年人的塑造，着眼于政治生活的成功。因此，智者派的教育是对某种需要的回应。民主生活的繁荣要求它的公民，尤其是那些希望取得权力位置的人，要熟练掌握语言。在这一点上面，青年人被用对话教学的方法[2]，或者与成年人世界没有特别接触的情况下，被训练去获得卓越德性。相比之下，智者派发明了一种人工

---

[1] 关于哲人与城邦之间的冲突，参见德沙尔姆的旧作《希腊宗教传统批判》(*La critique des traditions religieuses chez les Grecs*, Paris, 1904)。

[2] 关于对话教学的方法，参见柏拉图的《申辩篇》(*Apology*), 19e。

环境下的教育——一种保持我们文明特征之一的体系。<sup>①</sup>他们是专业的教师，首先是教育家，当然我们也同样欣赏普罗塔戈拉、高尔吉亚和安梯丰非凡的原创性。他们为了薪酬教自己的学生简洁表达，使他们容易说服自己的听众，用相同技巧为某个论证的正方和反方加以辩护。柏拉图和亚里士多德批评他们是知识的贩卖者，是零售批发的生意人。<sup>②</sup>但他们教的不仅是劝服别人的技艺，还有一切可以帮助某个人获得总是能吸引听众的崇高能力——换言之，整个教养。这不仅需要大量科学、几何学和天文学，还需要大量历史、社会学和法学理论。他们没有找到固定的学派；相反，他们为了交换报酬而开设一系列课程。为了吸引听众，他们通过公开讲座为自己做广告，由此展示自己的知识和技艺。他们是巡回讲学的教授；不仅在雅典，而且也在别的城市，他们从自己的教学技艺里得益。

---

① 智者学派的残篇可以在迪蒙编的《前苏格拉底哲学家》（前引书）中找到，第981—1178页；还有迪蒙的《智者学派：残篇和见证》(*Les Sophistes. Fragments et témoignages*, Paris, 1969)。关于智者学派，见罗梅耶·德尔贝的《智者学派》(*Les Sophistes*, Paris, 1985)；罗米利的《伯里克利统治时期雅典的大智者学家》(*Les grands sophists dans l'Athènes de Périclès*, Paris, 1988)；纳达夫的《希腊人关于本然概念的起源和进化》，第267—338页；林奇的《亚里士多德学派：希腊教育机构研究》，第38—46页；卡森的《智者派效应》(*L'Effet sophistique*, Paris, 1995)。
② 柏拉图，《智者篇》，222a—224d；亚里士多德，《智者论者的驳斥》，165a22。

因此，卓越德性——被认为是着眼于使年轻人在城市中扮演角色的竞争力——现在是一个学徒的任务，只要学生有合适的自然天资，能够勤奋练习。

# 二

## "哲学研究"观念的开始

**希罗多德的证据**

几乎可以肯定，公元前 7 和前 6 世纪的前苏格拉底的哲学家，例如色诺芬尼和巴门尼德，既不懂形容词"爱智慧的"（philosophos），亦不知动词"找智慧"（philosophein），更不用说名词的"爱智慧"（philosophia）。此外，尽管存在某些古代的、非常有争议的证据，但毕达哥拉斯①和赫拉克利特②的情况也可能是这样。这些词汇极有可能直到公元前 5 世纪，即"伯里克利时代"才出现，那时雅典凭借自己的政治统治和智性影响才得以出彩。这是索福克勒斯、欧里庇得斯和智者派哲人的时代；但这也是历史学家希罗多德——一个小亚细亚的本地人——在自己许多次旅游经历之后，终于生活在这个著名城市的时候。也许正是在希罗多德的著作中，我们第一次发现提到了"哲学的"活动。希罗多德讲述，传说在梭伦（公元前 7—前 6 世纪雅典的立法家、七贤之一）与吕底亚王国的克罗伊苏斯国王之间有过会面。后者为自己的权力和财富感到骄傲，对梭伦说了这番话：

> 我的雅典主人，有关你的智慧（sophiês）和游历的谣言已
> 经传到我们那里。我们听说，因为你对智慧有一种鉴赏
> （philosopheôn），所以你已经看过许多国家，为的就是渴望看
> 到它们。③

这里，我们窥见智慧和哲学在那个时代意味着什么。梭
伦云游的唯一目的是，获得关于实在世界和人的大量经验，去
发现不同的地方和习俗。在这点上我们应该注意，前苏格拉底
哲学家显然把自己的智性劳作，视为一种historia——就是说，

---

① 对于这个主题的对立观点，见 R·乔利的《在经典古代中生活类型的
哲学论题》（*Le thème philosophique des genres de vie dans l'Antiquité
classique*, Bruxelles, 1956）；伯克特的论文"柏拉图还是毕达哥拉
斯？关于'哲学'这个词的起源"（"Platon oder Pythagoras? Zum
Ursprung des Wortes 'Philosophie'"），载《赫尔墨斯》（*Hermes*,
88, 1960），第159—177页；沃格尔的《毕达哥拉斯和早期毕达哥拉
斯主义》（*Pythagoras and Early Pythagoreanism*, Assen, 1996），第
15、96—102页。我同意伯克特说的，由庞特的赫拉克利特讲述的趣
闻轶事 [参见第欧根尼·拉尔修（Diogène Laërce, I, 12）；西塞罗，
《图斯库勒论辩》（Cicéron, *Tusculanes*, V, 8）；扬布利科斯的《毕达
哥拉斯生平》（*Vie de Pythagore*, 58）]，是柏拉图的爱智慧概念在毕
达哥拉斯身上的投射。
② 赫拉克利特 B35，载迪蒙编的《前苏格拉底哲学家》，第134页；迪蒙的
注解第1236页，其中表示怀疑"哲学家"这个词的可靠性；狄尔斯·克
兰茨的《前苏格拉底》卷1（*Die Vorsokratiker*, t. I, Dublin-Zurich,
1969），第159页同样如此。
③ 希罗多德，《历史》，I, 30。

一种探究。①这样的经验能够使拥有它的人，在关于人类生活的事情上准确判断。这就是克罗伊苏斯继续追问梭伦，为何在他看来自己是最幸福的人的原因。梭伦回答说，没有人在认识自己的生活之前，就能够说是幸福的。

因此，希罗多德告诉我们的是，某个词也许已经很流行了，但毕竟在公元前5世纪的雅典——那个民主的和智者派的雅典——里才是这样的。一般来说，自从荷马时代以来，以 philo 开头的复合词已经用来指明一个人的综合品质——他找到自己的兴趣、快乐或一生致力于某种特定活动的生活理性（raison de vivre）。例如，爱饮（philo-posia）是一个人在喝酒时的快乐和兴趣；爱荣（philo-timia）是喜欢荣誉的获得。因此，爱智（philo-sophia）应该是一个人接受智慧的兴趣。②

**哲学活动，雅典的骄傲**

公元前5世纪的雅典人，为这种智性的活动和对在自己城市繁荣起来的科学和文化的兴趣而感到骄傲。根据修昔底

---

① 参见前引书；如果赫拉克利特真的在自己的残篇35中谈到"哲学家"，那么他就在哲学和探究之间建立起了一种联系。

② 关于 philosophos 这个词，也参见哈夫洛克的《柏拉图序言》（*Preface to Plato*, Cambridge, Mass., 1963），第280—283页；伯克特的论文"柏拉图还是毕达哥拉斯"，第172页（根据英文版和德文版的注。——译者）。

德记载，雅典政治家伯里克利在自己悼念伯罗奔尼撒战役中第一批阵亡士兵的葬礼致辞里，[①]赞扬了人们在雅典城所过的那种生活方式："我们以纯朴来培育美，我们坚定不移地做哲学。"这里所用的两个动词，都是爱（philo-）的复合词：爱美（philokalein）和爱智（philosophein）。我们也许会顺便注意到，这个文本暗示地宣告民主的胜利。它不再只是例外的各种个性，或者不再只是能够取得卓越的贵族；如果所有公民爱美并且让自己热爱智慧（sophia），那么他们就能够达到这个目的。在公元前4世纪开始时，演讲家伊索克拉底在自己的《演说词》里继续同样的论题；[②]正是雅典把哲学昭示给世界。

哲学活动包括所有与智性的和一般的文化有关的东西：前苏格拉底哲学家的思辨、科学的诞生、语言理论、修辞的技巧和劝服的艺术。如果我们可以从诡辩哲学家高尔吉亚的《海伦赞》中做出的暗示加以判断，那么，它更特别地与论证的艺术相关。高尔吉亚说，海伦不用为她自己的行为负责：她被诱导做出行动的方式，或者根据诸神的意志，或者在暴力的威胁下，或者迫于劝诱，或者最后是出于情感。高尔吉亚根据语言，继续区别开三种劝诱的形式，其中一种他认为

---

① 修昔底德，《伯罗奔尼撒战争》（*La Guerre du Péloponnèse*），II，40，1。
② 伊索克拉底，《演说词》（*Panégyrique*），§47。演说词通常是公共集会时发表的演说。——译者

"在于哲学论辩的竞赛中"。这无疑关涉公众讨论，其中诡辩派哲学家相互对抗，由此显示自己的才能。他们激辩的主题并不涉及任何独特的司法和政治问题，而是关于一般的文化。

**索菲亚的观念**

因此，philo-sophos 和 philo-sophein 这两个词都以索菲亚（sophia）为前提；但是，我们必须承认，此时并无关于索菲亚观念的哲学定义。

当试图定义索菲亚时，现代的注释家总是在对知识的看法和关于智慧的看法之间摇摆不定。有学问的（sophos）人，是那种知道并且看到许多东西、云游四方的人吗？是广义上说的有教养的人吗？或者，他是那种懂得如何在生活中操行自己并且生活得幸福的人吗？正如我们将不时在此书的展开中所看到的那样，这两种看法并非全然相互排斥。归根到底，真正的知识是实际的知识；实际的知识是懂得如何正确行事。

自从荷马时代以来，索菲亚和学问这样的词已经在最不同的语境下使用，关系到行为和品性的模式，这显然恰好就是"哲学家"的那些模式。[①]在《伊利亚特》[②]中，荷马讲述

---

① 格拉迪戈的《智慧女神和宇宙》（*Sophia und Kosmos*，Hildesheim，1965）；凯菲尔德的论文"柏拉图之前的希腊智者的形象"（"The Image of the Wise Man in Greece in the Period before Plato"），载波希尔编的《在古代和中世纪中人的形象》（*Images of Man in Ancient and Medieval Thought*，Festschrift Verbeke，Louvain，1976），第18—28页。
② 荷马，《伊利亚特》15，411。

了一个木匠，亏得雅典娜的忠告，明白了自己紧紧围绕整个索菲亚的方式——换言之，围绕所有实际的知识。同样，荷马致赫耳墨斯的《赞美诗》，在讲述了竖琴的发明之后补充说，赫耳墨斯自己模仿另一种智慧的乐器，不同于竖琴的艺术——即牧羊笛。[①]因此，这里我们正在讨论音乐的艺术或者实际的知识。

根据这些例子作判断，我们也许有理由想知道，在木匠和音乐者的例子中，索菲亚这个词是否很可能首先并不指必须被衡量和控制的行为和实践。[②]他们要以传授知识和学徒身份为前提，但是，他们也要求某个神的护佑或者神恩，把制作的秘密传给工匠能手，帮助他们更好地掌握自己的技术。

Sophiê 这个词在公元前 7 世纪时，被梭伦[③]以同样的方式用来指诗歌活动，它既是诗人长期实践的结果，亦有缪斯女神灵感的帮忙。这个诗意词的力量受到缪斯的鼓舞，赋予人类生活事件以本来的意义，在公元前 7 世纪开始时，在赫西奥德那里最清楚无误地表现出来。尽管赫西奥德在字面上没有使用索菲亚这个词，但他的确对诗意的智慧给出了强有力的表达；他的见证更加有趣，因为他把诗人的索菲亚和国

---

① 《赞美诗》，I，511。
② 博拉克的论文"智慧的历史"（"Une histoire de sophiê"），参见格拉迪戈的评论，第 39 页，注 1，载《希腊研究评论》（*Revue des études grecques*，81，1968），第 551 页。
③ 梭伦，《挽歌》（*Élég*），I，52。

王的索菲亚并排放在一起。①启发这个明智国王的正是缪斯。同样，他们把柔软甘露和甜蜜，注入自己选出来的诗人的舌头和嘴唇里：

> 所有人都盯住他，看他如何用合乎正道的裁决来体现正义。他绝对正确的语言晓得——正如它应该的那样——如何平息最喧闹的争吵。

诗人的词汇同样改造人心：

> 如果有人心中悲恸要加以照料，他的灵魂因悲伤而干涸，那么，就让一个歌者——缪斯的仆人——来歌颂一下古人的事迹，或者祈求奥林匹斯山诸神的祝福吧。他很快就会忘却自己的烦恼，不再记得自己的忧虑，因为诸神的赠予会很快把它转移开。

这里，我们已经能够窥见那种在古代是根本的、具有通过论辩来使人心灵平静的价值的观念，也发现掌握这个词的基本重要性。②这个词在两个义项上的表达似乎非常的不

---

① 赫西奥德，《神谱》(*Théogonie*)，80—103。
② 见罗梅耶·德尔贝的《智者派哲学家》(*Les Sophistes*)，第 45—49 页；莱恩·恩特拉戈《古典时代中道的精神治疗法》(*The Therapy of the Word in Classical Antiquity*, New Haven, 1970)，第 410—412 页，有库德林在《日晷》(*Gnomon*, 1973) 中做的评论。

同：一个义项有关司法和政治的讨论，国王由此分配正义和平息争吵；另一个义项关于诗人的念咒，诗人由此通过自己的吟诵来改变人心。摩涅莫绪涅——缪斯的母亲——带来"悲伤的忘却和烦忧的终止"。[①]通过这样的念咒，我们能够辨认出后来成为哲学灵修的轮廓，不管是在论辩的层面，还是在静观的层面。缪斯不仅通过自己的颂歌和故事的美，使我们忘却不幸；还允许诗人和诗人的听众，获得对宇宙的看法。如果说她"把喜悦带给自己的父亲宙斯那强有力的心灵"，[②]这是因为她向他唱歌，使他看到"现在、将来和过去的东西"；这恰好就是赫西奥德自己在《神谱》中所唱的歌。梅特罗多洛是伊壁鸠鲁的学生，他这样说出伊壁鸠鲁派的意思："记得这一点，你生来必死，你的生命有限，亏得自然科学，你已经认识到时空的无限性，你已经看到现在、将来和过去的东西。"[③]柏拉图在伊壁鸠鲁派之前就已经说过，拥有思想升华和对整个时间与存在进行沉思的灵魂，不把死亡视为值得害怕的东西。[④]

索菲亚这个词也可以指一个人用来与他人打交道的技巧；它能够作为诡计和虚伪而起作用。例如，我们在谚语

---

① 赫西奥德，《神谱》（*Théogonie*），55。
② 同上书，37。
③ 参见伊壁鸠鲁的《信札、格言和判词》（*Lettres，maximes，sentences*），由巴娄德翻译并注释（Paris, 1994），第210页（判词10）。
④ 柏拉图，《理想国》，486a。

集里看到这样的忠告——那些使贵族教育系统化的规条，它们是泰奥格尼斯在公元前 6 世纪写的针对昔勒尼人的话：

> 昔勒尼人，把你自己不同的那面转向你的每个朋友；使自己适应每个人的感受。每天都让你自己为任何人所喜欢，然后你将晓得如何改变性格；因为熟练的技巧甚至比一种伟大的卓越更好。①

我们在这里看到索菲亚这个观念的丰富性和多样性。这个观念的组成要素——首先是大众流行的、传说的，然后是历史的——再次在七贤那里表现出来。②我们已经在一些 6 世纪的诗人和后来的希罗多德以及柏拉图那里，发现了这些表现的踪迹。米利都的泰勒斯（公元前 7 世纪末—前 6 世纪）或许具有我们称为百科全书式的知识：他预告公元前 585 年 5 月 28 日的日全蚀，并且断定地球在水之上；不过，他也有技艺的知识，据称他曾疏通过河床。他还显示出政治远见：试图通过让伊奥尼亚的希腊人组成联邦来获得解放。

---

① 泰奥格尼斯，《哀悼诗》(*Poèmes élégiaques*)，1072 和 213。
② 斯内尔，《七贤的生平与观点》(*Leben und Meinungen der Sieben Weisen*, Munich, 1952)。

关于米蒂利尼的皮塔科斯（公元前 7 世纪），只有政治活动有所记载。而雅典的梭伦（公元前 7—前 6 世纪）——正如我们所见那样——是一个政治家，其仁慈的立法长期为人所纪念。他也是一个诗人，用诗来表达自己道德和政治的理想。斯巴达的喀隆、科林斯的佩里安德和普里耶涅的彼亚斯——这些人全都生活在公元前 6 世纪初——也是政治家，因他们所颁布的法律或者他们的雄辩和司法活动而声名远播。林多斯的克莱奥布洛斯在所有人中是最不起眼的：我们只知道，有些诗是由他创作的。

格言——或者正如柏拉图说的那样，"简洁和难忘的词"——被归于七贤。① 这些格言都是他们所说的，那时候他们齐集特尔斐神殿，希望在神殿里把自己的智慧献给阿波罗神。他们把众人反复诵读的训诫"认识你自己"、"不逾矩"献给他。事实上，据说七贤作品的整个格言目录，被刻记在特尔斐神殿旁边；刻记这些格言的习惯——由此使所有来自希腊不同城市的路过者可以读到——被广为传播。当 1966 年在现代阿富汗边境上的阿汗欧姆——古希腊巴克特里安那王国的一座城市——实施挖掘时，一个残缺的石碑被发现。罗伯特指出，这个石碑原来标有一个完整的记下 140 条特尔斐格言的系列；亚里士多德的学生克里尔库斯在公元前

① 柏拉图，《普罗塔哥拉篇》，343a—b。

3世纪已经把它们刻在了石碑上。①我们从这个例子可以得到某种重要的观念：希腊人重视道德教育。②

从公元前6世纪开始，随着"精密"科学（医学、数学、几何学和天文学）的繁荣，另一种成分补充了对索菲亚的看法。"学问家"（sophoi）不再只是在艺术或在政治方面，科学领域也有学问家。再者，从米利都的泰勒斯时代以来，愈益精密的思维方式围绕着希腊人叫作本然的东西——就是生命存在和人，同时也是宇宙的成长现象——而发展起来。此外，这种思维方式，常常与伦理的思考紧密联系一起，就像在赫拉克利特，尤其在德谟克利特那里一样。

人们也这样来称呼智者派哲学家，因为他们的目标是教导年轻人得到索菲亚。塞拉西马柯③的墓碑上写着："我的一生，那就是索菲亚。"④对于智者学派来说，索菲亚这个词首先意指政治生活方面的实际知识；但是，它也暗指我们已经见到的所有其他的成分。尤其是，它包括科学的文化，至少就它作为一般文化的部分而言是这样。

---

① 罗伯特的论文"从特尔斐到俄克苏斯：巴克特里安那王国中新发现的希腊墓碑铭"（"De Delphes à l'Oxus, Inscriptions grecques nouvelles de la Bactriane"），载 Académie des Inscriptions et belles-lettres: Comptes Rendus, Paris, 1968, 第416—457页。

② 参见 I·阿多的论文"灵修指引"（"The Spiritual Guide"），第441—444页。

③ 约公元前459—前400，是古希腊在柏拉图《理想国》的人物中最为著名的智者派哲学家。——译者

④ 迪蒙编的《前苏格拉底哲学家》，塞拉西马柯，A VIII，第1072页。

三

苏格拉底的形象


苏格拉底这个人物对柏拉图在《会饮篇》里提出"哲学家"这个词的定义具有决定性的影响，因为这篇对话指出，哲学家第一次真正意识到自己在人类同伴中的矛盾处境。正因如此，我们将不得不把相当多的时间，花在由他第一代学生描述出来的这个苏格拉底神秘人物身上，而不过多关注难以认识的历史的苏格拉底。

## 苏格拉底的形象

苏格拉底常常被比作耶稣基督。① 两者都具有巨大的历史影响，尽管他们在特定时间和地点（一个小城市或一个小国家）所做的活动，与这个世界比较起来是非常渺小的。他们的门徒数量非常少，也没有写下任何东西。但是，我们的确"目睹"了关于他们的报告：色诺芬的《回忆》、柏拉图的对话（关于苏格拉底）和福音书（关于耶稣）。不过，要我们就历史的耶稣或苏格拉底说些确定无疑的话，那还真的非常困难。他们死后，其门徒就建立学派，成为传播他们的信使。[②]但是，这些由"苏格拉底哲学"建立起来的学派，比起原始基督宗教各种不同形式所做的有很大不同；这点说明苏格拉底信使的复杂性。苏格拉底启发了安提西尼，作为犬儒学派的创始人，他鼓吹紧张和节俭，对斯多葛派产生了深刻的影响；同时，苏格拉底的观念也形成了亚里斯提卜的思想，后者是昔勒尼学派的奠基人。对于他来说，生活的艺术在于最好地利用每个具体的处境，即顺其自然。亚里斯提卜并没有小觑消遣和欢愉，也因此对伊壁鸠鲁主义产生了相当的影响；他也鼓舞了欧几里得——麦加拉学派的开山鼻祖，这个学派以自己的辩证法而出名。苏格拉底门徒中唯一一名垂千古的柏拉图，他之所以历史留名，皆因能够赋予自己的对话篇以不朽的文字形式，或者说，因为他创立的学派维持了好几个世纪，因此挽救了他的对话，使他的学说得以发展——或者说是——变形。总之，所有这些学派似乎都有一个共同点：正是由于它们，哲学的观念或者概念才出现。我们将看到，人们既把哲学视为与某种生活方式相连的一种特别的论辩，又看成是与某种特别的论辩相连的一种生活

① 德曼，《苏格拉底和耶稣》（*Socrate et Jésus*，Paris, 1944）。关于苏格拉底，见沃尔夫的《苏格拉底》（*Socrate*，Paris, 1985）；梅尔腾斯的《苏格拉底那些事》（*Die Sache des Socrates*，Stuttgart, 1992）。

② 见沃尔夫的《苏格拉底》，第112—128页，因为一个"家谱"，对所涉及的各种不同的个性有出色的描述。

方式。

　　如果说，在由苏格拉底的学生所建立的所有学派中产生出来的作品能够保存下来；如果说，"苏格拉底式"对话的全部文献——它们在与他的对话伙伴的对话中表现出苏格拉底——能够保留下来的话，我们也许对苏格拉底是谁会有一个完全不同的观念。总之，我们必须记得，柏拉图对话的根本人物——对话表现了苏格拉底在其中几乎总是扮演提问者的角色——并不是由柏拉图发明的。相反，这些著名的对话属于苏格拉底式的对话，它在苏格拉底的学生当中非常流行。[①]这种文字形式的成功，使我们具有关于这样非同一般印象的某种观念——苏格拉底这个人物和他与自己城民伙伴进行讨论的方式，影响了他的同时代人，尤其是他的门徒。在由柏拉图所写的苏格拉底对话的例子中，文字形式的本原性并不像指派苏格拉底为中心角色时那么多地使用被划分为问题和答案的论辩（先于苏格拉底存在的辩证论说）。结果是非常特别的关系：一方面，在作者和他的作品之间；另一方面，在作者和苏格拉底之间。作者假装与自己作品无关，仅仅满足于再次产生曾经反对冲突论题的某种争论；我们至多能够假定，他设定让苏格拉底作防御的论题。

---

① 亚里士多德，《诗学》，1447b10。参见米勒的《柏拉图全集补录的简短对话》(*Die Kurzdialoge der Appendix Platonica*，Munich，1975)，第17页起。

由是，我们在柏拉图对话篇里发现的就是这样的处境。柏拉图在这些对话篇中，从来没有表现他的那个"我"。作者甚至没有介入说，正是他写成这些对话，而且他并没有使自己卷入对话者之间发生的讨论中。另一方面，他也没有详细说明——在那些被记录下来的评论中——属于苏格拉底的东西和属于他自己的东西。因此在一些对话中，经常很难把属于苏格拉底的东西，与属于柏拉图的东西区分开来。

所以，在苏格拉底死后不久，他就作为神话人物而出现了。恰恰是这个苏格拉底的神话，已经不可消除地印在了整个哲学史上。

## 苏格拉底的无知和对智者派知识的批判

柏拉图在《申辩篇》里，用他自己的方式，重建苏格拉底在被宣布死刑的审判面前所做的论辩。柏拉图讲述，卡尔列丰——苏格拉底的一个朋友——追问过特尔斐神谕，是否有比苏格拉底更智慧的人。[①]神谕回答说，没有比苏格拉底更有智慧的人了。苏格拉底不解神谕可能指什么，开始在政治家、诗人和工匠——根据上一章所讨论的希腊传统，这些人拥有智慧或实际知识——中间长时间探索，以发现有比他更智慧的人。他注意到，所有这些人都以为自己懂得一切，

① 柏拉图，《申辩篇》，20—23。

而事实上他们一无所知。苏格拉底由此得出结论说，如果自己事实上是最有智慧的人，那是因为自己并不以为知道实际上不知道的东西。所以，神谕所指在于，最智慧的人是"这样一个人，知道就知识的探求而言自己是微不足道的"。①这恰好就是柏拉图在题为《会饮篇》的对话里关于哲学的定义：哲学家一无所知，但他知道自己无知。

因此，根据《申辩篇》所说，神谕——阿波罗神谕——交托苏格拉底的任务，是让其他人认识到自己缺乏知识和智慧。为了完成这个使命，苏格拉底自己采纳一种素朴的态度——承认自己无知。这就是众所周知的苏格拉底反讽：例如，他用假装的无知和诚恳的样子提出问题，以发现某人是否比他更智慧。用《理想国》里一个人物的话来说：

> 那肯定是苏格拉底从前为人熟悉的反讽！我领教过了。苏格拉底，我跟所有这里的人打过招呼了，你拒绝回答，你假装无知，回避正面回答人家提的问题。②

这就是为何苏格拉底在自己的讨论中总是作为提问者的原因。亚里士多德有评论，"正是他承认自己无知。"③西塞

---

① 柏拉图，《申辩篇》，23b。
② 柏拉图，《理想国》，I，337a。
③ 亚里士多德，《辩谬篇》，183b8。

罗告诉我们，"苏格拉底习惯贬损自己，对他要反驳的谈话对手表现出并非必要的坦诚。因此，在思此而言彼时，他通过希腊人称之为'反讽'的掩饰获得快乐。"①然而，这样一种态度事实上并不是一种机巧的形式或者有意地掩饰。毋宁说，它是一种幽默，不愿意完全一本正经地看待自己或者他人；因为人的一切事情，甚至哲学的一切事情都是非常不确定的，我们没有权利为之骄傲。因此，苏格拉底的使命是要使人意识到自己缺乏知识。这是知识概念上的一场革命。确实，苏格拉底也许可以而且曾经欣然地对普通人开诚布公——因为他们只有惯常的知识，只能不经任何反思地受着偏见影响而做事——以便向这些人表明，他们的所谓知识是没有基础的。但是，苏格拉底自己毕竟面对的是这样的人：他们被教育去相信自己具有知识。在苏格拉底之前，已经有两类这样的人。一方面，已经有像巴门尼德、恩培多克勒和赫拉克利特那样的知识贵族或者智慧和真理大师，用自己的知识反对群氓的无知；另一方面，有那些宣称能够把自己的知识售卖给所有新来者的知识民主派——这些人自然就是智

① 西塞罗，《鲁库路司》（*Lucullus*），5, 15。关于苏格拉底的反讽，见舍尔的论文，"在其与对话的关系中反讽的机制"（"Le mécanisme de l'ironie dans ses rapports avec la dialectique"），载《形而上学与道德评论》（*Revue de Métaphysique et de Morale*, 48, 1941），第 181—209 页；扬克列维奇，《反讽》（*L'Ironie*, Paris, 1964）；也见黑格尔的《哲学史讲演录》卷 2（*Leçons sur l'histoire de la philosophie*, t. II, Paris, 1971），第 286 页起。

者派哲学家。对于苏格拉底来说，知识并非是被写下来、被传达或者被现成出售的陈述和规则。这在《会饮篇》的开头讲得很清楚。苏格拉底很迟才到达，因为他一直在外面沉思、静立和"专心致志"。当他走进房间时，主人阿伽通要他坐在自己旁边，好"让我靠近你……可以沾到你在隔壁门楼里发现的智慧"。苏格拉底回答说，"如果智慧是那种能够从丰满流向空虚的东西，那该多好啊。"①这意味着，知识不是一种预制好的对象，也不是已经装满东西的容器，它不能够通过书写或者正好什么论辩，而直接地被灌送。

当苏格拉底声称自己只懂得一件事——就是说，声称自己什么都不懂——时，他正在批评传统的知识概念。他的哲学方法不在于传递知识——这也许指对自己学生提问的回应，而是在于反过来向自己的学生提问，因为他自己就知识的理论内容而言，对学生没有什么可说，或者没有什么可教。苏格拉底的反讽在于这样的掩饰，人们需要从他的对话伙伴中学习某种东西，以便让对方明白，自己在声称在智慧的领域中一无所知。

但是，这种知识的批评，虽然看上去完全是否定的，却有双重的含义。一方面，它设定这样的前提，知识和真

①　柏拉图，《会饮篇》，174d—175d。

理——正如我们已经看到的那样——不能够被认为是现成的，但一定是由个人自己所造成。这就是苏格拉底为什么在《泰阿泰德篇》里说，当与别人谈话时自己满足于做助产士这个角色的原因。他自己不知道什么，也不教什么，[①]但满足于提问题；这正是苏格拉底的问题和诘问，帮助他的对话者产生"他们的"真理。这样一幅图像表明，知识是在灵魂自身中被发现的；一旦个人——通过苏格拉底——发现他自己的知识是空的，那么，知识就确实取决于这个人对它的发现。从柏拉图自己思想的观点来看，他表达了这个观念，说所有知识都是灵魂对在某种先前实存中具有的景象的回忆。因此，我们得学习如何回忆。另一方面，在苏格拉底那里则完全不同。苏格拉底的问题并不引导他的对话者知道某种东西，或者得出那些可以基于某个现成主体而被用关于同一对象的命题形式表达的结论。毋宁说，苏格拉底的对话表明一种疑难、一种总结，并表述某种知识的不可能。正是因为对话者发现自己没有知识，他将同时发现自己的真理。换言之，通过从知识转到自己本身，他将质疑自己。在"苏格拉底的"对话中，真正的问题不在于正在谈论的是什么，而在于正在讲话的是谁。柏拉图对话篇的人物尼西亚斯清楚地表明了这点：

---

① 柏拉图，《泰阿泰德篇》，150d。

你不知道是谁走向苏格拉底，开始与他对话，即使他开始谈论某种完全不同的事情，也能发现自己不得不通过这个论辩而紧紧围绕着这件事情，直到他不得不说明自己——就像关于他现在正在过的生活方式那样，说明过去曾经生活过的方式。当那点达到的时候，苏格拉底把所有这些都放在自己清楚和仔细的控制之下，才放你走……对于我来说，继续陪伴着他是件乐事。我不一定被提醒，自己过去和现在用一种不善的方式行事有什么不好。那个没有逃避这点的人，将一定是在自己一生的其他时间更加深思熟虑。①

所以，苏格拉底使自己的对话者检查和知道自己是谁。苏格拉底"像一只牛虻"，②用提问使自己的对话者感到困窘，因为他们不得不面对提问，使自己关注自身并且忧虑自己：

什么？亲爱的朋友，你是雅典的公民，高贵的公民。这里是最伟大的城邦，最以智慧和力量闻名，如果你只关心获取钱财，只斤斤计较于名声和尊荣，既不关心，也不考虑思想、真理和自己的灵魂，你不感到惭愧吗？③

---

① 柏拉图，《拉刻篇》，197e6。
② 柏拉图，《申辩篇》，30e。
③ 同上书，29d—e。

因此，关键不在于追问我们以为自己拥有的浅显知识，而在于质疑我们自己和指导我们自己生活的那些价值。苏格拉底的对话者在与他进行交谈之后，终于不再抱有任何关于自己为何行事的观念。他晓得在自己论辩中的矛盾，晓得他自己的内心矛盾。他怀疑自己；像苏格拉底那样，他终于知道自己一无所知。但是，他这样做时，假定与自己保持一定距离。他分裂为两个部分，一部分自此之后本身就与苏格拉底认同，在与苏格拉底对话的每个阶段都保持一致。因此，对话者懂得开始去质疑自己。

所以，真正的问题不是知道这或那的问题，而是以这样或那样的方式存在的问题：

> 我全然不关心绝大多数人关心的东西：金钱事务、财富管理、指派权力、公众演说、行政长官、联盟、政治派别。我不走这条路……我宁愿走另一条路，通过劝说你们少点关心自己所有，而更多关心自己所是。我也许能够特别为你们中的每一个人做最多的善；由此你们也许可以尽可能卓越和理性地造就自己。①

苏格拉底不仅凭借自己的诘问和反讽，而且首先通过他的存在方式、生活方式和自己的真正存在，把这种呼吁实践

---

① 柏拉图，《申辩篇》，36c。

了出来。

## 从"个人"到"个人"的呼唤

正如智者派所实行的那样，探讨哲理不再意味着获得知识、技能或者索菲亚；而是指质疑我们自己，因为我们具有这样的感受——我们不是自己应该是的样子。这成为在柏拉图《会饮篇》中的哲人——那种渴望智慧的人——的明确定义。反过来说，这种感受来自这样的事实：通过苏格拉底的位格，我们已经看到这样一种个性，根据其单纯表现，就会使那些接近这种个性的人去追问自己。这就是亚西比德在《会饮篇》结尾处，同意我们去理解的东西。正是在亚西比德赞扬苏格拉底的讲话中，个人的描述出现了，也许在历史上是第一次。这是克尔恺郭尔所珍视的个人——作为独一无二和不可归类的个性的个人。亚西比德说，①通常有不同类型或等级的个人。例如，有"伟大的将军、贵族和勇士"，像荷马时代的阿喀琉斯；或者，同时代人中有斯巴达领袖布拉西达斯；也有"聪明和雄辩的政治家"：荷马时代的涅斯托尔、现在的伯里克利。形成对比的是，苏格拉底不可能归类；他不能与其他任何人作比较。他充其量也许能够与西勒尼或者萨堤罗斯相比。他是另类的，即陌生的、古怪的、荒

---

① 柏拉图，《会饮篇》，221c—d。

诞的、不可归类的、烦人的。在《泰阿泰德篇》里，苏格拉底说到他自己："我绝对令人讨厌，我制造的只有难题。"[①]

这种独一无二的个性有某种令人着迷的东西，散发出不可思议的诱惑。在亚西比德看来，苏格拉底的哲学论辩像毒蛇钻心，在灵魂中激起一种哲学着迷、亢奋和陶醉的状态；换言之，听者的灵魂完全被震惊。[②]

强调这点很重要。[③]苏格拉底以一种非理性的方式，通过其煽情和激烈的爱来打动听众。在一篇由苏格拉底的学生、斯非托的埃斯基涅所写的对话里，苏格拉底谈及亚西比德，虽然他不能教亚西比德任何有用的东西——用不着惊讶，因为苏格拉底一无所知——然而，他认为自己可以把亚西比德变成一个更好的人，因为他感受到了对亚西比德的爱，而且，与亚西比德生活在一起。[④]在《塞亚革》——这个对话被错误地归于柏拉图，但实际上写于公元前 369—前 345 年之间，因此很可能是在柏拉图活着期间——一书里，[⑤]一个门徒告诉苏

① 柏拉图，《泰阿泰德篇》，149a。
② 柏拉图，《会饮篇》，215c 和 218b。
③ 参见约波洛的《观点与知识》（*Opinione e scienza*，Naples，Bibliopolis，1986），第 163 页。
④ 多宁的论文"斯非托的埃斯基涅眼中的苏格拉底以及对历史的苏格拉底的追问"（"Der Sokrates des Aischines von Sphettos und die Frage nach dem historischen Sokrates"），载《赫尔墨斯》卷 112（*Hermes*，112，1984），第 16—30 页。也参见米勒的《柏拉图全集补录的简短对话》，第 233 页，注 1。
⑤ 《塞亚革》，130d。参见米勒，前引书，第 128 页，注 1。

格拉底，虽然自己没有从苏格拉底那里得到什么教诲，但在接近他并且与他接触时，还是取得了进步。亚西比德在《会饮篇》里一再说，苏格拉底的咒语有一种撼动他的效果：

> 我处于这样一种状态中，看上去不可能再像我曾经所做所行那样去生活……他逼我承认，我并没有照料好自己。①

这并不是说，苏格拉底比其他人更雄辩或更杰出。相反，亚西比德说，人们最初的印象是，他的论辩似乎完全是可笑的：

> 他谈论套轭的驴、铁匠、鞋匠和制革工；他似乎总是在同样的主题上，重复同样的措辞。②

这里，亚西比德似乎影射了苏格拉底习惯的论证，人们通过色诺芬写的回忆苏格拉底的著作里看到了这个论证；③亚西比德惊讶于这样的事实：为了学习鞋匠、木匠、铁匠或掌马官的行当，或者甚至为了学习如何训练马牛，人们晓得去哪里找到师傅。但是，当面对正义的问题时，他们不懂去

---

① 柏拉图，《会饮篇》，215c—e，216a。
② 同上书，221e。
③ 色诺芬，《回忆》（*Mémorables*），IV，4，5。

哪里寻找。在色诺芬的文本里，智者希庇亚斯评论苏格拉底说，他总是重复"在关于同样主题上的同样的措辞"。苏格拉底欣然接受这个评论，他回答说，他——希庇亚斯——截然相反，总是试图说某种新的东西，即使它是关于正义的。苏格拉底非常想知道，希庇亚斯能够在不应该改变的主题上说出些什么新东西；但是，直到苏格拉底给出自己关于正义的观点时，希庇亚斯才肯回应说：

> 你取笑别人已经够长时间了，没完没了地提问，反驳他们，从来不需要向任何人解释你自己，或者提出你的看法。

苏格拉底回答说：

> 我从没有停止表明我认为是正确的东西。如果不是口头上，我就用自己的行动表明它。

归根结底，这意味着，只有正确的个人生活和生存，才能最好地决定正义之所是。

苏格拉底强有力的个人性，能够唤醒他的对话者的个人性。不过，他们的反应非常之不同。我们看到，当苏格拉底要尼基西提问时他的喜悦；而亚西比德却试图抵制他的影响。他在苏格拉底面前只感到羞愧，为了逃避苏格拉底的吸引，他有时候希望苏格拉底去死。苏格拉底只能力劝自己的对话者检查自己，让自己接受审查。为了让对话得以建立——正如尼基西所说那样——能够把个人引导到说明自己和自己的生活上去，那个与苏格拉底谈话的人，必须与苏格拉底一道，服从理性论辩的要求——就是说，服从理性的要求。换言之，只有在我们的个人性被超越，只有在我们提升到普遍性的层面，对我们自己的操心和提问才会发生，两个对话者共同所有的逻各斯体现了这一点。

### 苏格拉底的知识： 道德动机的绝对价值

我们已经大致地看到，苏格拉底除了自己的无知之外，他的知识是什么。苏格拉底一再说，自己一无所知，没什么可教人的，而且人们必须思考他们自己，通过自己来发现真理。但是，我们至少可以问一下，是否也有苏格拉底通过自己而在自身发现的知识。《申辩篇》有一段话，说知识与没有知识是对立的，因此请允许我们冒险猜测。[①]在这段话里，苏格拉底想象其他人也许对他说，"难道你不为自己已有的那种生活感到羞耻吗？因为它正把你置于致命的危险中。"苏格拉底认为自己会这样回应：

---

① 柏拉图，《申辩篇》，28b。

老兄，你这话欠妥，你以为一个有点用处的人应该考虑的是生死危险，而不是自己是否做得对、自己的行为是否是好人的行为。

从这个观点看，无知的出现恰好就是对死亡的恐惧：

先生们，怕死无非就是以一个人的不智慧为智慧，以不知为知。因为谁也不知道死是不是人的最大幸福，他们却怕死，好像知道死是最大的坏事似的。以不知为知，岂不是最糟糕的无知吗？①

苏格拉底知道自己对死一无所知。然而，他的确宣称自己知道某种关于完全不同主题的事情：

但是，我的确知道，做违背法律的行为，不服从高于我的人或神，是坏事，是可耻的事，所以我决不害怕或者躲避那些我不知道好坏的事，只害怕那些明知道坏的事。

最有意思的是，这里知识和知识的缺乏并不是以概念而是以价值来分析：一方面是死亡的价值；另一方面是道德善恶的价值。苏格拉底关于应该被归于死亡的价值一无所知，

① 柏拉图，《申辩篇》，29a—b。

因为他没法掌握死亡，根据概念，他无法把握自己死亡的经验。但是，他的确知道道德行为和意图的价值，因为它们确实依赖他的选择、他的决定和他的约定。因此，它们的根源就在他这里。再次在这里说明，知识并非一系列的命题，或者一种抽象的理论，而是选择、决定和进取的确定。知识不光是清楚地知道，而且是知道什么应该更重要，因此是知道如何生活（savoir-vivre）。正是这种价值的知识，在他与自己的对话者讨论时引导着他：

> 如果你们中间有人要辩论，说他关心（智慧、真理和自己灵魂的最佳状态），那么，我是不会随便放他走的，我要询问他、考问他和反驳他；如果发现他自称有德行而实际没有，就指责他轻视最重要的东西，看重没什么价值的东西。[①]

这种价值的知识减弱了苏格拉底的内在经验——一种与他完全不可分开的选择的经验。因此，这里再一次说，唯一的知识存在于来自内心的个人发现。在苏格拉底那里，这样的内在性由于精灵而得以加强，因为他说，神灵声音向他说话，制止他干某些事情。这是一种神秘经验或者一种神秘想象吗？很难说。总之，我们可以从中看到一种后来被称为道

① 柏拉图，《申辩篇》，29e。

德良知的雏形。

苏格拉底似乎已经间接地承认说，所有人都有对善的一种内心渴望。由此他把自己干脆说成是助产士，其作用限于使自己的对话者发现他们的内在可能性。我们现在可以更好地理解苏格拉底悖论的意义，根据这种悖论没有一个人愿意是恶的；[①]或者用另一种说法，美德即知识。[②]他要说的是，如果人类为恶负责，这是因为他们以为自己能从中发现善。如果他们是有德行的，这是因为他们知道，伴随着自己的整个灵魂和存在，真正的善在哪里。因此，哲学家的全部作用在于允诺自己的对话者"认识到"——在这个词的最强有力的意义上——真正的善和真正的价值之所是。在苏格拉底知识的基础上说，是对善的热爱。[③]

因此，苏格拉底知识的内容本质上是"道德意图的绝对价值"，是由这种价值选择所提供的。当然，这是现代的表达，苏格拉底准不会使用。但是，它能够帮助强调苏格拉底话语的整个领域。确实，我们可以说，如果某个人已经为某种价值而死，那么，那种价值对于这个人来说就是绝对的。这是苏格拉底关于"最好的东西"的态度——意指正义、责

---

① 苏格拉底，见亚里士多德的《尼各马可伦理学》VII, 3, 1145b21—27。
② 苏格拉底，见亚里士多德的《欧德谟伦理学》I, 5, 1216b 6—8；色诺芬，《回忆》III, 9, 5。
③ 在《斯多葛派意志的观念》(*L'idée de volonté dans le stoïcisme*, Paris, 1973) 第 194 页上，韦尔克论述苏格拉底所谓的理智主义："苏格拉底的辩证法不可分开地与善的知识和善的选择结合在一起。"

任和道德纯洁性。正如在《申辩篇》里苏格拉底多次重复说的那样，他宁愿去死和受伤害，也不放弃自己的责任和使命。①在《克里托篇》里，柏拉图想象苏格拉底让雅典的律法说话：它们使苏格拉底理解，如果他试图逃避对他的指责，他将成为违反律法的典型，从而有害于这个城市；他不能把自己的生活凌驾于正义的东西之上。②正如苏格拉底在《斐多篇》说的那样：

> 因此我认为坐在这里"最好"，留在这里服他们给我判的刑是正当的。我想我这身骨骼筋腱早就可以到枚伽拉和博优底亚附近，被一种关于何者最好的意见带到了那里，如果我不认为服国家所处的刑罚不好、不公正，并且不越狱逃跑的话。③

这种道德选择的绝对价值也可以有另一种视角，即苏格拉底宣布说的，"好人是不会有不祥的，生前没有，死后也不会有。"④这就是说，所有那些在人们看来是不好的事情，如死亡、疾病、贫穷，都不是冲着他来的不祥。在他眼里，唯一不祥的事情就是道德缺失。同时，唯一的善和唯一的价值就是行善的意志。这暗示说，我们不必回避对自己生

① 柏拉图，《申辩篇》，28b 起。
② 柏拉图，《克里托篇》，50a。
③ 柏拉图，《斐多篇》，98e。
④ 柏拉图，《申辩篇》，41d。

活方式做经常严格的检查，从而看它是否一直为行善的意志所指引和鼓励。我们可以在一定程度上说，令苏格拉底感兴趣的并不是规定有关道德问题的理论和客观的内容——就是说，不是关于我们应该做什么，而是晓得，我们是否真正地、具体地想要做自己认为是正义的和善的东西——换言之，晓得自己必须如何行事。在《申辩篇》里，苏格拉底并没有从理论上解释，他为何强迫自己去检查自己的生活方式和别人的生活方式。相反，他一方面满足自己说，这是神灵托付给他的使命；另一方面又说，唯有对我们自己如此清楚和严格，才能给生活以意义：

　　一种未经考查的生活是不值得过的生活。①

　　我们在这里发现一种观念的雏形，虽然仍旧混淆和不明确，却在后来被康德所发展，置于一个完全不同的问题争论的语境中——道德行为取决于指引行动的动机纯洁性。这样的纯洁性恰好在于把绝对价值赋予道德善，完全割弃一个人自己的利益。

　　再者，所有迹象表明，这样的智慧从来不会一劳永逸地获得。苏格拉底一直不停地考查的不仅是别人，还有他自

① 柏拉图，《申辩篇》，38a。

己。道德动机的纯洁性必须经常地更新、重建。自身改造（La transformation de soi）从来不会完结，它要求不断地反复进行。

## 关心自己和关心他人

谈到哲学的陌生性时，梅洛-庞蒂说，哲学"从来没有在世界中，也从来没有在世界之外"。[①]同样的说法，也适用那个陌生的、不可归类的苏格拉底——他既没有在世界中，也没有在世界外。

一方面，在他的家乡邦民眼中，他主张对价值来一番彻底的颠覆，这对于他们似乎是无法理解的：

> 如果我又说，人所能做的最大的好事，就是天天谈美德以及其他你们听见我谈的东西，对自己和别人进行考查，未经考查的生活是不值得过的，那你们就更加不肯相信我的话了。[②]

苏格拉底的家乡邦民禁不住接受了他的邀请，追问所有他们的价值和行事方式，而且操心他们自己，与日常生活彻底决裂，与所有生活习惯和习俗决裂，与他们所熟悉的世界

---

① 梅洛-庞蒂，《哲学赞辞和其他论文》（*Éloge de la philosophie et autres essais*, Paris, 1965），第 38 页。
② 柏拉图，《申辩篇》，38a。

决裂。更有甚者，这种对操心他们自己的邀请，似乎是一种呼吁，叫他们自己与这个城邦保持距离，作为一个他自己以某种方式在世界之外的人，作为一个另类的、扰人的、怪诞的和不安分的人。苏格拉底不就是那样一种对于哲人形象——虽然如此广泛流传，却是如此虚假的——来说的典型吗？这样的哲人不就是逃避生活的困难，以便在自己的良心中找到避难所吗？

另一方面，由在柏拉图《会饮篇》中的亚西比德——色诺芬也一样——所描绘的那幅苏格拉底画像，活灵活现地展示出这样一个人，他整个投入围绕他的城邦生活。这个苏格拉底几乎就是一个普通人，或者说常人：他有妻儿，与众人交谈——在大街、店铺和学校。他也是一个好人（bon vivant），也许可以比谁都能喝而不醉，一个勇敢的、坚强的战士。

因此，操心自己与操心城邦并不对立。在《申辩篇》和《克里托篇》中，苏格拉底用一种值得注意的方式，声明自己的责任，那种他必须献出一切，甚至自己生命的责任——对城邦律法的服从。在《克里托篇》中，这些拟人化的"律法"，通过使他理解自己自我主义的拯救对雅典来说是不正义的，从而劝诫苏格拉底不向逃狱诱惑屈服，放弃远远逃离雅典的念头。这种态度并非一种守法的态度，因为色诺芬让苏格拉底说，"当希望律法改变时服从它们是非常可能的，就像人们希望和平而参战一样"。正如梅洛-庞蒂强调过的那样,"苏格拉底具有一种作为抵抗的服从方式"。①他服从律法,为的是从城邦内部本身,证明自己哲学态度的真理和道德动机的绝对价值。黑格尔因此错误地说,"苏格拉底逃到自己内心,以便发现那里的正义和善"。相反,我们同意梅洛-庞蒂这样写道:"他认为不可能独自成为正义。如果一个人完全独自地是正义的话,他就不再是正义的。"②

因此,操心自己必然要操心城邦和他人。我们可以从苏格拉底自己的例子看到这点,他生活的全部理由就是让自己关心别人。苏格拉底既有"传道"的一面,也有从众流俗的一面。这点,我们将在希腊化时期的一些哲学中再次看到:

> 我对穷人和富人同样效劳……我这样一个人是神灵赐给城邦的,你们可以想想,我多年来不理个人的私利,不顾一己的私利,经常为你们的利益奔波……一个一个地帮助你们……像父兄对待子弟一样教促你们关心美德。③

因此,苏格拉底同时在世界之中和在世界之外。他通过自己的道德需要,通过这些需要所要求的约定,既超越了人

---

① 前引梅洛-庞蒂,《哲学赞辞》,第 44 页。
② 同上书,第 48 页。
③ 柏拉图,《申辩篇》,33b、31a—b。

也超越了事物；不过，他并没有脱离人和事物，因为唯一真正的哲学就在每天当中。在整个古代，苏格拉底是理想哲人的楷模。因为，这种哲人的作品正好就是他的生活和死亡。[①]普卢塔克在公元2世纪开始时这样写道：

> 绝大多数人想象，哲学来自高高在上权威的言论，是照本宣科。但是，这些人完全没有注意到的是未受干扰的哲学——我们每天都在践行它，用一种完全就是它自己的方式……苏格拉底不曾为他的听众搭建各种大看台，也不曾坐在教授椅子上；他没有固定的时间表，什么时候与自己的朋友谈话，什么时候去散步。毋宁说，有时候他用与朋友开玩笑的方式来做哲学，或者喝酒，或者与他们一起打仗，或者一起逛集市，最后走到监狱并喝下鸩酒。他第一个表明，在我们所见到的一切事物中，日常生活随时随地给我们做哲学的机会。[②]

---

① 见迪勒，《希腊文献研究》(*Studien zur griechischen Biographie*, 2nd ed., Göttingen, 1970)，第13—20页。
② 普卢塔克，《老年人是否应该从事政治》(*Si la politique est l'affaire des vieillards*)，26，796d。

# 四

## 在柏拉图《会饮篇》中"哲人"的定义

我们不晓得，苏格拉底在与自己的对话者讨论时，是否曾经使用爱智慧这个词。如果是这样的话，他很有可能是在当时流行的意义上意指这个词。换言之，像那个时候大家做的那样，他准是用这个词来指智者派和其他人教导他们学生的一般文化。这是我们在例如《回忆》——由苏格拉底的弟子色诺芬收集的对苏格拉底的回忆——中，根据爱智慧这个词极少出现的情况所发现的意义。然而，正是在苏格拉底的个性和教导的影响下，柏拉图在《会饮篇》里，赋予"哲人"这个词新的意义，因此也给了"哲学"新的意义。

### 柏拉图的《会饮篇》

像《申辩篇》一样，《会饮篇》用文字为苏格拉底立下一个纪念碑。它用奇妙的技艺建造，只有柏拉图才可以做到。哲学论题和神话象征巧妙地交织在一起。正如在《申辩篇》中一样，理论元素被压缩到最低限度。《会饮篇》仅寥寥数页——不过却极端重要——专门涉及对美的看法。本质部分致力于描述苏格拉底的生活方式，因为他把自己显示为哲人的楷模。在对话过程中提出来的"哲人"这个词的定义，因此变得更富有意义。①

苏格拉底的形象支配整个对话，它表现为某位阿里司托得姆的故事。他讲述苏格拉底如何要他陪去参加一个酒会，这个酒会是诗人阿伽通为了庆祝自己的第一部悲剧得奖而举办的。苏格拉底来迟了，因为他喜欢静立片刻进行自己的沉思。酒会参与者发表宏论，感念爱神厄洛斯，苏格拉底做的事情不过是把所有其他说话者讲过的话综合在一起。亚西比德在酒会结束时到来，醉醺醺的，戴着花环，由一个笛子演奏者陪着，他长篇大论称赞苏格拉底，历数后者个性的方方面面。这部作品结尾处说到，虽然苏格拉底比其他人喝得更多，但他是唯一仍然清醒的人，在熟睡的客人中保持清醒和平静：

> 只有阿伽通、阿里斯托芬和苏格拉底还是醒着的，用一个大杯子从右传到左喝着酒，苏格拉底和他们俩谈论着……他渐渐地迫使他们承认，同一个人既能写喜剧又能写悲剧……阿里

---

① 关于在柏拉图那里"爱智慧"这个词和其他相关词的使用，见莫尼克·迪克索的《自然哲学》（*Le Naturel philosophe*, Paris, 1985）。

斯托芬先倒下睡了，到天大亮的时候阿伽通也睡着了。苏格拉底……站起来走了。他走进吕克昂①，洗了个澡，像平常一样在那里度过了一整天，傍晚才回家休息。

这个对话的结尾激发了诗人的灵感。人们认为，荷尔德林吟诵那能够承受由神灵赠予的幸福的圣贤所做的诗句：

> 每个人有自己的尺衡。不幸的承担是沉重的，但是幸福更为巨大。然而，有一个在酒会保持清晰头脑的智者，从中午直到深夜，又到第一缕曙光。②

正如尼采评论的那样，苏格拉底用他离开酒会那样的冷静走向死亡：

> 他冷静地走向自己的死亡，柏拉图曾描写过他的这种冷静：他作为所有客人中最后的一个，在第一缕曙光开始新的一天时，离开酒会。而在他身后，在椅子和地板上，熟睡的客人还在那里做苏格拉底这个真正的厄洛斯的梦。对于精英的年轻人来说，临死的苏格拉底变成新的理想，以前从来没有见

---

① 著名的花园，内有体育场，后来亚里士多德在此办学。——译者
② 荷尔德林，"莱茵河"（"Der Rhin"，trad. G. Bianquis, Paris, 1943），第391—393 页。

过的。[①]

正如巴布特已经向我们表明的那样，甚至在建构这个对话中最微小的细节都是重要的，因为这个对话既想描画出苏格拉底，也想把他加以理想化。[②]一群饮者已经拟订好聚会的计划，既决定他们喝酒的方式，也决定每个参与者必须发表论辩的论题；这个主题就是爱（Amour）。这个对话讲述苏格拉底参加酒会的故事，同样也讲述每个客人如何完成自己的任务、讲话用什么次序依次进行、不同演说者说的是什么。在巴布特看来，头五位说话者——他们是斐德罗、保萨尼阿斯、厄律克西马库、阿里斯托芬和阿伽通——通过一种辩难的递进，为第俄提玛赞扬爱准备好了路径。第俄提玛是曼提尼亚的女祭司，当轮到苏格拉底讲话时，引用的正是她的话。

贯穿整个对话，尤其是在第俄提玛和亚西比德的谈话中，我们注意到，厄洛斯这个形象的特点，容易与苏格拉底的形象混淆起来。归根结底，它们如此紧密地纠缠在一起的理由在

---

① 尼采，《悲剧的诞生》，§13。
② 巴布特的论文"柏拉图《会饮篇》中的画像和对实在的超越"（"Peinture et dépassement de la réalité dans le Banquet de Platon"），载《古代研究评论》（Revue des études anciennes, 82, 1980），第5—29页，在Parerga重印：《D·巴布特文选》（Choix d'articles de D. Babut, Lyon, 1994），第171—196页。

于，厄洛斯和苏格拉底代表了——一个从神话方面，另一个从历史方面——哲人的形象。这就是对话的深刻意义。

## 厄洛斯、苏格拉底和哲人

苏格拉底对厄洛斯的褒扬显然是以真正苏格拉底的方式。这就是说，苏格拉底没有像别的客人那样发表议论，断定说爱神具有如此这般的品质。他自己没有说，因为他一无所知，但是他让别人发表看法。首先来到的是阿伽通，他正好在苏格拉底之前赞扬爱，还宣布说，爱是美的和亲切的。于是，苏格拉底开始向阿伽通提问题，问他爱是不是对一个人所拥有或没有的东西的渴望。如果我们必须承认说，爱是对我们所没有东西的渴望，而且，如果爱是对美的渴望，我们不是一定得出结论说，爱不能是美的本身，因为它没有美？在迫使阿伽通承认这个观点之后，苏格拉底没有继续提出他自己关于爱的理论；相反，他讲述曼提尼亚的女祭司第俄提玛，说她有一次与苏格拉底交谈时让他理解爱是什么。既然爱相对于别的某种东西、相对于它所阙如的某种东西而存在，它就不能够是一个神，正如所有那些迄今赞扬爱的客人所错误地认为的那样。相反，爱只是一个精灵——一种在诸神和凡人之间、可朽和不可朽事物之间进行沟通的存在。[①]爱不仅在两

---

① 柏拉图，《会饮篇》，202e。

个对立的实在秩序之间占有一个位置，而且在一个中介者的处境下。这个精灵既与诸神也与凡人发生关系；他在神秘的入会仪式中、在治愈灵魂和身体疾病的咒语中、在从诸神到凡人——不管他们是醒着还是熟睡——的传达中扮演一个角色。为了让苏格拉底更好地理解厄洛斯的这种表现，第俄提玛向他讲述了关于这种精灵诞生的神话故事。[①]在阿佛洛狄忒诞生这一天，诸神搞了个酒会。进餐结束时，佩尼娅（这个名字表示"贫穷"或者"匮乏"）走来乞讨。珀洛斯（表示"手段"、"财富"、"办法"）当时在宙斯的花园里喝神酒喝得酩酊大醉，一头倒下睡了。佩尼娅躺在他旁边，想与他生个小孩来改变自己的穷困；于是她收获了厄洛斯。第俄提玛认为，爱的本性和特点可以根据这个起源加以解释。他在阿佛洛狄忒的生日诞下，为美所倾心；但是，因为他是佩尼娅的儿子，所以一直穷愁潦倒，到处行乞。同时，又因为他是珀洛斯的儿子，所以聪明，善于发明。

第俄提玛的神话描述，既富于技巧又充满幽默，一下子把厄洛斯、苏格拉底和哲人串起来。对于那个贫穷的厄洛斯，第俄提玛说：

他总是那么穷，因为他既不优雅也不漂亮，正如人们所认

---

① 柏拉图，《会饮篇》，203a 起。

为的那样。正好相反，他粗野、邋遢、赤脚、无家可归，总是睡在地上、户外、门阶和路边。

不过，他既然也是珀洛斯的福儿，所以这个迷人的厄洛斯是一个"危险的猎人"：

> 他给高贵的灵魂设置圈套，因为他大胆、无礼、粗鲁；他总是试图搬弄骗局；他希望自己是聪明和足智多谋的；他自己的整个一生都"做哲学"（philosophant）。他是一个可怕的巫师、魔术师和智者。

这个描写也适用于苏格拉底，因为他同样是一个多情的、赤脚的猎人。① 在对话末尾，亚西比德描写他，就像他参加在波提狄亚的军事远征那样，露宿寒冬，赤脚，披一件几乎不能保暖的粗陋斗篷。在对话一开始，我们了解到，苏格拉底为了参加酒会，一反常态地洗身净体，穿上鞋子。苏格拉底的赤脚和旧斗篷，是喜剧诗人喜欢的谈资。② 喜剧作家阿里斯托芬在他的《云》中所描写的苏格拉底，③ 是珀洛

---

① 柏拉图，《会饮篇》，174a、203c—d 和 220b。参见扬克列维奇的《反讽》，第122—125 页。
② 见第欧根尼·拉尔修在《名哲言行录》（*Vie des philsophes*）中的几个例子，卷 2，27—28。
③ 阿里斯托芬，《云》，445 起。

斯的一个福儿："大胆、说话流利、无礼、放肆……从来不
会卡词——一只真正的狐狸。"在亚西比德对苏格拉底的称
赞中，他也间接提到苏格拉底的放肆，而阿伽通在对话开始
时，也同样如此。①对于亚西比德来说，苏格拉底也是一个
真正的魔术师，用自己的言辞迷惑灵魂。②至于说到厄洛斯
的精力充沛，我们在亚西比德勾勒苏格拉底从军的画像里看
到：他能抵御寒冷、饥饿和害怕，同时还既可弄酒，也可挨
饥抵饿。③

　　这幅厄洛斯-苏格拉底画像同时又是哲人的画像，因
为，作为珀洛斯和佩尼娅之子的厄洛斯，既贫穷又匮乏，
不过，他知道如何通过聪明来弥补自己的贫穷、缺失和匮
乏。对于第俄提玛来说，厄洛斯因此是一个爱-智者，因为
他是在智慧和无知之间的半吊子。这里，柏拉图并没有定
义他指的智慧是什么。④他只不过暗示说，它是一种超越的
状态，因为，在他看来，只有诸神才在这个术语的专门意
义上是"智慧的"。⑤我们也许假定，智慧代表知识的完
美，这等于是美德；但是，正如我们看到的那样，希腊传
统所说的知识或者智慧，不像实际知识或者懂得如何生活

①　柏拉图，《会饮篇》，175e 和 221e。
②　同上书，215c。
③　同上书，220a—d。
④　同上书，203e 起。
⑤　参见柏拉图，《斐多篇》，278d。

那样的纯理论的智慧。我们可以认识到，这种实际知识的踪迹不是在苏格拉底这个哲人的理论知识中，而是在他的生活方式中，这种生活方式恰好就是柏拉图在《会饮篇》中所呼唤的。

第俄提玛说，有两种存在者并不从事哲学。第一种存在者由诸神和圣贤组成，因为他们是智慧的；第二种存在者由愚笨的人组成，因为他们以为自己是智慧的。

> 神不做哲学，他也不打算让自己变成有智慧的，因为他已经是智慧的；即使有某种其他的智慧的存在者，他也不会做哲学。还有，无知的人不做哲学，也不希望变成智慧的，因为无知人的不幸在于，当一个人并不美丽、善和智慧的时候，他们却相信他就是美丽、善和智慧的。一个不知道缺乏某种东西的人，不会渴望他不认为自己应该需要的东西。

因此，苏格拉底问，"第俄提玛，如果情况是这样，那么，谁才是做哲学的人，如果他既不智慧也不愚笨？"第俄提玛回答说：

> 正是那些在中间的人，处在两者之间的半吊子；而爱神就是他们中间的一个。无疑，智慧是最美丽事物中的一个；但是，爱神是对美丽的爱。因此，爱神一定是一个爱-智者

（智慧的热爱者）。而且，作为一个哲人，他一定是在智慧者和愚笨者之间的半吊子。支持这点的理由是他的诞生：其父乃有智慧的和有发明的人；其母乃愚笨的和犯难的（dans aporie）人。

再次在这里，我们认识到在厄洛斯这些形象之下的，不仅是哲人，而且还有苏格拉底——他像愚笨的人那样，似乎不知什么——但却晓得不知什么。他由此又不同于愚笨的人，事实上，由于意识到自己缺乏知识，他渴望去知，尽管——正如我们已经看到那样——他的知识表象深刻地不同于传统的概念。① 苏格拉底——或者那个哲人——因此就是厄洛斯：他尽管缺乏智慧、美和善，却渴望而且热爱智慧、美和善。他是厄洛斯，就是说，他是渴望——不是一种被动的和忧郁的渴望，而是主动而有激情的厄洛斯，那个"危险的猎人"。

显然，没有什么比哲人的中介位置更为单纯、自然。他是处在智慧和无知之间的半吊子。我们也许以为，对于他来说，践行自己的哲学活动，一劳永逸地超越无知并获得智慧足矣；不过，问题比这复杂得多。

事实上，在贤人、哲人和愚人之间对立的背景下，我们

① 参见本书第 36 页起。

可以看一下概念划分的逻辑格局，因为这种划分非常严格，并不允许上述那样一种乐观主义的看法。第俄提玛把贤人与非贤人对立起来，就是说，她确立一个不承认有中介位置的矛盾对立：一个人要不是贤人就是非贤人，没有中间道路可言。从这个观点来看，我们不可以说，哲人是贤人和非贤人之间的一个中介者，因为，如果他不是一个"贤人"，他必定地、断然地是一个"非贤人"。因此，他必定从来没有获得过智慧。然而，第俄提玛在非贤人中间引入这样一种划分：那些没意识到自己缺乏智慧的人和愚笨的人；那些意识到自己缺乏智慧的人和作为哲人的人。但是，我们现在也许要思考，在非贤人的范畴内，那些没有意识到自己缺乏智慧的愚笨之人，是与那些形成鲜明比照的贤人相对立的。从这个观点来看——就是说，是与这种矛盾双方的对立相一致的——哲人是在贤人和愚人之间的中介者，因为他们是意识到自己缺乏智慧的非贤人。他们因此既不是贤人，也不是愚人。这种划分与在柏拉图学派中十分流行的另一种划分相一致：即在"善的东西"和"不是善的东西"之间的区分。既然有一种矛盾的对立，在这两个术语之间就没有中介者。但是，在不是善的东西的范畴里，我们能够在那种既非神也非坏的东西和那种坏的东西之间加以区分。这里，矛盾双方的关系将在善与坏的东西之间得以确立，而且在善和坏的东西之间将有一种中介者——就是说，"既非善亦非坏的东西"。①如此的逻辑格局在柏拉图学派中极端重要，②被用来把没有"更强的"或"没那么强的"事物，与那些展示不同强度的事物区分开来。既然贤人和那种是善的东西是绝对的，所以他们不承认有任何变更；他们不能够或多或少是智慧的，或者不能够或多或少是善的。相比而言，居间的东西——"既不善亦不坏"和"哲人"——确实显示出或多或少的程度。因此，哲人将永远不会获得智慧，却能够沿着这个方向前进。由是，根据《会饮篇》，哲学不是智慧，而是由智慧的观念所决定的生活方式和论辩。

由于《会饮篇》，爱智慧这个词——热爱或者渴望智慧——的语源，就变成了真正的哲学方案。我们可以说，由于《会饮篇》的苏格拉底，哲学呈现出一种明朗的历史色调——它同时是反讽的和悲剧的。它是反讽的，因为真正的哲人将总是这样一种人，他知道自己无知，知道自己不是一个贤人，因此，自己既不是贤人，也不是非贤人。他不是处在愚人世界或贤人世界；既完全不是在男女世界中，亦完全不是在诸神世界中。他是不可归类的，像厄洛斯和苏格拉底一样，他既没有壁炉也没有宅第。同样，哲学的色调也是悲

① 参见柏拉图的《吕西斯篇》，218b1。
② 克雷默，《柏拉图主义与希腊化时期的哲学》（*Platonismus und hellenistische Philosophie*，Berlin，1971），第174—175和229—230页。

剧的,因为这种叫做"哲人"的怪兮兮的存在者,被渴望获得这种虽然逃离他,却是他所爱的智慧的拷问和撕扯。克尔恺郭尔要成为一名基督徒,却知道只有基督才是基督徒;[①]同样,哲人知道他不能够达到自己的模范,将永远不是那种自己所渴望的人。因此,柏拉图在哲学和智慧之间确立了一个不可逾越的距离。哲学被自己所缺乏的东西所规定——就是说,这个东西是一种逃离它,却以某种方式在它自己内部所拥有的超越的规范。正如用帕斯卡那众所周知的、真正柏拉图式的语言来说的那样:"如果你们不曾发现我,就不会寻找我。"[②]正如普罗提诺要说的那样,"如果某种东西完全被剥夺了善,它就永远不会寻找善。"[③]这就是为何《会饮篇》的苏格拉底表现为某个宣称没有智慧的人,同时又是某个生活方式令人羡慕的人的原因;因为哲学家不仅是一个中介的存在者,而且像厄洛斯那样,也是一个调解者。他向人揭示某种诸神世界的事物,或者智慧的世界。他像那些被认为是西勒诺斯(森林仙子的一种,酒神狄奥尼索斯的侍从,塌鼻,鼻孔朝天,喜爱酒色,苏格拉底的相貌就是如此。——译者)的雕像一样——这些形象从外部看奇怪可

---

① 克尔恺郭尔,《瞬间》(*L'Instant*),§10,载《全集》(*Œuvres complètes*),卷XIX,第300—301页。
② 帕斯卡,《沉思录》(*Pensées*),§553。
③ 普罗提诺,《九章集》,III,5(50),9,44;第142页。

笑，却在诸神打开时，使大家看清他们的身份。①由是，苏格拉底凭借自己生活和言说的魔术般令人着迷的效果，迫使亚西比德追问自己，承认说如果他继续像自己所做的那样去做，那么他的生活就是不值得过的。让我们顺便跟随罗宾去注意，《会饮篇》本身——指这部由柏拉图所写的文字作品——也是与苏格拉底相似的。②它也是一尊雕刻出来的西勒诺斯，在反讽和幽默下面隐藏最深刻的道理。

厄洛斯不是在《会饮篇》中以这样的方式——从神的等级转到半神的位置——被贬损和去神话化的唯一一形象。哲人的处境也相似，他不再是智者派现成知识的接受者。相反，他成为某个这样的人：他意识到自己的不足，同时也意识到在他身上又有一种渴望将他引向美和善。

因此，在《会饮篇》中，那个意识到自己的哲人，就像我们上面所描述过的那个苏格拉底：他既不完全拥有这个世界，也不完全在这个世界之外。正如亚西比德在波提狄亚远征期间所观察的那样，苏格拉底在任何环境下都能保持幸福。在这次军事远征中，当丰盛食品摆在那里时，他知道如何享用一顿美餐，喝酒技术远胜所有人；可在饥荒时，他却敢于挨饥抵渴。他在面对无物可食时泰然处之，就像面对丰

---

① 柏拉图，《会饮篇》，215b—c。
② 罗宾在柏拉图《会饮篇》中的"短评"（"Notice"），见柏拉图《会饮篇》（*Le Banquet*, *Paris*, 1981, 1$^{re}$ éd., 1929, p. CV, n.2）。

盛食品时不为所动一样；他轻松御寒，毫不害怕，打起仗来表现出勇敢。他对通常引诱人的一切东西——美、财富和各种利益——毫无兴趣，这一切对他仿佛毫无价值。

不过，他也是某个这样的人——能够通过摆脱周围一切而完全投入沉思中。在波提狄亚远征期间，他的军中伙伴看到他站着不动，整天思考；他这种情况在《会饮篇》开始时也出现过，我们由此得知他为何迟来酒会。也许柏拉图希望暗示说，苏格拉底被授以曼提尼亚女祭司所说的爱的神秘事物，而且，他还学会看到真正的美。正如曼提尼亚女祭司说的那样，已经获得这样一种洞察力的他，将引导到唯一值得过的生活中，由此将获得卓越，或者真正的美德。①这里，哲学——我们重复说一遍——呈现为一种爱的经验。因此，苏格拉底表明自己是这样的存在者，他虽然不是神，乍一看就像个普通人，却高于众人。他是个精灵，或者神性人性混合。不过，如此的混合远非自明，必定与一种陌生性相联，几乎与失衡或者与内心不协调相连。

《会饮篇》中哲人的定义在整个哲学史上具有最重要的意义。例如，斯多葛派像柏拉图一样，认为哲人本质上不同于贤人，从矛盾对立的观点看，无异于常人。正如斯多葛派

---

① 柏拉图，《会饮篇》，211d—212a。

习惯说的那样，这几乎无关你是离水面有 1 英寻[1]，还是有 500 英寻：你都一样会溺死。[2]从某种意义上说，在贤人与非贤人之间有一种基本的不同：只有非贤人能够被"或多或少"地加以刻画，而贤人代表绝对的完美，不容许任何程度之分。但是，哲人是非贤人这个事实并不意味着，在他和其他人之间没有不同。哲人意识到自己缺乏智慧；他渴望智慧，努力接近智慧——这对于斯多葛派来说，是一种只能通过突然的、意料之外的转变才可获得的超越的状态。除此之外，贤人或者不存在，或者只是非常稀少。所以，哲人也许可以进步，却总是囿于智慧阙如的限度。他倾向智慧，却用一种渐近的方式，而且永远不会达到它。

其他哲学学派没有这样一种关于哲学与智慧之间不同的精确学说。但是，一般而言，智慧显现为一种指导和吸引哲人的理想。哲学首先被看作是一种智慧的练习，因此，是一种生活方式的实践。这个观念在康德那里仍然存在，也隐藏在所有那些在词源学上把哲学规定为对智慧的爱的哲人那里。哲人从在《会饮篇》中的苏格拉底表现的模范中最少保留的东西，是他的反讽和幽默，这同样见于色诺芬《会饮

---

① 英美制计量水深的单位，1 英寻合 1.828 米。——译者
② 西塞罗，《论至善和至恶》（*Des termes extrêmes des biens et des maux*），III, 14, 48。

篇》中那翩翩起舞的苏格拉底。①从传统来看，哲人自己剥夺了他们需要的最大多数东西。尼采非常清楚这点：

> 苏格拉底胜过基督宗教奠基人的地方，在于改变他严肃的微笑，和那种充满赋予一个人灵魂最好状态的恶作剧的智慧。②

## 伊索克拉底

雄辩家伊索克拉底是一个与柏拉图同时代的人，我们在他那里也看到哲学与智慧之间的对立。他的著述表明，自从智者派时代以来，对于哲学的理解有一个演化：

> 哲学……已经用一种对于行动的看法教育我们，使我们在自己的相互关系中变得文雅，把由无知引起的不幸，与那些必然的不幸区分开来，教导我们避免前者和勇敢地担当后者——我们的城邦向我们展示了这种哲学。③

哲学仍然是雅典人的骄傲与光荣，但是它的内容已经有

---

① 色诺芬，《会饮》，II，17—19。
② 尼采，《人性，太人性的》（*Humain, trop humain. Le voyageur et son ombre*）第三部分，"流浪者及其影子"（"The Wanderer and His Shadow"），§86。
③ 伊索克拉底，《赞颂词》（*Panégyrique*），§47。

了相当的改变。在伊索克拉底的描述中，哲学不再是一般科学文化的事情，它成为改造人与人关系、使我们战胜逆境的谋生手段。最重要的是，伊索克拉底介绍在智慧（或者理想知识）与爱智慧之间一种重要的区别：

> 因为人类本性中没有这样一种知识，如果我们拥有它的话，我们就会知道自己必须做什么和必须说什么。我思考有智慧者，在可能的限度内，那些由于自己的观点而能够最经常地偶然发现最好所是的人。而且，我思考哲人（爱有智慧者），自己花时间于那些练习上，由此他们将最快地获得这样一种判断能力。①

由是，伊索克拉底首先区别一种理想的知识，被设想为在生活行为中的完美的实际知识，基于一种完全不会出错的判断能力之上。然后，他又提及实践的智慧，它是通过判断的可靠表述而获得的实际知识，容许其拥有者作出理性的、然而同时又是推测的决定，不管在他们面前发生什么样的情况。最后，那种判断本身的表述，它正是哲学。此外，这是不同于柏拉图的那种哲学；通过伊索克拉底的例子，我们可以在人文主义这个术语的古典意义上来谈论它。"伊索克拉

---

① 伊索克拉底，《交换》（L'Échange），§271。

底坚信，人们通过学习如何说话而变得更好"，只要人们面对"那些被提升的、美的、服务人性的和关心公众福利的主题"。[①]因此，对于伊索克拉底来说，哲学不可分地既是说话精彩的艺术，亦是活得精彩的艺术。

---

① I·阿多，《在古代思想中的人文科学和哲学》（*Arts libéraux et philosophie dans la pensée antique*, Paris, 1984），第 16—18 页。

第二部分
作为生活方式的哲学

# 五

## 柏拉图和学园

柏拉图《会饮篇》使苏格拉底的形象作为哲人而千古留名——就是说，作为这样一个人，他通过自己的论辩和生活方式，接近并且使别人也接近存在的方式，或者接近叫做智慧的超越的本体论状态。从这个角度来看，柏拉图的哲学——追随他的哲学，所有的古代哲学，甚至那些最远离柏拉图主义的哲学——全都具有建立在哲学论辩与生活方式之间某种内在联系方面的旨趣。

**作为一种在柏拉图学园中的生活方式的哲学**

**教育的计划**

我们必须转回在柏拉图《会饮篇》中苏格拉底与厄洛斯、哲学与爱之间的联系。这里，爱不仅表现为对智慧和美的东西的渴望，而且也表现为对丰产的渴望——就是说，那种通过创造使人自己不朽的渴望。换言之，爱是创造的、丰产的。第俄提玛说，①有两种丰产性：肉体的丰产与灵魂的丰产。那些基于肉体的丰产性，企图通过生育儿女来使自己不朽；而那些基于灵魂的丰产性，则试图通过理智的产品——文字的或艺术的——做到这点。然而，理智的最高形式在于自己的支配和正义，它们通过城邦的组织化和其他机构得以训练。许多历史学家在谈及"机构"时，看到了对柏拉图学派建立的一种暗示。因为，在随后的字里行间里，柏拉图清楚地告诉我们，他所说的丰产性，是那种教育者的丰产性——教育者像珀洛斯的儿子厄洛斯，"充满才智""以谈论美德——就是说，一个好人应该思考的那种事物，也是他应该努力做的东西"。②柏拉图在《斐多篇》谈及"有生育能力的心灵"，并且谈及

> ……那些本身播下一颗将生长出具有不同性质的论辩的种子，能够……引导我们走向对于人类来说可能是最高程度的幸福。③

罗宾把柏拉图的这些论题概括如下：

> 丰产的灵魂只有通过与另一个灵魂——必然的性质在其中

---

① 柏拉图，《会饮篇》，208e。
② 同上书，209b—c。
③ 柏拉图，《斐多篇》，277a。

得以识别——的交往，才有生殖能力，并可以成长起来。这种交往只能开始于活生生的话语和日常共同生活的交流，为了灵性目标和不确定的未来而组织起来。换言之，某个哲学学派，正如柏拉图就他自己学派的现状和对传统的承继所构想的那样。①

因此，我们发现哲学新定义的另一个重要方面，即柏拉图在《会饮篇》中提出的、对古代哲学生活产生了重要意义的方面。哲学只能通过生活共同体，通过在某个学派中师生之间的对话，才得以理解。几个世纪之后，塞内加再次谈论共同生活的哲学重要性：

生动的话语和共同生活，将比书写的论述，更有利于你们。这正是你们必须面对的当下现实，首先是因为你们相信自己的眼睛而不是耳朵，其次是因为训导的时间长，而榜样则立竿见影。如果（斯多葛派的）克莱安西斯不过是芝诺的旁听者的话，就不可能仿效自己的大师；但是，他与他的生活密切相连，他洞察他的秘密想法，他能够直接观察他是否生活得与自己的生活规则相一致。柏拉图、亚里士多德和所有不再走相反方向的哲贤——全都从苏格拉底的道德行为，而不是

① 罗宾，《对柏拉图〈会饮篇〉的注解》[*Notice, dans Platon, Le Banquet*, Paris, 1981, (1ʳᵉ èd., 1929)]，第 XCII 页。

从他的话语中获得好处。造就出伟大人物梅特罗多洛、赫尔玛库和波吕安努斯的并非伊壁鸠鲁的学派，而是陪伴他身边的那些人。[1]

　　正如我们将进一步看到的那样，柏拉图确实并非他那个时代唯一建立起致力于哲学教育学派的人。其他苏格拉底的门徒，如安提西尼、麦加拉的欧几里得和居勒尼的亚里斯提卜，在同一时期也这样做了，就像伊索克拉底那样。然而，柏拉图学园因为其成员的品质和组织的完善，在他那个时代以及随后的许多世纪，都产生了重要的影响。贯穿整个哲学史，我们将看到对这种机构以及对在那里的讨论和争论的回忆和模仿。[2]"学园"这个名字的由来是这样的：学派的活动在叫做学园——位于雅典郊外的学校——的体育馆里举行；而且，柏拉图在这个体育馆附近获得了一份地产，学派成员由此可以聚会，甚至在一起生活。[3]

　　苏格拉底与毕达哥拉斯

　　古人习惯说，柏拉图的原创性一定程度上是对苏格拉底和毕达哥拉斯的综合——他认识前者是在雅典，认识后者是

------

① 塞内加，《致使徒道德书信》(Lettres à Lucilius)，6, 6。
② 参见克雷默的重要著作《柏拉图主义和希腊化的哲学》(Platonismus und hellenistische Philosophie, Berlin, 1971)。
③ 参见比约撰写的条目"学园"，载古莱编的《古代哲学辞典》卷 1 (Dictionnaire des philosophes antiques, t. I, Paris, 1994)，第 693—789 页。

自己第一次去西西里岛旅游时。①他从苏格拉底那里接受的是对话方法、反讽和对生活态度这些问题的兴趣；从毕达哥拉斯那里接受的则是一种数学教育及其应用于自然知识的那些科学的可能性，还有思维的提高和哲人生活共同体理想。毫无疑问，柏拉图知道毕达哥拉斯派：他在自己的对话里提到过他们。但是，我们关于古代毕达哥拉斯主义的认识没有把握，无法精确地确定毕达哥拉斯在柏拉图精神发展过程中占有的分量。但是，有一件事是确定的：柏拉图在《理想国》②里曾赞扬毕达哥拉斯说，这个人受人爱，因为他为人类和未来世代指出了一条"道路"，一种叫做"毕达哥拉斯式"的生活规则。他们践行这种生活规则并由此区别于其他人，而且这种生活规则直到柏拉图时代还存在。毕达哥拉斯学派共同体在南意大利诸城邦和西西里地区实际上起着重要的政治作用。人们有理由这样认为，学园的建立通过苏格拉底的榜样，同时还有毕达哥拉斯的生活方式得以鼓励，只是我们对后者还不能精确地加以刻画。③

---

① 例如，参见普卢塔克，《闲谈集》(*Propos de table*)，VIII，2，719a；西塞罗，《论共和国》(*République*)，I，15—16；《论善恶的目的》，V，86—87；奥古斯丁，《上帝之城》(*Cité de Dieu*)，VIII，4；不同地方翻译并编辑的《努门尼乌残篇》24 (*Numénius*，fr. 24，éd. Et trad. des Places)；费斯蒂吉埃尔翻译普洛克罗的《〈蒂迈欧篇〉评注》卷 1 (*Commentaire sur le Timée*，t. I，7，24 Diehl)，第 32 页。

② 柏拉图，《理想国》，600b。

③ 林奇，《亚里士多德学派》(*Aristotle's School*)，第 61 页。

## 政治意图

柏拉图最初的意图是政治的：他相信通过对影响城邦的那些人进行哲学教育，有可能改变政治生活。因此，柏拉图在自己的《第七封信》里给我们提供的自己亲身的证词，值得我们关注。他讲述自己在年轻时，如何像其他年轻人一样，渴望致力于城邦事务；如何通过苏格拉底的死和自己对律法和习俗的检查，发现正确管理城邦事务的不容易；最终，他认识到，他那个时代所有现存的城邦都无一例外地被糟糕的政权所支配。因此，他说："我无法抗拒地褒扬真正的哲学，而且声明，人仅能够通过哲学之光认识到，在公共领域应该如何像在私人领域中一样支配正义。"但是，这不光是关于抽象的论辩。对于柏拉图来说，"哲人的任务"在于行动。如果他试图在锡拉库萨承担一个政治角色，那么为的正是不想做一个无力行动而只是"能言善辩的人"。[1]实际上，学园的许多学生在许多城邦中的确扮演积极的政治角色——作为统治者的谋士、立法者或僭主的反对者。[2]智者派宣称在政治生活方面训练年轻人，而柏拉图则希望通过给他们提供远胜于智者派所能提供的那种知识来完成这种训练。一方面，这种知识根据一种严格的理性方法得以发现；

---

[1] 柏拉图，《第七封信》，328b—329c，布里松翻译。

[2] 前引林奇著作第 59 页，注 32（参考文献）；伊斯纳尔迪·帕伦特，《古代柏拉图学园的遗产》（*L'eredità di Platone nell'Accademia antica*，Milan, 1989），第 63 页起。

另一方面，与苏格拉底的见解一致，这种知识与对善的热爱不可分，与个人的内心改造不可分。柏拉图要训练的不仅是处事圆滑的政客，而且是人。

为了实现自己的政治意图，柏拉图不得不经常地迂回前行——就是说，创立一种智性的和灵性的共同体，其要做的工作是训练新人，不管需要付出多么长的时间。由于这是一条长远的弯路，他的政治意图容易有被遗忘的危险。而且，在这方面听听柏拉图说些什么倒不失有趣：他说哲人必将成为国王。①当亚里士多德的学生狄凯亚尔库着手描述柏拉图学园中的生活时，他强调这样的事实说，就这个学园的成员渴望美德并一起进行探求而言，他们过得就像一个由自由、平等的人所组成的共同体一样。②柏拉图并不要求自己的学生交学费，以符合"平等的人应该得到平等的东西"这个原则（principe qu'il faut donner ce qui est égal à ceux qui sont égaux）。此外，按照柏拉图的政治原则，根据每个人的贡献和需要来分配，正是一种几何学的平等性。③这里我们可以看到，柏拉图坚信，人只有在一个完美的城邦里才能作为人而活着。然而，当他等待后者得以实现时，却要让自己的学生生活在一个理想城邦的状况之中；在他们还不能够管理一

---

① 柏拉图，《理想国》，519d。
② 盖泽，《菲洛德穆学园》（*Philodems Academica*，Stuttgart，1988），第153页起。
③ 柏拉图，《法律篇》，VI，756e—758a。

个城邦时，他要求他们至少能够根据理想城邦的规范来管理自己。①绝大部分后来的哲学学派也尝试这样做。②

当特定学派的成员期待参与政治活动时，他们却致力于研究和灵性修行的生活。因此，柏拉图像智者派，却出于不同理由，他造就了一个与城邦相对分离的教育环境。苏格拉底对教育另有一番不同的见解。他不像智者派，认为教育不应该在一种人为的环境中进行，而应该使一个人自己整个沉浸在城邦生活中，就像古代传统所做的那样。但是，要刻画出苏格拉底教育法特点在于这样的事实，它首先重视人与人之间生命的接触；这点得到柏拉图的认同。通过柏拉图的著作，我们看到苏格拉底这种对教育要有生命接触和爱的见解。但是，正如林奇指出的那样，柏拉图可以说通过自己的学派，使苏格拉底的教育观机构化了。③教育发生在一个共同体、团体或者朋友圈子里，一种升华出爱的氛围由此盛行。

在学园中的训练和研究

学园作为机构如何运作，我们对此知之不多。④我们不

---

① 柏拉图，《理想国》，592b。
② 参见弗里舍，《雕塑的语言：古希腊的伊壁鸠鲁主义与哲学的恢复》 (*The Sculpted Word*. *Epicureanism and Philosophical Recruitment in Ancient Greece*, University of California Press, 1982)，第 63 页。
③ 前引林奇著作，第 63 页。
④ 关于这个论题，见前引林奇著作第 54—63、93 页。

必像经常所做的那样，把学园——或者，就此而言，其他的雅典哲学学校——想象成众缪斯的宗教协会。它们的创立，仅仅起因于利用在雅典大规模结社的权利。似乎有过两个成员的范畴，一个是作为研究者和教师的年长者，另一个是作为学生的年轻者。后者似乎在柏拉图的第二位继任者色诺克拉底的选举中，起着决定性的作用；据说第一位继任者斯珀西波斯是柏拉图自己选的。

在古代，人们认为这样的事实是有重要意义的——两个分别名为阿克西塞亚和拉斯提亚的女人，成了柏拉图和斯珀西波斯的弟子。人们说，阿克西塞亚并不羞于披上哲人的简朴大衣。[1]我们可以由此猜测，学园的成员像那个时代的其他哲人一样，重视这身行头以有别于他人。根据后来有关学校传统的判断，我们也许可以推论说，除了讨论、上课和科研工作之外，集体膳食有时候也是学校课程的一部分。[2]

我们已经提到年长的成员，他们与柏拉图一起研究和教学。我们认识其中的几位：斯珀西波斯、色诺克拉底、克尼杜的欧多克索斯、本都斯的赫拉克利特和亚里士多德。亚里士多德留在学园里有 20 年之久，先是做学生，后成为教师。学园的成员不是哲人便是学者，尤其包括真正一流的天

---

① 盖泽，《菲洛德穆学园》，第 154 页。
② 普卢塔克，《闲谈集》，Ⅷ，1，717b

文学家和数学家，如欧多克索斯和泰阿泰德。倘若斯珀西波斯、色诺克拉底和欧多克索斯的著作保存至今，我们关于学园以及柏拉图在其中所起的作用也许就会有完全不同的看法。

几何学和其他数学科学在训练学生方面扮演了基本的角色，不过它们只是培养未来哲人的第一步。在柏拉图的学校里，它们被用一种完全不偏不倚的态度加以践行。它们是否有用并不受到关心；[1]相反，既然它们被着眼于使心灵从感觉的表象中纯化出来，首先也就具有了伦理的目的。[2]几何学不仅是基础课讲授的主体，而且是进一步的探究。事实上，学园是数学的诞生地。学园的成员是第一批发展出数学公理体系的人，而这些数学公理体系则形成了推理的前提——诸如原则、公理、定义和公设，通过彼此演绎整理出诸定理。半个世纪之后，所有这方面的工作都归入欧几里得著名的《几何原本》里。[3]

根据《理想国》，[4]未来的哲人直到成熟一些时，才可以实践辩论术；他们一旦达到这个年岁，大概学习辩论术有5年时间了——从30岁到35岁。我们不知道柏拉图是否在

① 柏拉图，《理想国》，522—534。
② 柏拉图，《理想国》，526e；普卢塔克，《闲谈集》，Ⅷ，718e—f，参见I·阿多，《古代思想中的人文科学和哲学》，第98页。
③ 参见拉塞尔，《柏拉图时代数学的诞生》（*La naissance des mathématiques à l'époque de Platon*, Fribourg-Paris, 1990）。
④ 柏拉图，《理想国》，539 d—e。

自己的学校里实行这个规则，总之，辩论术练习在学园课程里必然有一个位置。在柏拉图时代，辩论术是一种争论的技巧，服从各种精确的规则。人们提出某个"论题"——某个表示疑问的命题，如"美德可教吗？"两个对话伙伴中的一个对论题加以攻击，另一个则为它辩护。前者借助疑问发起进攻——就是说，向论题的辩护者提出精心布置的问题，迫使他承认与自己要辩护的论题相矛盾的地方。提出质疑者本人并没有论题，而这就是苏格拉底习惯扮演那个角色的原因。正如亚里士多德说的那样："苏格拉底总是扮演提问者的角色，从来不做回应者，因为他承认自己一无所知。"[①]辩论术不仅教学生如何发出攻击——就是说，如何明智地提出问题，而且也教他们如何通过避开提问者的圈套而加以回答。这种关于某一论题的讨论，成了教学的主要形式，直至公元前1世纪。[②]

柏拉图的学生注定在城邦里发挥自己的作用，就此而言，辩论术的训练绝对必要。在一种主要关心政治论辩的文明里，年轻人必须得训练，以便纯熟掌握言说和推理。然而，在柏拉图看来，这样的掌握是危险的，因为它有可能使年轻人相信，任何观点不是可以被辩护就是可以被攻击。这

---

① 亚里士多德，《驳智者派》（*Réfut. Sophist*），183b7。

② 参见后文，并见 P·阿多的论文"古代的哲学、论辩术、修辞"（"Philosophie, Dialectique, Rhétorique dans l'Antiquité"），载《哲学研究》卷39（*Studia Philosophica*，t. 39, 1980），第139—166 页。

就是柏拉图的辩论术并非纯逻辑练习的原因；相反，它是一种灵性的练习，要求对话伙伴经历一种苦修，或者自身改造。这里并不涉及两个个人之间的争斗，其中更为圆滑老练的那位硬要接受他的观点，而是就两个对话伙伴而言的一种共同努力，遵循合理论辩或逻各斯的理性要求。柏拉图在把自己的方法与他那个时代的好争论者的方法加以比对时，写道：

> 当像你和我这样的两个朋友有心情交谈时，我们就得用一种优雅的和更加论辩的方式进行。这个"更加论辩的"，我指的不仅是我们作出真实的回应，而且是我们把自己的回应，仅建立在对话者承认他自己知道的事情之上。①

一场真正的对话之所以可能，当且仅当对话双方都需要进行对话。由于对话伙伴在讨论的每一步都有双方之间新的一致，他们中的一个就不会硬要另一个接受自己的真理。相反，对话教会他们自己相互设身处地，因此超越他们自己的观点。在真诚的努力之后，对话双方根据他们自己，而且在他们自己里面，发现一种就他们都服从**逻各斯**最高权威性而言，不依赖于他们的真理。这里，正如在整个古代哲学中一

① 柏拉图，《美诺篇》，75c—d。

样，哲学在于这样的运动，通过它个人使自己向着某种在他之外的东西超越。对于柏拉图来说，这某个东西就是*逻各斯*——隐含对理性和普遍性要求的论辩。此外，这个逻各斯并不代表某种绝对的知识；它实际上等于是建立在对话双方之间的那种一致，因为对话者被引向承认某些共同的观点，而且通过这种一致从而超越他们个别的观点。①

这种对话的伦理，并不必然转变为一个无休止进行的对话。如我们所知，亚里士多德反对柏拉图理念论的一些论文，都是在学园里为了口头讲课而准备好的手稿。这些手稿以教诲的形式，表现为继续不断的论辩。②但是，听众——看来这很可能是贯穿整个古代的一种习惯——能够在报告完后表达自己的见解。肯定还有许多由斯珀西波斯或者欧多克索斯作的讲演，每一个都表达非常不同的观点。因此，人们一起探究，交流观念，这个过程也是一种对话。此外，柏拉图把思想本身看成是一种对话：

> 思想与论辩是同一回事，除非它是我们已经叫做"思想"的那种灵魂与自己的内在的、缄默的对话。③

---

① 参见海奇，《认识和生活引导：科学和文学的学园》（*Erkenntnis und Lebensführung*，*Akademie der Wissenschaften und der Literatur*，Mainz，Stuttgart，1994），fasc. 9。
② 杜林，《亚里士多德》（*Aristoteles*，Heidelberg，1966），第9页。
③ 柏拉图，《智者篇》，263e4。

柏拉图学派的生活选择

这种对话的伦理解释了，思想自由——正如我们已经看到的那样——在学园里是至高无上的。斯珀西波斯、色诺克拉底、欧多克索斯和亚里士多德讲授与柏拉图截然不同的那些理论，尤其是关于绝对理念的主题。他们甚至不同意善的定义，因为我们知道，欧多克索斯认为快乐是最高的善。学派成员之间如此紧张的争辩，不仅在柏拉图和亚里士多德的对话里有迹可循，而且整个希腊化哲学亦是一样，[1]甚至可以说在整个哲学史都是如此。总之，我们也许可以由此得出结论说，柏拉图学园是一个自由讨论的地方，那里面既没有经院主义的正统也没有教条主义。

如果确实这样，人们一定会好奇学校的统一究竟基于什么。我认为，我们可以说，柏拉图和雅典学园的其他教师虽然不会在教义的方方面面保持一致，却全都或多或少地接受柏拉图提出的那种生活方式或者形式的选择。看起来，这种生活选择首先在于坚持我们刚刚说到的那种对话伦理。用米特尔斯特拉斯的话来说，这是一种由对话者所实践的"生活形式"；[2]因为，通过对话的活动，他们既把自己作为主体，又超越自己——他们经验到那个超越他们的逻各斯。此外，

---

① 参见前引克雷默著作，第 94 页，注 1。
② 米特尔斯特拉斯的论文"探讨苏格拉底对话"（"Versuch über den sokratischen Dialog"），载施蒂勒和瓦宁编的《对话》（*Das Gespräch*, Munich, 1984），第 26 页。

他们也最终经验到那种作为每次对话努力前提的、对善的热爱。从这点来看，讨论的对象及它的教义内容具有第二位的重要性。这里所说的是对话的实践，还有由实践带来的改变。对话的作用有时甚至会陷入死胡同，由此揭示语言的界限——对话有时候不能传达道德的和生存的经验。

用布里松的话来说，这最终涉及"学习用一种哲学的方式来生活"，①以一种共同意志完成不偏不倚的探究，小心谨慎地反对智者派的唯利是图。②这已经是一种生活选择。以一种哲学方式生活，首先意味着转向理智的和灵性的生活，实现一种握住"整个灵魂"的皈依，③即那种完全的道德生活。对于柏拉图来说，科学和知识从来不是纯理论、纯抽象的知识，可以被"现成地"放置在灵魂里。正如已经提及的那样，当苏格拉底说美德是知识时，他不是把知识理解为关于善的纯粹的、抽象的认识，而是选择并需要善的认识——换言之，一种思想、意志和欲望在其中是统一的内在禀赋。对于柏拉图来说，如果美德是知识的话，那么知识本身也是美德。

因此，人们可以设想，雅典学园的成员都有某种知识观。他们把知识理解为对人的训练，理解为对性格进行缓慢

---

① 布里松论文"关于柏拉图奥义的一种解释的前提和后果"（"Présupposés et conséquences d'une interprétation ésotériste de Platon"），载《哲学研究》（Les Études philosophiques, 1993, n° 4），第480页。
② 亚里士多德，《形而上学》，1004b25。
③ 柏拉图，《理想国》，518c。

而困难的教育，理解为"整个人格的和谐发展"，最后理解为生活方式，旨在"确保……一种善的生活和由此而来的'灵魂的得救'"。①

在柏拉图看来，最本质的东西在于一种哲学生活方式的选择。这点由在《理想国》里的那个他的讲述得以证明，它神秘地把这种选择表现为在先前生活中已经做成的：

> 那是人甘冒风险的地方，正是因为这个理由，每一个个人都必须把一切其他的学习放在一边，全力以赴对此进行探究并好好耕作。也许，他能够发现并认识将告诉他识别善恶生活之所是，总是——就其可能而言——时时处处选择善的生活的能力和知识的人。②

### 灵性修炼

在其《第七封信》中，柏拉图宣布，如果我们不接受这种生活方式，生活是不值得过的；这就是为何我们必须马上决定遵循这条"道路"的原因——这是一条"神奇的道路"(voie merveilleuse)。而且，这种生活要求一种值得注意的、每天必须有所更新的努力。对于这种生活来说，那些"真正

---

① 布里松，论文"关于柏拉图奥义的一种解释的前提和后果"，载《哲学研究》，第 158 页。
② 柏拉图，《理想国》，618b。

从事哲学研究"的人，有别于那些"并不真正从事哲学研究"的人——他们只有徒有外表的肤浅意见。①当柏拉图追念自己的学生——来自叙拉古的狄翁这个人物时，暗示的就是这种生活。②它在于"更重视美德而不是快乐"，摒弃感官的愉悦，遵守一种特别的饮食，"以这样一种方式来度过每一天的生活，以尽可能地控制自己"。正如拉博非常出色地指出的那样，看起来，某些灵性践行——我们从对话篇的许多章节里看到它们留下的痕迹——的确在雅典学园里被用过。③

在《蒂迈欧篇》对话的结尾部分，柏拉图断言，我们必须以这样一种方式来训练灵魂最高的，即理智的部分，以使它与宇宙和谐一体，堪比神性（divinité）。④但是，他并没有细说这些练习如何得以进行。不过，我们可以通过其他对话篇，看到令人感兴趣的那些具体表达。

当柏拉图提到我们在梦中表现出来的那种无意识的本能冲动，例如，那些深藏在我们身上要杀人和强奸的"可怕的和野蛮的"冲动时，人们也许可以说那是"睡觉准备"。⑤

---

① 柏拉图，《第七封信》，340c—d。
② 同上书，327b，336c。
③ 拉博，《教育法——苏格拉底中西方教育艺术的基础》（*Paidagogia. Die Grundlegung der abendländischen Erziehungskunst in der Sokratik*, Göttingen, 1960），第 102 页。
④ 柏拉图，《蒂迈欧篇》，89d—90a。
⑤ 柏拉图，《理想国》，571—572。

如果我们希望避免这样的梦境，必须每天晚上通过内心对提升主体的论辩和探究，唤醒灵魂的理智部分来使自己有所准备。我们也应该致力于沉思，使自己的冲动和愤怒得以平息。此外，柏拉图劝告我们不要贪睡："说到睡眠，人们应该尽可能只睡到有益健康时为止；这一旦成为一种习惯，所需时间其实不长。"[①]

另一种练习在于知晓如何在遭遇不幸时保持平静，不要动怒。[②]通过那些改变我们内在禀赋的规则的应用，这种情况就会出现。我们必须告诉自己，在各种意外遭遇中，我们并不知道孰是孰非，心烦意乱成不了事；我们也应该知道，凡人俗事不值得较真；我们还需要了解，就像玩骰子游戏那样，我们必须顺其自然，进退有度。[③]

最著名的践行是死亡的践行。柏拉图在《斐多篇》中暗示了这点，因为它的论题恰好是苏格拉底之死。这里，苏格拉底申明，一个终身与哲学为伴的人，必然有勇气面对死亡，因为哲学正是死亡的练习。[④]它是死亡的练习，因为死亡意味着灵魂与肉体的分离，而哲人花时间努力使自己的灵魂从自己的肉体中拯救出来。肉体给我们带来无尽的烦恼，

---

① 柏拉图，《法律篇》，VII，808b—c。
② 柏拉图，《理想国》，604 b—c。
③ 关于《克里托篇》里同样的练习，参见梅尔腾斯的《苏格拉底的事业》(*Die Sache des Sokrates*)，第 127 页。
④ 柏拉图，《斐多篇》，64a。参见朱塞佩，《柏拉图〈斐多篇〉的死亡论》(*La teoria della morte nel Fedone platonico*, Il Mulino, 1993)。

因为它产生的激情和强加给我们的需要。因此，哲人必须纯洁自己，就是说，他必须努力专注并召集灵魂，使它从那些由肉体强加给我们的散漫和分心中解脱出来。人们由此思考，《会饮篇》有些地方讲到，苏格拉底长时间地肃穆静立，专注于自己，一动不动，不吃不喝。这种练习把身体的和思维的苦修紧密结合起来，放弃激情而达到理智的纯洁。在一定意义上说，对话已经是死亡的练习。因为，正如舍尔所说，"肉体的个人性在此刻已经停止存在，它通过逻各斯使自己外在化"。[1]这是已经辞世的帕雷思想中最令人喜欢的论题之一："语言仅仅依赖诸个体的死亡而发展（Le langage ne se développe que sur la mort des individus）。"[2]因此，从《斐多篇》苏格拉底之死的故事角度来看，我们能够明白，那个必死的"我"超越自身，成为一个从此对死亡感到陌生的"我"，因为这个我已经把自己与逻各斯等同起来，也与思想等同起来。在这个对话结束时，苏格拉底暗示这点：

> 朋友们，我不能够说服克里托相信，我是苏格拉底，此时此刻正与你们交谈，整理自己的所有论证。他以为，我是那另一个他即将看作一副尸囊的人。[3]

---

[1] 舍尔，《柏拉图学派问题》（*La Question platonicienne*），第 41 页。

[2] 帕雷的论文"语言与实存"（"Le langage et l'existence"），载论文集《实存》（*L'Existence*, Paris, 1945），第 173 页。

[3] 柏拉图，《斐多篇》，115e。

《斐多篇》里的这种练习被描述为一种死亡的练习，它把灵魂从对死的恐惧中解脱出来；而在《理想国》里则表现为某种灵魂升向高处的东西，或者从高处向实在世界的俯瞰：

> 低劣的心灵（La petitesse d'esprit）不可与灵魂相比，因为灵魂必定总是使自己不停地拥抱整个的神灵和整个的人类……然而，属于思想升华和对存在与时间总体性静观的灵魂——你认为人类生活能够对于灵魂来说是重要的东西吗？这样一个人因此并不把死亡视为某种可怖的东西。[1]

那种在于彻底改变一个人观点，用一种普遍观照来把握整个实在世界的练习，在这里再次让我们战胜对死的恐惧。灵魂的伟大启示自身成了思维普遍性的成果。那个在《泰阿泰德篇》被描述的哲人用同样的目光，从高处打量下面尘世的万物。[2]他的思想指引自己到处飞翔，既升上星空也降临大地。这是柏拉图之所以幽默地把自己说成是一个异乡者，迷失在那个人性、太人性的世界里的原因。他像圣贤泰勒斯，甘冒失足落井的危险。他不懂与法官角力，不懂政治争论和有笛子吹奏手搞气氛的宴席。他不晓得如何在法庭上为

---

① 柏拉图，《理想国》，486 a—b。
② 柏拉图，《泰阿泰德篇》，173—176。

自己的案子诉讼，如何侮辱他人，如何阿谀他们。即使面对最巨大的财产，他也似乎无动于衷，"因为他习惯用自己的目光看清整个尘世"。他嘲笑那种要通过长串谱系才得以证明的高贵。正如拉博注意到的那样，[①]柏拉图并不在静观的生活和实践的生活之间加以区分，却在这两种生活方式之间作出对比：一种是哲学的生活方式，在于"通过理智的明晰而变得正义和神圣"，由此同时是知识和美德；另一种是非哲人的生活方式，他们在颓废的城邦中感觉良好，只是因为他们对那些导致野蛮暴力的雕虫小技和伪装智慧自鸣得意罢了。[②]这就是《泰阿泰德篇》要说的话：虽然哲人在城邦里也许像古怪可笑的外乡人，但那确实不过是普通人的评价，这些人已经被城邦败坏了，只认诡诈、机巧和粗野为价值。

在某种程度上，柏拉图视之为追求卓越的灵性修炼的对话伦理，与另一个根本的过程——爱的升华——密切相连。根据灵魂先在的神话，灵魂在降落身体之前，已经看到形式，即超越的绝对规范。一旦灵魂往下坠落到感观世界，就把形式和绝对规范统统抛在脑后，甚至不再能够根据它们在感观世界中的形象，直观地认识它们。但是，美的唯一形式仍然具有那种特权，在由曼妙身体自己构造的那些形象中呈

---

① 见前引拉博著作，第273页。
② 柏拉图，《泰阿泰德篇》，176b—c。

现出来。那种灵魂在面对某些曼妙身体而产生的爱慕之情，被灵魂在自己先前存在时对超越美性观照的无意识回忆所唤起。[①]如果灵魂感受到即使是最卑微的世俗之爱的话，那么吸引它的正是这种超越的美性。这里，我们再次看到《会饮篇》讨论过的那种哲人状况：一种内心平衡阙如的、陌生的、矛盾的状况，因为那个爱者在这样两端之间来回撕扯——一方面，他欲求在肉体上与自己所爱对象结合一体，另一方面，他又渴望被爱慕对象所吸引自己的那个超越的美性。因此，哲人将通过努力改善自己爱的对象，使自己的爱得以升华。正如《会饮篇》所说的那样，他的爱将给他以灵性的丰产，这本身体现在哲学论辩的实践中。[②]这里，我们通过柏拉图，能够察觉出不可以还原为论辩理性的一种要素的表现——它是苏格拉底的遗产，或者说，展示出爱的那种教育的力量[③]："我们只从自己所爱的人那里学习。"[④]

此外，爱的经验——正如《会饮篇》的第俄提玛说的那样——在不自觉地被美性形式所吸引之下，从身体方面的美性，上升到灵魂方面的美性。[⑤]然后，它又处理行动和科学中的美性，直到突然看到妙不可言的、永恒的美性。这种情

① 柏拉图，《斐德罗篇》，249b 起。
② 柏拉图，《会饮篇》，209b—c。
③ 参见前文。
④ 歌德，《与艾克尔曼的对话》（*Conversations avec Eckermann*，12 mai 1825）。
⑤ 柏拉图，《会饮篇》，210—212。

景类似信仰埃琉西斯密教的人所着魔的幻想；它超越所有的说明和论辩推敲，却在灵魂中造成美德。因而，哲学成为一种激活了的在场经验。从某个可爱的存在的在场经验出发，我们升华至对某种超越的在场的经验。

我们在前面说过，对于柏拉图而言，知识从来就不是纯理论的：它是存在的改变，是美德。我们现在可以说，它也是生命的情感。怀特海的说法可以用到柏拉图这里："概念总是穿上情感的外衣。"[①]科学——即使几何学——是一种关涉整个灵魂的知识，总是与厄洛斯、愿望、渴求和选择相连。怀海特还说，"纯知识或纯知性的观念，完全不为柏拉图所知。哲学教授的时代毕竟还未到来。"[②]

### 柏拉图的哲学论辩

迄今为止，我们只是谈论口头的对话，正如它在雅典学园所被践行的那样。不过，借助柏拉图著作中见到的例子，我们只能想象这种对话的样子。为了简单起见，我们多次用"柏拉图说……"的表达来援引这些例子。可是，这个表达非常不准确，因为柏拉图在自己写的著作里，从来没有用他

---

① 引自帕芒蒂埃，《怀特海哲学和上帝问题》(*La philosophie de Whitehead et le problème de Dieu*, Paris, 1968)，第 222 页，注 83："概念总是穿上情感的外衣，就是说，穿上希望或害怕，或憎恨，或炽热的渴望，或分析的快乐的外衣……"
② 同上书，第 410 页，注 131。

的专名说任何东西。当色诺芬尼、巴门尼德、恩培多克勒、智者派和色诺芬毫不犹豫地采用第一人称说话时，柏拉图则让虚构的人物在虚构的情景中说话。只是在《第七封信》里，他才暗示自己的哲学。而且，他这样做时，把哲学更多地描绘成一种生活方式。他尤其宣布说，有关自己关心的对象，他并没有发表什么文字著作，也将永不这样做，因为所讨论的知识无论如何不能像其他知识类型那样被表述。相反，当一个人长期从事哲学研究，把自己一生都贡献给它时，它就从灵魂中喷涌出来。①

　　人们也许会问，既然根据柏拉图的见解，说出的哲学论辩远优于书写的，他为何还要写对话。在口头的论辩中，②有某个活生生存在者的具体在场；那种真正的对话，把两个灵魂连接起来，正如柏拉图所说，这是一种交换，论辩由此能够回答向它提出的问题，并且对它自己加以辩护。对话因此也是私人化的：它针对某一特定的个人，符合他的各种可能性和需要。正如在农业方面，一颗种子需要时间发芽和生长，人们也同样需要多次交谈，以便让知识在灵魂中发育。正如我们已经看到的那样，知识与美德是一致的。对话并不传递现成的知识或信息，毋宁说，对

---

① 柏拉图，《第七封信》，341c。
② 柏拉图，《斐德罗篇》，275—277。比较柏拉图《政治家篇》，294c—300c，关于书写律法的缺点和国王口授的优点。

话者通过自己本身的努力而拥有他的知识。他通过自己而发现知识，而且为了自己而思考知识。相反，书写的论辩不能回答提问。它不是个人化的，直接主张给予现成的知识，却缺乏一种由自愿赞同所代表的伦理维度。在生动的对话之外，没有真正的知识。

尽管这样，如果柏拉图写出对话，那么也许首先是因为他不仅要针对自己学校的成员，而且还要针对不在场的和不认识的人。正如他所说的那样，"书写的论辩将到处传播"。①他的那些对话能够被看作宣传品，带着所有文字艺术的魅力，却旨在让人皈依哲学。柏拉图习惯在各种公开讲演——这在古代有助于使一个人为人所知——场合，朗诵这些对话。但是，那些对话也从雅典向外传播很远。因此，一位来自佛利的妇女阿克西塞亚，读了《理想国》的某一卷书之后，来到雅典成为柏拉图的学生。②古代历史学家宣称，她一直对自己是个女子这一事实长时间秘而不宣。从公元前4世纪下半叶的柏拉图生平中，我们发现如下的说法：

通过创作自己的对话，他劝说很多人学习哲学；但是，他

---

① 柏拉图，《斐德罗篇》，275e。
② 参见古莱撰写的条目《阿克西塞亚》，载他编的《古代哲学家辞典》卷1 (*Dictionaire des philosophes antiques*, t. I, Paris, 1994)，第691页。

也提供很多机会用一种肤浅的方式来学习哲学。①

但是，人们为了皈依作为一种生活方式的哲学，必须就哲学是什么有一个想法。因此，柏拉图选择对话的形式，基本上出于两个理由。首先，"苏格拉底式"对话的文字类型，就是说，让苏格拉底把自己表现为主要的对话者——这在那个时代是非常流行的。正是"苏格拉底式"对话，使得在柏拉图学校中被践行的对话的伦理价值得到重视。人们有理由猜测，某些对话反映出雅典学园里讨论的情况，虽然苏格拉底这个人物——他在最先的对话中是非常生动的——在后来的对话中变得越来越抽象，直到最后在《法律篇》中完全消失。②

可以确定的是，苏格拉底反讽的、常常是顽皮的出场，使得读这些对话的现代读者感到相当的不安，因为他们是边寻找柏拉图的理论"体系"边读这些对话的。当读者从一个对话读到另一个对话时，许多明显不过的学说上的不一致，形成了他们的困惑。③归根结底，所有历史学家都不得不——基于不同的理由——承认，对话不过是柏拉图学说很

① 前引盖泽著作，第 148 页。
② 参见前引舍尔著作，第 171 页；前引米特尔斯特拉斯著作，第 26 页，指出——联系苏格拉底这个人物的消失——从独白、从一种哲学的"生活方式"，过渡到"职业的哲学研究"的危险。
③ 同上引舍尔著作，第 67 页。

可能具有的内容的一种不完整表达；它们"未能圆满柏拉图哲学"，[①]而且"只是给我们传达了关于柏拉图在雅典学园活动的一幅贫乏而有限的图像。"[②]

戈德施米德毫无疑问想要把柏拉图学说的系统降到最低，他提出对上述事实最好的解释说，这些对话并不是写来为了"告知"（informer）人们，而是为了"塑造"（former）他们。[③]这恰好就是柏拉图哲学最深的意图。他的哲学并不在于构造出一个关于实在世界的理论体系，然后通过一系列在方法上显示这个体系的对话，"告知"自己的读者这个体系。相反，他的著作在于"塑造"人——就是说，通过让读者效仿对话，例如想象自己的在场、对理性的要求以及善的规范，由此形成经验而改变每个个人。

从"塑造"的角度来看，书写对话的作用主要在于，学习如何实践既是辩论术的亦是几何学的理性方法——它们将使学生在各个领域里掌握权衡和定义的艺术。这就是柏拉图在《政治家篇》介绍的长篇讨论所暗示的线索：

> 在人们学习阅读的课堂上，当学生被问到哪些字母组成这

---

① 参见前引舍尔著作，第 174 页：正如亚里士多德所说（《诗学》，1447b），它们是模仿的、诗学的著作。

② 前引布里松著作，第 480 页。

③ 戈德施米德，《柏拉图对话》（*Les Dialogues de Platon*，Paris，1947），第 3 页。

样或那样的一个词时，我们会说，他只有从事这个研究，才能得以解决特别的问题，或者说，以便让他更容易解决所有语法上可能的问题。

显然，所有问题。

那么，关于我们对"政治家"主题的研究应该说些什么呢？它已经超出对这个话题的唯一兴趣，或者不如说，我们因此成为在所有可能的主题方面更好的辩手吗？

再次在这里，显然，我们也许因此成了在所有主题上更好的辩手……

如果我们要相信理性，因为它命令我们把自己的尊敬和第一位给予方法本身，那么，发现用有可能被认为是最便利、最快捷的方式去解决问题，就应该作为只是第二位的忧虑，而不是首要的目标。①

这并不排除这样的事实，即对话可能也具有某种教义的内容，因为它们通常提出一个明确的问题和建议，或者说，试图提出对这个问题的解决方法。②每个人都形成一种紧密相连的整体，可他们并不一定彼此依赖。值得注意的是，一些对话如《巴门尼德篇》或《智者篇》，都处理对话本身所

① 柏拉图，《政治家篇》，285c—d。
② 关于柏拉图的对话，见布里松在他的文章"柏拉图"、雅芙洛和拉布吕纳的《哲学辞典》（*Gradus philosophique*，Paris，1994），第610—613页中的出色概括，随后的部分对我也有很大启发。

得以进行的条件——确切地说，它们努力解释由真正对话的伦理所隐含的所有前提，就是说，柏拉图生活方式的选择。为了对话者相处融洽——或者说，为了他们在选择善时相处融洽，有必要假定"作为规范的价值"（valeurs normatives）的实存。它们不依赖于环境、惯例和个人，奠定论辩的理性和正确的根基：

> 想象有这种情形，一个人拒绝为每次讨论的对象确定一个形式或理念。那么，他将不知道在哪里表达自己的思想，因为他不需要每个存在者的理念总是一样的。那么，甚至讨论的可能性都得取消。①

因此，形式的肯定就内在于一切对话之中——对话配得上这个称呼。但是，现在出现形式知识的问题（它们事实上并不是根据感觉而得知的），还有形式实存的问题（它们不能够是可感觉的对象）。因此，柏拉图不得不提出自己的理智论，或者非感觉的形式论；由此被带入由形式的实存以及与可感觉事物的关系所提出的问题中。柏拉图的哲学论辩基于处理对话的自觉选择，因此基于被说出的、活生生的对话那种具体而生动的经验。它本质上处理不变对象或非感觉形

---

① 柏拉图，《巴门尼德篇》，135b。

式的实存，确保论辩和行动的正确；也本质上处理人类灵魂的实存，因为灵魂比身体更保证个人的同一性。[①]此外，正如我们从绝大多数对话所看到的那样，这些形式，尤其是道德价值，给我们提供了对有关人类生活事物进行判断的基础。最重要的是试图借助恰如其分地掌握事物的分寸，确定在个人和城邦生活中一种三维的价值。这种三维价值体现在所有对话中：作为美的价值、作为正义的价值和作为善的价值。[②]柏拉图的知识就像苏格拉底的一样，尤其是关于价值的知识。

舍尔写道："柏拉图主义的本质是，而且仍旧是超论辩的。"[③]他要说的是，柏拉图的对话不是什么都说的；它不说作为规范的东西，不说作为形式的东西，也不说作为理性、作为善或者作为美的东西：所有这些并不是可以由语言来表达的，也不可以由定义来达到。人们经验它们，通过对话，也通过渴求表现它们。但是，关于它们本身，却不能够说些什么。

这种苏格拉底—柏拉图的哲学模式，起了决定性的作用。通过整个古代哲学史，我们将发现自己上面已经区分的

---

① 参见前引布里松著作，第 611 页。
② 这种三维价值出现在柏拉图的《尤斯弗罗篇》、《克里托篇》、《泰阿泰德篇》、《政治家篇》、《巴门尼德篇》、《亚西比德篇》（篇首）、《高尔吉亚篇》、《理想国》、《蒂迈欧篇》和《第七封信》中。
③ 前引舍尔著作，第 247 页。

哲学活动的两极：一方面是生活方式的选择和践行；另一方面是哲学论辩——这种生活方式的整体组成部分，同时清楚解释在这种生活方式中隐含的理论前提。然而，归根结底，这种哲学论辩看来不能够表达作为本质的东西——对于柏拉图来说，指的就是形式和善，我们用一种非论辩的，即渴求的和对话的方式体验它们。

# 六

## 亚里士多德及其学校

### "静观的"生活形式

对亚里士多德哲学的习惯看法，似乎与我们要在这部著作中辩护的根本论断——古人把哲学设想为一种生活方式——完全矛盾。我们无法否认，亚里士多德强烈断言说，最高知识是这样一种知识，它自为地被选择出来，因此似乎与知识者的生活方式无关。①

然而，这种断言必须被重新置于亚里士多德关于生活方式的看法的一般框架内，正如在他为自己创立学校所奉行的目标中所揭示的那样。我们已经看到，亚里士多德20年一直在柏拉图的雅典学园，这意味着，他长期参与柏拉图的生活方式。人们几乎不能想象，当他在公元前335年在雅典一间叫做吕克昂的学府里创办自己的哲学学校时，能够不受雅典学园模式的任何影响，即使他为自己学校提出的目标不同于柏拉图学校的那些目标。

我们可以察觉，就像雅典学园的创办一样，亚里士多德学校的创办，同样是想搞一个长久存在的机构。②亚里士多德的继任者通过选举产生，我们也知道，学校的成员之一负责整个机构的财务管理，这意味着过某种共同体的生活。③像雅典学园一样，有两类成员，一类是授课的年长者，另一类是年轻者。也像雅典学园一样，在年长者如亚里士多德、泰奥弗拉斯托斯、亚里士多塞诺斯和狄凯亚尔库之间，有某种平等。同样，进入学校是完全自由的。

然而，在亚里士多德学校着眼的计划和柏拉图的计划之间，还是存在深刻的区别。柏拉图的学校有一个本质上是政治的目的，即使它是经常积极研究数学并讨论哲学的地方。柏拉图相信，成为哲人足以指导城邦事务；在他看来，哲学和政治是统一的。与此相反，正如波蒂乌斯出色地指出的那样，亚里士多德的学校只培养人过哲学生活。④实践的和政治的教学面向范围更广的听众，也针对那些虽然在学校之外，却希望找到最佳组织城邦方法的政治家。亚里士多德区

---

① 亚里士多德，《形而上学》，Ⅰ，982a15。
② 前引林奇著作，第68—105 页。
③ 前引第欧根尼·拉尔修著作，V，4。
④ 波蒂乌斯，《哲人与城邦：关于亚里士多德思想中道德与政治之间关系的研究》(*Le Philosophe et la cité. Recherches sur les rapports entre morale et politique dans la pensée d'Aristote*, Paris, 1982)，第 171 页；比恩论文"柏拉图与亚里士多德的理论-实践问题和政治哲学"("Das Theorie-Praxis Problem und die politische Philosophie bei Plato und Aristoteles")，载《哲学年鉴》卷 76 (*Philosophische Jahrbuch*, t. 76, 1968—1969)，第264—314 页。

别两种幸福，一种是人们可以在政治生活、在实际生活中发现的幸福——它有助于城邦生活中美德的实行；另一种是与理智-静观活动（theoria）相适应的哲学的幸福——一种完全致力于心灵活动的生活。①根据亚里士多德的见解，政治的和实践的幸福不过是次要的幸福。②实际上，哲学的幸福见于"依照精神的生活"（vie selon l'esprit）中，属于人的最为升华的卓越和美德。③这种美德相应于人的最高部分——精神，而且摆脱日常生活带来的重负。精神生活并不顺从生活的断续相隔，也不产生厌倦。这种生活带来奇妙的快乐，那些并不掺杂痛苦或不洁的快乐，那些稳固而坚实的快乐。此外，这些快乐对于已经发现实在世界和真理的人来说，更甚于还在寻找的人。这些快乐确保不对别人依赖，正如亚里士多德确切表达的那样，就我们坚信不依赖于物质事物来说。一个把自己奉献给精神生活的人，只是依靠他自己：如果他有合作伙伴的话，他的精神生活也许具有更高的品质；不

---

① 亚里士多德，《政治学》，VII，2，1324a30；巴塔亚尔的学位论文《伦理美德的亚里士多德学说之结构》（*La Structure de la doctrine aristotélicienne des vertus éthiques*，thèse，Université de Paris IV-Sorbonne），第 348 页，区分出亚里士多德三种基本的伦理阶段："普通人""美善的人"和"静观的人"；德蒙，《古代和古典的希腊城邦与宁静的理想》（*La cité grecque archaïque et classique et l'idéal de tranquillité*，Paris，1990），第 349 页；罗迪耶，《希腊哲学研究》（*Études de philosophie grecque*，Paris，1926），第 215 页。

② 亚里士多德，《尼各马可伦理学》，X，1178a9。

③ 同上书，X，1177a12—1178a6。

过，他越是能够独处，就越是一个圣贤。依照精神的生活除了自己之外，并不寻找别的任何结果，它的可爱就在于为了自己。它是自己本身的目的，是它自己的奖赏。

依照精神的生活也能消除烦恼。通过道德能力的实践，我们发现自己卷入与激情的搏斗中，也陷入物质的烦心中：为了与城邦事务打交道，有必要介入政治斗争；为了帮助别人，需要金钱；为了证明勇气，就得参战。与此相反，哲学生活只可在悠闲自得中度过，抛离一切物质烦恼。

这种生活方式代表人类幸福的最高形式。不过，人们同时也可以说，这样的幸福是超越人的：

> 因此，人不再作为人而生活，但这是就存在某种关于他的神性东西而言。①

这个悖谬符合亚里士多德关于理智和精神的悖谬和谜一样的见解：理智是人类最本质的东西，同时也是某种进入他却属神的东西；超越人的东西构成人的真正人格，宛如人的本质在于他之上的存在：

---

① 亚里士多德，《尼各马可伦理学》，X，1177b27 和亚里士多德《动物史》，IX，737a9—10。

精神就是人自己，就它是人身上决定性的、较好的部分而言。①

正如在柏拉图看来的那样，哲学的选择引导个人的自我超出它自身的限制，成为一个更高的我，把自己提升到一种普遍和超越的视界。

在一定意义上说，这个内在于亚里士多德式的精神生活的悖谬，与内在于——柏拉图《会饮篇》中的——作为哲学对立面的智慧观念的悖谬是一致的。智慧在柏拉图那里被说成是一种神灵状态，人无法接近，不过却是爱-智慧者——正是那个热爱智慧的人——所渴求的状态。确实，亚里士多德并不主张说精神生活是不可接近的，也不主张人们一定由此满足于向它前行，但是他的确承认，唯有"就它是可能的而言"，我们能够获得它。②就是说，我们必须顾及把人与上帝分开的距离，亦即把哲人与圣贤分开的距离。亚里士多德也承认，我们只有在很稀罕的时刻能够获得它。当亚里士多德要让我们理解思想的生活方式——那个无垠星空和凡俗自然所依赖的第一原则——时，他解释说：

---

① 亚里士多德，《尼各马可伦理学》，1178 a2。
② 同上书，1177b33。

……对于我们来说，它的生活方式可谓最好的生活方式，我们只能短暂地过这种生活；因为它总是保持这种状态，而这对于我们则是不可能的。[①]

对于神来说，静观的活动是最高的幸福。

因此，如果神永久地处在喜悦的状态中——与之可比的是我们有时候也处在那样的状态中，那么，那是令人羡慕的。不过，如果神处在更大的喜悦中，那么就更令人羡慕。

所以，哲学幸福和精神活动的顶点，就是说，神灵智性的静观，只有在极稀罕的时刻才为人所达及。因为，这种人类生存特有的状态，在现实中是不可能连续进行的。[②]这就暗示着，哲人在其他剩余时间里，一定满足于那些所寻找的低俗的幸福。就理智-静观这个词而言，它表明有不同程度的活动。

因此，看起来，对于亚里士多德来说，哲学在于一种"理论的"生活方式。但是，谈到这个问题时，千万不要把"静观的"（théorétique）与"理论的"（théorique）混淆起来。"理论的"（théorique）是一个源自希腊文的词，却并非亚里士多德首先使用。在一个不是谈论哲学的语境中，它指

---

① 亚里士多德，《形而上学》，XII, 7, 1072b14 和 25。
② 亚里士多德，《尼各马可伦理学》，X, 1175a4 和 26。

的是"关涉各种次序的交替"（processions）。在现代的语言使用中，"理论的"与"实践的"相对，就像抽象的、思辨的是与活动的、具体的相对一样。因此，从这个角度来看，人们也许可以把一种纯粹理论的哲学论辩，与一种实践的、实际的哲学生活对立起来。但是，亚里士多德本人只是使用théorétique这个"静观的"词，而且用来表明：一方面，那种单纯为知识的知识模式，没有某个在知识自身之外的目的；另一方面，那种旨在把一个人的生命贡献给这种知识模式的生活方式。就后一个意思来说，"静观的"并不与"实践的"相对立。换言之，"静观的"能够用于一种实践的、实际的、活动的哲学，用于一种带来幸福的哲学。亚里士多德明确地说：

> 实践的生活并不必然指向其他人，如某些人所以为的那样；实践的思想并不只是那些为了随后发生的事情而采取行动的思想。相反，那些精神的活动和目的在它们自身中并为自己的缘故而作出的反思是更加实践的……①

在随后的文字里，亚里士多德暗示说，这种静观活动的模式就是神本身和宇宙，它们并不做出指向外部的活动，而

---

① 亚里士多德，《政治学》，VII, 3, 8, 1325b。

是把自己作为它们活动的对象。再次在这里看来，一种只把自己作为寻找目的的认识模式，就是神灵的理智——那种思考自己的思想，除了它自己以外没有别的其他对象，也没有别的目的，对其他东西毫无兴趣。

从这个角度来看，"理论的"哲学同时也是一种伦理学。美德的实践在于选择的正是美德，[①]在于要成为一个好人，不追求任何特殊的兴趣；同样，"理论的"实践——正是亚里士多德本人，鼓励我们冒险使用这个明显悖谬的措辞——在于选择只求知识作为目的。它只为知识本身的缘故而渴求知识，不去追寻任何不为知识所知的特殊的、唯我论的兴趣。这是一种不偏不倚的、客观的伦理学。

## "静观"生活的不同层次

我们应如何想象这种依照精神的生活？我们应该跟随杜林，把它定义为一种学者的生活吗？[②]如果我们思考在亚里士多德学校中备受重视的那些活动，那么，那里的哲学生活显然具有一些我们叫做伟大的科学事业的特点。从这个角度看，亚里士多德作为一个极出色的研究组织管理者表露无遗。[③]他的

---

① 亚里士多德，《尼各马可伦理学》，VI, 1144a18。
② 前引杜林著作，第 472 页。
③ 参见 W·耶格，《亚里士多德》第一版 (*Aristotle*, Oxford University Press, 1967, 1ʳᵉ éd., 1934)，第 13 章 "研究的组织化" (Organisation of Research)；前引杜林著作，第 524 页起。

学校致力于寻猎各个领域的巨大信息。他的学生和同事把各类材料收集在一起：从历史学（例如皮西安游戏 [jeux Pythiques] 得胜者名册）到社会学（不同城邦的宪法）、心理学、哲学（古代思想家的观点）。他们还把无数动物学或植物学的观察材料收集起来。这个传统随着时间的流逝，在所有亚里士多德派的学校中有效地保留了下来。不过，这些收集起来的材料，并不是为了满足精英们徒有虚名的好奇心。亚里士多德派的研究者并非单纯的事实收集者。[1]毋宁说，人们收集这些事实，以便有可能进行比较和类推；对现象进行分类；能够探究它们的因果关系。所有这些得以完成，靠的是观察与推理之间的密切合作——在这样的联盟中，亚里士多德说，我们必须更多地信任事实的观察，而不是推理；后者只有在合乎观察到的事实时，才可以信任。[2]

因此，无可争辩的是，对于亚里士多德来说，精神的生活在相当程度上，在于观察、从事探索并对一个人的观察进行反思。然而，这种活动通过某种精神得以进行。迄今为止，我们也许可以把这种精神说成是对实在世界方方面面——不管是卑微还是崇高——的一种近乎宗教的热情，因为，我们在万事万物中看到神的踪迹。在这方面，有教益的

---

① 布尔热，《根据亚里士多德的观察与经验》（*Observation et expérience chez Aristote*, Paris, 1955），第 69 页起。
② 亚里士多德，《动物史》，760b30。

正是亚里士多德的研究论文《动物的器官》最初的部分。①
他在其中既介绍探索的领域，也介绍探索的动机。亚里士多
德把自然界中的事物区分成这样两种：那些非受造的、不朽
的、永远存在的事物和那些有生有灭的事物；然后，他把我
们认识这些事物的方法加以对比。就那些永恒的实体，即天
际星斗而言，我们知之甚少，尽管我们有强烈的求知欲。但
是，对于那些我们所能达到的转瞬即逝的实体，我们却有大
量的信息。为此，亚里士多德请我们专心致志研究实在世界
的这样两个领域，因为关于它们的知识是快乐的源泉：

> 两种研究各有自己的魅力。虽然我们对有关永恒存在者的
> 知识接触甚少，然而，因为它的优点，它比我们所掌握到的事
> 物的知识更为美好，正如对我们所爱的人投去偏爱的、短暂的
> 一瞥，也比对许多其他事物——不管它们可能如何巨大——的
> 定睛观察要美好得多。不过，就知识的确定性和程度而言，这
> 正是尘世事物的知识具有的优点。②

亚里士多德继续分析，一些人将可能说，为了研究生物

---

① 亚里士多德，《动物的器官》，644b22 起。
② 同上书，644b31。对于这个文本，参见勒布隆的《亚里士多德——生活
的哲人》（*Aristote*, *philosophe de la vie*, Paris, 1945），第 116 页起的翻
译和注。

的本性，我们必须让自己关心可鄙的事物。亚里士多德通过再次唤起静观的快乐，回应这种顾忌说：

> 事实上，某些这样的存在者并不表现出讨人喜欢的一面；但是，造出它们的自然，给那些在静观它们时能够懂得它们的因果关系、具有一种哲学本性的人，提供了难以置信的快乐。此外，如果我们从静观这些存在者的形象中得到快乐，那是不切实际的、荒谬的，因为我们也把它们看成艺术的化身（例如，雕塑家和画家的化身），却没有——当我们把它们视为自然的创造时——从这种静观中，感受一种更大的喜悦，至少我们应观察它们的因果关系。因此，我们不必让自己为不那么高贵的动物的研究感到幼稚的矛盾，因为在自然的一切造工中存在某种妙不可言的东西。我们必须记得它们说的言辞，由赫拉克利特说给一些异乡的来访者听——他们在入门处，看见他在自己的壁炉前暖身，停住脚步：他催他们进屋，不要害怕，说那里也有神祇。同样，我们必须着手对每个动物进行探究，相信在每一个身上，都有某种自然的、美丽的东西。①

在这个文本里，我们马上会看到那些激活精神生活和理论生活方式的深藏着的倾向。如果我们在认识星空物体和尘

---

① 亚里士多德，《动物史》，645a7—23。法文版这段引文没有标注出处，现中译者根据英文版和德文版补上。——译者

世自然事物时感到喜悦，这是因为我们从它们那里，直接间接地看到不可抗拒地吸引我们的那个实在性的踪迹。

那个实在性就是第一原则，正如亚里士多德所说，它推动万物就如被爱者推动爱者一样。①这就是为什么本身有吸引原则的星斗和天际，当我们观察它们——就像打量被深爱的人那种朦胧的、一闪而过的面容——时，给我们如此多的快乐。至于自然的研究，就我们在其中找到神灵艺术来说，同样给我们带来快乐。艺术家模仿的只是大自然的艺术，一定意义上说，人的艺术只不过是大自然根本的、原初的艺术的一种特殊情况。因此，自然的美优胜于所有艺术的美。然而，人们也许会说，存在令人厌恶的事物。没错，但是，如果艺术仿造这些事物，它们对我们就不美了吗？②如果我们从看见对丑陋的、令人生厌的事物在艺术上的再现而获得快乐，这正是因为我们赞美艺术家由此把它们仿造出来的艺术。顺便说一下，正是在开始于亚里士多德时代的希腊化时期中，希腊艺术才成为现实主义的，它描述日常的主题、来自低下阶级的人和所有的动物。③但是，如果人们通过观察在这些艺术作品中艺术家的精巧技能而获得快乐，为什么不

---

① 亚里士多德，《形而上学》，XII，1072b4。

② 亚里士多德，《诗学》，1448b10。

③ 奥奈恩斯，《希腊化时代的艺术和思想：公元前350年至前50年希腊人的世界观》（*Art and Thought in the Hellenistic Age. The Greek World View 350—50 BC*, Londres, 1979），第29页：亚里士多德的哲学与希腊化的艺术之间的关系。

应该赞赏大自然在创造她的作品中的精巧技能，特别是因为她使存在物从内部生长起来——可以说——实践一种内在的艺术呢？如果我们寻找自然的意图和她通过自己的活动所追寻的目的，那么我们将通过研究她的一切作品而找到快乐。

根据亚里士多德，我们感觉在自然界中某种神灵的在场；这就是他关于赫拉克利特那件逸闻趣事的意思。来拜访哲人的外乡人期待在主人房间得到接待，那里有房子的壁炉燃烧着向赫斯提亚表示敬意的火。但是，赫拉克利特请他们走近厨房炉灶，因为每把火都是神圣的。[①]这意味着，神圣者不再限于特定场所，如赫斯提亚的祭坛：所有物理的实在性和整个宇宙都是神圣的。即使在最卑微的生物身上，也有某种不可思议的、神灵的东西。

我们在谈到柏拉图的哲学时说，知识总是与渴求和情感连在一起。[②]我们可以说，这种情况对亚里士多德而言是一样的。静观事物所感到的快乐，与静观自己所爱的人感受到的快乐是一样的。对于哲人而言，每个存在都是美的，因为哲人晓得如何用自然的计划来打量它，晓得用整个宇宙普遍地、分等级地走向的那个可无上渴求的原则来打量它。在知识与情感之间这种紧密的结合，《形而上学》用如下的话加

---

[①] 罗伯特，《火炉旁的赫拉克利特》（*Héraclite à son fourneau*），载罗伯特 *Scripta Minora*，第 61—73 页。

[②] 参见前文。

以表述:"那个令人渴求的最高者,与那个可理解的最高者是合二为一的。"①那种理论的生活方式再次表明其伦理的维度。如果哲人从关于存在者的知识获得快乐,那么,归根结底,这是因为他渴求的,正是把他引到至高无上渴求的东西。这种观念也许可以通过康德的评论得以表达:"对自然美物的直接兴趣……总是一颗善良灵魂的标志。"②康德说,理由在于,那个有善良灵魂的人不仅从某个自然存在的形式而且从其实存中获得快乐,"没有被感觉吸引或者他自己依恋这个自然存在的结局的干预。"我们从自然美物获得的快乐,有点吊诡地是一种不感兴趣的兴趣。从亚里士多德的角度来看,这种不感兴趣的表现,就是与自身的分离,使个人把自己提升到精神的、理智的层面——这是那个人的真正的自我,而且意识到由那个既是最高可渴求,亦是最高可理解的最高原则对他的吸引。

人们能够真正地、明确地把"静观的"生活,说成是一种"学者的"生活吗?就我而言,我认为"学者"这个概念在其现代意义上过于狭窄,无法包容如此不同的活动:制作一份关于皮西安游戏获胜者的名册;反思作为存在者的存在者;观察动物;证明在宇宙运动中第一原则的实存。很难说,"学者"的活动包括精神的活动——根据亚里士多德,

① 亚里士多德,《形而上学》,XII,1072a26 起。
② 康德,《判断力批判》,§42。

它在某些特殊的时刻，类似于第一原则的活动，即思想的思想。我们已经看到，①亚里士多德如何试图让我们通过把神思的至福（la béatitude de la pensée divine），与人的理智在极少时候感受到的东西加以比较，从而理解至福。看来，人类理智的至福在某些统摄直观的时刻，当它思考神灵至福的统摄性时，达到自己的最高点。②离开理论的，正是理论的东西，或者静观。

因此，与其谈论一个学者的生活，倒不如谈论一种"为了智慧而修炼自身的生活"；或者说"爱-智慧"的生活，因为，对于亚里士多德而言，智慧代表了理智-静观活动的完美。对于他来说，人类理智远离这种完美性的拥有，只有在某些时刻接近这种完美性。静观的生活包括无数分成等级的层次，从最低一直到最高。正如我们所见那样，当亚里士多德谈论理论的幸福时，他自己说，一个寻找的人的幸福，低于一个知道的人的幸福。亚里士多德对精神生活的褒扬，同时是由他和他学校成员所践行的一种生活方式的描述、一种

---

① 参见前文。

② 亚里士多德，《形而上学》，XII，1075a5："就像它在人类理智的某些时刻，至少当它（随后很可能是迪亚诺在自己编的《形而上学》[*Bari*, 1948] 中的猜测）没把合成物当作自己的对象（因为，它并不拥有部分的善，而是在一种统摄的总体性中具有不同于它的最高善）时，对于所有永恒性、对于那种关于它自己思想的观念来说是如此。"也见特里科翻译泰奥弗拉斯托斯的《形而上学》，9b15："也许更真实的是，关于这种实在事物的静观，借助理智本身出现，它直接把握这些实在事物，可以说与它们发生关联，这解释了它们为何不能够有错误。"

理想的方案或计划，亦即邀请人们一步步地提高到智慧的状态——那种作为神灵而不是作为人的状态："只有神才配授这种特权。"①

**哲学论辩的界限**

亚里士多德的著作是哲人及其学校的理论活动的成果。然而，亚里士多德式的哲学论辩令现代的读者感到迷惑，不仅因为它不够简明，而且尤其因为他有关自己最重要学说那些关键点的思想——例如他关于理智的理论——的不明确。人们并没有发现构成亚里士多德体系不同部分的理论有一种详尽而紧凑的说明。

为了解释这个现象，有必要首先把他的教导再次置入学校的框架中，因为他的教导与此不可分开。像苏格拉底和柏拉图一样，亚里士多德尤其希望培养学生。他口授的课和写下的书，总是针对某个特定的听众。亚里士多德的绝大部分文章——也许除了那些很可能针对范围更广的公众的道德和政治的文章——都是他在自己学校里口头授课的反映。此外，在这些著作当中，许多如《形而上学》或《论天体》这样的作品并没有形成真正的关联，而是人为地把书写的东西放在一起，应付在不同的时间讲授的那些课程。正是亚里士

———————————

① 亚里士多德，《形而上学》，I，982b30。

多德的继任者，尤其是他的注释者，[1]又把他的著作放在一起并加以解释，仿佛它是着眼于某种解释整个实在性的体系的理论说明。

　　亚里士多德讲授一门课时，正如波蒂乌斯非常漂亮地指出那样，它并不是"这个词现代意义上的'课'——学生专心记下老师的思想，以便日后某个时候用得上"。[2]它并不是"告知"什么，或者说，把某个特定抽象概念的内容移注到听者的精神里；相反，它是对学生的"塑造"，也着眼于实行某种共同的研究： 它就是那种静观的生活。亚里士多德期待自己听众的讨论、回应、判断、批评。[3]教学仍然在根本上是一种对话。亚里士多德的文本——正如流传给我们的那样——是准备上课的要点，有不是亚里士多德自己就是他与学校其他成员讨论所做的各种改动和修正。这些课程尤其着眼于让学生熟悉思想的方法。在柏拉图看来，对话的练习比从练习取得的结果更为重要。对于亚里士多德来说，问题的讨论最终比解决更有教育意义。通过自己的课程，他用一种典范的方式，展示出思想的运动和方法——在实在世界所有领域中的现象的因果关系应该由此

---

① 前引波蒂乌斯著作《哲人与城邦》，第 26 页。
② 同上书，第 162 页。
③ 同上书，他的断言基于《尼各马可伦理学》第一章，在那里听者扮演判官的角色，1094b27 起。

得以探寻。他喜欢从不同的出发点开始，从不同角度来接近同样的问题。

没有人比亚里士多德更意识到哲学论辩作为知识手段的局限。[①]它的局限首先来自实在性本身。一切单纯事物都难以通过语言表达出来。语言的论辩性只能通过合成和成功地分开为各部分的东西加以表达。但是，它不能够说任何关于诸如数量中的点那样不可分的东西；它充其量能够通过否定反面来说某种否定的东西。在像第一理智——万物的推动原则——这样的单纯实体的情况下，语言论辩不能够表达自己的本质，而只是描述自己的效果，要不就通过与我们自己的理智进行比较来表达。只有在极稀罕的时刻，人的理智才能够提升到关于这个实在性的非论辩、瞬间的直观——就人的理智能够以某种方式模仿神的理智而言。[②]

论辩的局限也基于自己无能力完全根据自己，把知识传递给自己的听者，更不用说劝其坚信。论辩本身如果不与听众一起完成，就不能对其产生影响。

---

① 前引波蒂乌斯著作，第 187 页起。
② 参见前文；参见奥邦克的论文"在《形而上学》(Z, 17 和 Θ, 10) 中关于单纯的思想" ["La pensée du simple dans la Métaphysique" (Z, 17 et Θ, 10)]，载奥邦克编的《亚里士多德〈形而上学〉研究》(Études sur la Métaphysique d'Aristote, éd. P. Aubenque, Paris, 1979)，第 69—80 页；科宁克的论文"根据亚里士多德的意向活动和不可分性" ("La noêsis et l'indivisible selon Aristote")，载马泰伊编的《希腊理性的诞生：尼斯会议学报》(La Naissance de la raison en Grèce, Actes du Congrès de Nice, mai 1987, éd. J. -F. Mattéi, Paris, 1990)，第 215—228 页。

在理论层面上，光是听到某个论辩，或者重复它，以便认识或者接近真理和实在性，这并不够。为了理解论辩，听者首先必须对论辩所谈的东西已经有某种经验，对论辩对象已经有某种程度的熟悉。①然后，需要慢慢吸收，能够在灵魂内造出一种持久的天赋、一种体征：

> 那些已经开始学习的人，把单词联系起来，但是还不知道它们的意思；因为，单词必须把我们的自然的部分整合起来（逐字译为：它们一定与我们一起成长）。但是，这需要时间。②

正如对于柏拉图那样，③对于亚里士多德来说，真正的知识只产生于对概念、方法的长期使用，同样还有对事实的长期观察。人们必须长久积累对事物的经验，以便认识事物，也让自己通晓一般的自然规律，还有理性的必然性或者理智的步骤过程。如果没有这种个人的努力，听者就不能吸收论辩；这些论辩对于他依然是没有用的。

这在实践领域更是如此，那里不是认识事物的事情，而是践行和练习美德的事情。仅凭哲学论辩，人们成为不了有

---

① 亚里士多德，《尼各马可伦理学》，VI, 1142a12 起；参见前引波蒂乌斯著作，第 190 页。
② 同上书，1147a21—22。
③ 柏拉图，《第七封信》，341c。

美德的人。[①]有两类听者：前一类已经具备美德方面的自然禀赋，或者说已经有良好的教育。对于这样的人，道德论辩是有用的：它们帮助听者把自己的自然美德或者习得的美德，改造为伴随审慎的自觉美德。[②]在这种情况下，人们在某个方面可以说，演讲者正在劝诫已经皈依者。第二类是那些自己情感的奴隶，在这种情况下，道德论辩对他们毫无影响：

> 那个倾向于屈从自己情感的人，将徒劳地、毫无得益地听讲，因为目的不是知识，而是践行。[③]

因此，此类听者需要别的事物而不是论辩，以便塑造他们的美德：

> 听者的灵魂必须长期形成习惯，以便合理利用吸引与排斥，就如人们翻转养育种子的泥土那样。[④]

亚里士多德相信，这种教育工作必须由城邦承担，通过

---

① 亚里士多德，《尼各马可伦理学》，X, 1179b4—5。
② 参见前引巴特利亚德著作，第355—356页，引文见前文。
③ 亚里士多德，《尼各马可伦理学》，I, 1095a4—6。参见前引波蒂乌斯著作，第185—186页。
④ 同上书，X, 1179b24。

其律法的限制和强制得以实现。因此，政治家和立法者有责任保证自己同胞的美德，并由此一方面通过组织城邦——那里的公民真正可以受到教育，并成为有德行的人——来保证他们的幸福；另一方面也保证城邦里的人有可能享受那种使哲人过理论生活的闲暇。这是为何亚里士多德并没有打算建立一种与城邦无关的个人伦理的原因。①相反，他在《尼各马可伦理学》中指点政治家和立法者，通过向他们描述人的美德和幸福的各个不同方面，教导他们以这样一种方式立法，使城邦公民有可能实践美德的生活，或者——对于某些特权者而言——实践哲学的生活，从而培养他们的判断能力。正如波蒂乌斯出色地表述的那样，②《伦理学》和《政治学》最终旨在"超越知识的目标"；目标并不"在某个论辩中展示关于某些独特问题的真理"，毋宁说，通过这样做来促进人类成长的完美。

像柏拉图那样，亚里士多德把自己改造城邦和人类的希望，寄托于政治家身上。然而，柏拉图认为，哲人自己应该是完成这一工作的政治家。就是说，他认为哲人要有生活的选择和训练，使他们同时是静观的人和行动的人——因为知识和美德相互含蕴。相反，对于亚里士多德来说，城邦中哲人的活动，应限于形成政治家的判断：这些人通过自己的立

---

① 参见前引波蒂乌斯著作，第225页；前引杜林著作，第435页。
② 同上波蒂乌斯著作，第16页。

法如此行动，从而确保城邦公民道德方面的美德。哲人对自己而言，选择一种献身于公正探究、研究和静观的生活——一种将最终独立于政治烦忧的生活。因此，对于亚里士多德就如对于柏拉图一样，哲学既是一种生活方式，亦是一种论辩方式。

# 七
## 希腊化时代的学校

## 一般特点

### 希腊化时期

"希腊化"这个词，传统上指的是希腊历史中的这样一个时期：从马其顿的亚历山大大帝直到罗马人的统治，亦即从公元前4世纪末到公元前1世纪末。由于亚历山大大帝不同寻常的远征，使希腊的影响从埃及扩大到撒马尔罕和塔什干直至印度，开始了世界史的一个新时代。可以说，希腊这时才开始发现世界的幅员辽阔。这是频繁贸易往来的开始，不仅与中亚，而且与中国、非洲甚至西欧。传统、宗教、观念和文化混合在一起，这种汇聚难以磨灭地烙下西方文化的印记。亚历山大大帝去世后，他的将军们相互争夺他辽阔的帝国疆域。这些战争形成了三个幅员辽阔的王国，它们各自以主要的城市为中心：马其顿的培拉，其威权直达马其顿和希腊；埃及的亚历山大和叙利亚的安提阿，不仅统治小亚细亚，而且统治巴比伦的塞琉西王朝。另外要补充帕加马的王国，以及大夏的希腊王国，它们一直延伸到印度。

埃及女王克娄巴特拉在未来皇帝奥古斯都于公元前30年在亚克兴角打胜仗后自杀，这被视为希腊化时代的结束。自公元前3世纪结束以来，罗马人开始接触希腊世界，并且逐渐发现哲学。在我们的陈述中，我们有时将不得不间接地提到生活在公元前30年之后罗马帝国统治下的哲人，因为他们带给我们有关希腊化哲学的文献。不过，正如我们将看到的那样，帝国时代哲学的特征非常不同于希腊化哲学的那些特征。

希腊哲学的希腊化时期，常常被人们说成是希腊文明走下坡路的阶段，因为它在与东方的接触中衰退了。对此更多的原因能够解释这个严厉的判断：首先是对古典的偏见，先天地固定某种关于古典文化的理想模式；而且判定，只有前苏格拉底的、悲剧诗人的以及柏拉图的希腊，值得加以研究。其次，有一种观念认为，随着民主政体向君主政体的过渡，还有政治自由的结束，希腊城邦的公共生活就消失了。那些放弃柏拉图和亚里士多德的伟大思辨、放弃训练能够改造城邦的政治家的希望的哲人，甘心为已经被剥夺政治自由的人，提供一个内心世界中的庇护所。这种我认为完全可以追溯到20世纪初对希腊化时代的描述，常常继续伪造出人们对这个时期的哲学的观念。①

事实上，把这个时期看成一个走下坡路的时期是完全错误的。认真地研究过古希腊城邦废墟碑文的碑铭家罗伯特在自己的著作中处处表明，所有这些城邦在希腊化君主以及后来罗马帝国的统治下，继续参与大量的文化、政治、宗教甚至体育方面的活动。此外，这个时代中的精确科学和技术也经历了不同寻常的繁荣。尤其是，在支配着亚历山大城的托勒密派的影响下，这个城邦在一定程度上成了希腊化文明富有生气的中心。②由来自法莱勒的德米特里——一个忠实于把自然科学探索放在首位的亚里士多德传统的人——所组织的亚历山大城的博物馆，成了从天文学到医学的所有科学领域探索的圣地；而且，在同一个城里，图书馆收藏所有哲学和科学的文献资料，给那些伟大的学者——例如医生赫罗菲卢斯和来自萨摩斯的天文学家阿利斯塔克——提供开展他们研究活动的良好环境。要对贯穿这一时期所发展的非同寻常的科学活动有所了解，只需提及来自叙拉古的数学家和机械师阿基米德这个名字

---

① 尤其参见默里的《希腊宗教的四个阶段》(*Four Stages of Greek Religion*, New York, 1912, 3ᵉ éd., 1955)，第 119 页起"勇气的挫折"(The Failure of Nerve)。几乎所有在默里之后的哲学史家（如费斯蒂吉埃尔和布雷依尔）的作品都受到这一偏见的影响。
② 参见吉尔的杰作《希腊的力学专家》(*Les Mécaniciens grecs*, Paris, 1980)，特别是关于亚历山大里亚学校的那一章，第 54 页起。

就足够了。

城邦自由的所谓失落，也没有导致哲学活动的减少。人们由此还可以说，民主政体对于哲学活动而言更为有利？起诉安那克萨哥拉和苏格拉底渎神的不正是民主的雅典吗？

在哲学活动本身的方向上，也并不像人们所要相信的那样，经历了如此彻底的变化。人们一再重复说，希腊化时期的哲人，面对城邦内部的活动无能为力，才发展出一种个人的道德，并且转向内在性。然而，实情要复杂得多。一方面，柏拉图和亚里士多德确实都有政治的关切，不过，对于他们来说，哲学生活也确实只是一种使自己摆脱政治腐败的手段。依照精神的生活——亚里士多德学派的生活方式逃避城邦内部生活的妥协。对于所有古代哲人来说，柏拉图给了他们在一个已腐败的城邦中必须采取的那种态度的明确表达：

　　因此，配得上从事哲学的人仍然是少之又少……不过，这些属于极少数的道中之人，尝到了哲学的甜头和幸福，已经充分地意识到群众的疯狂，知道在当前的城邦事务中没有什么可以说是健康的，也没有一个人可以做正义战士的盟友，援助他们，使他们免于毁灭的危险。这极少数的真正哲人，完全像一个人落入了野兽群中一样，既不愿意参与作恶，又不能单枪匹马地对抗所有野兽，因此，大概只好在能够对城邦或朋友有所帮助之前，就对己对人都毫无贡献地早死了。由于所有这些缘故，所以哲人都保持沉默，只注意自己的事情。他们就像一个在暴风卷起尘土或雨雪时避于一堵墙下的人一样，看别人干尽不法之事，但求自己得能终生不沾上不正义和不虔敬，最后怀着善良的愿望和美好的期待而逝世，也就心满意足了。[①]

如果哲人意识到，他对城邦腐败的惩治根本无能为力的话，那么，除了自己独自或者与他人一道践行哲学之外，他还能做什么呢？很不幸，在这种情况下，差不多所有古代哲人都与政治界有关系。[②]虽然马可·奥勒留是皇帝，可他在面对自己臣民的不理解和惰性时，也表达了一种无能为力的感觉。[③]

但是，另一方面，希腊化时期的哲人，甚至伊壁鸠鲁

---

① 柏拉图，《理想国》，496c5—e2。参考郭斌和、张竹明的中文版（商务印书馆，2002年）第247页起。——译者
② 参见 I·阿多的论文"希腊时代中的斯多葛派传统与政治观念"（"Tradition stoïcienn et idées politiques au temps des Gracques"），载《拉丁语研究评论》卷48（*Revue des études latines*, t.48, 1970），第146—147页；"亚历山大新柏拉图主义的问题：希罗克勒与辛普里丘"（Le problème du néoplatonisme alexandrin. *Hiéroclès et Simplicius*, Paris, 1978），第37页。
③ P·阿多《内心的堡垒：马可·奥勒留思想介绍》（*La Citadelle intérieure. Introduction aux Pensées de Marc Aurèle*, Paris, 1992），第308页起。

派，<sup>①</sup>从来没有失去他们对政治的兴趣，经常帮助君王出主意，或者作为城邦的信使，正如记下他们荣誉的碑石常常证明的那样。斯多葛派哲人在好几个国家的政治和社会改革的苦心经营中起着决定性的作用——例如，斯多葛派的索非卢斯对斯巴达国王亚基斯和克莱奥梅尼施加了巨大的影响，而斯多葛派的布洛修斯则影响罗马改革家提波利乌·格拉胡斯。<sup>②</sup>有时，他们也非常大胆地与罗马皇帝对抗。一般而言，这些哲人从不放弃改变社会的希望，即使只是通过他们自己的生活榜样。

希腊化时期的哲学生活极其生气勃勃，可惜我们对此都知之不全。我们如果对所有这个时期所写的哲学著作都能掌握的话，可能对此有完全不同的想象。当时哲人的著作不同于今天的，不会成千上万地发行，也不会广泛传播。它们被多次抄写，因此导致出现很多错误（如果现代学者想要研究这些错误的话，有必要做耗费精力的文本考据）。虽然哲学著作偶尔被书商卖掉，但是，更多技术性的著作却在不同哲学学校的图书馆内保存了下来。经过数世纪岁月的流逝，大部分有价值的材料已经丢失——尤其在雅典，在公元前86年3月苏拉的洗劫中；在亚历山大城也一样，图书馆被连续

---

① 例如萨摩斯的阿米尼亚和帕加马的阿波罗芬尼。见普埃奇讨论这些哲人的注解，载古莱编的《古代哲学辞典》卷 1 (*Dictionnaire des philosohes antiques*, t. I, Paris, 1989)。

② 参见前引 I·阿多载《拉丁语研究评论》的论文，第 133—161 页。

地毁坏。这样一来，成千上万册著作便不见了。而且，其他使希腊化时期结束的灾难，进一步毁灭诗歌艺术的珍宝。对此，我们只有通过罗马人制作的摹仿品得以知晓。只举一个例子说明：斯多葛主义的奠基者之一，哲人克律西波至少写了700篇论文，却无一保存下来；只有少数一些稀罕的残篇，从在赫库拉奴姆发现的羊皮纸，通过罗马时期作家提供的引文，才流传下来给我们。因此，我们对哲学史的看法，由于各种历史偶然事件而无可挽回地被篡改了。如果柏拉图和亚里士多德的著作消失不见，保存下来的是斯多葛派芝诺和克律西波的著作，那么，我们也许有一种完全不同的事物观。即便如此，由于那些生活在罗马世界中的作者——如在共和国时代的西塞罗、卢克莱修和贺拉斯，或者如在帝国时代的塞内加、普卢塔克、爱比克泰德和马可·奥勒留，那种关于希腊化哲学传统的珍贵信息被保存了下来。这就是为何我们将不时引用这些作者的原因，尽管他们属于迟一点的时代。

**东方的影响？**

亚历山大大帝的远征影响了希腊哲学的发展？从已经造成促进科学和技术发展的地理和种族的角度来观察，亚历山大的远征肯定有影响。众所周知，亚历山大的远征使得希腊圣贤和印度圣贤之间的相遇成为可能。尤其是一个来自阿伯德然学校的名为阿纳克萨库的哲人，和他来自埃利斯的学生皮浪一起，陪伴征服者直到印度。据说，皮浪从那时候起就一直过着一种与世隔绝的生活，因为他听到一个印度人告诉阿纳克萨库说，由于他经常出入王宫的缘故，所以不能够成为一名教师。[①]在这样的接触中，似乎没有真正的观念交换，没有造成理论相碰。至少，我们没有任何清晰可见的记载。然而，希腊人对那些他们叫做"裸身修行者"（gymnosophistes）、"裸身圣人"（sages nus）的生活方式印象深刻。[②]那个也参加了远征，并在亚历山大大帝死后不久写下有关报道的历史学家和哲人俄涅西克里图，详细地描写了他们的习俗和自焚的修行。希腊哲人认为，在裸身修行者身上发现了那种他们自己推荐的生活方式：一种没有约定俗成的、合乎纯粹本性的和完全不计较其他人是否渴求、是否认为好坏的生活——一种引导到内心完全平静、摆脱所有烦恼的生活。阿纳克萨库的老师德谟克利特也宣扬这种获得灵魂安宁的方法。[③]

犬儒主义者也倾向鄙视一切人类的约定俗成，但是他们从裸身修行者身上却发现这种被发展到极致的态度。正如斯

① 前引第欧根尼·拉尔修著作，IX，第 61—63 页。
② 参见穆肯斯图的论文"裸体修行者是典型的犬儒主义者吗？"（"Les gymnosophistes étaient-ils des cyniques modèles?"），载古莱卡泽和古莱合编的《古代犬儒主义及其延续》（*Le cynisme ancien et ses prolongements*，éd, Paris, 1993），第 225—239 页。
③ 德谟克利特残篇，载《前苏格拉底哲学家》，第 894 页。

多葛哲人芝诺①——也许是关于那个与亚历山大大帝有过接触的印度圣人卡兰努斯的自杀——所说，"我宁愿看到一个孤单的印度人被慢火烧烤，也不要抽象地学习人们关于痛苦所说的一切论点和论证。"②古人在没有出现如此戏剧性的情形下，告诉我们皮浪的生平表明了对一切到如此无所谓的程度，以至于人们禁不住认为，他在试图效仿自己在印度所看到的所有东西。我们也许可以顺便注意一下阿纳克萨库的极端主体论，③因为他说，实存着的事物并不比舞台背景更为真实；它们类似出现在做梦者和处在精神错乱状态中的人眼前的图像。这里，人们也许思考某种东方的来源；然而，不应忘了那个阿伯德然学校的创始人德谟克利特已经教导过，④在实在世界本身——就是说原子，与主观的感官知觉之间，有一种根本的对立。

因此，亚历山大大帝的远征在哲学传统中，似乎并没有激起大漩涡。事实上，希腊化哲学看来是从它之前的理智运动中自然发展起来的。它常常重新发现前苏格拉底的论题，

---

① 亚历山大的克雷芒，《杂记》(Stromates)，II，20，125，1。
② 参见穆斯图的词条"卡兰努斯"，载《古代哲人辞典》卷2 (Dictionnaire des philosophes antiques，t. II)，第157—160页。
③ 塞克斯都·恩披里柯，《反逻辑学家》(Contre les logiciens)，I，87—88；参见古莱写的词条"阿伯德然的阿纳克萨库"(Anaxarque d'Abdère)，载《古代哲人辞典》卷1 (Dictionnaire des philosophes antiques，t. I)，第188—191页。
④ 德谟克利特残篇，载《前苏格拉底哲学家》，第845页。

却尤其深受苏格拉底精神的影响。也许，民族间相遇的经验，在"世界主义"（cosmopolitisme）观念[1]——那种认为人是世界公民的观念——的发展方面，扮演某种角色。

哲学学校

我们已经描述过那些刻画出柏拉图和亚里士多德学校特征的生活方式。但是，现在必须回到这种代表古代哲学学校非常独特的现象，别忘了当时的哲学教学条件与我们今天有着深刻的不同。现代的学生学习哲学，只因它是毕业要求的课程；一个学生顶多在第一次接触这个学科时，可能对它发生兴趣。总而言之，决定他是否遇到一个属于某个特别"学校"——不管是现象学、存在主义、解构主义、结构主义还是马克思主义——的教授，那完全是偶然的事情。或许，他某一天在理智上隶属这些"主义"中的一个；可他的归属无论如何是学识方面的，并不涉及自己的生活方式——可能除了马克思主义。对于我们这些现代人来说，哲学学校的概念只是唤起关于某种学说倾向、抽象理论的想象。

古代的情况看来完全不一样。没有大学义务把未来的哲人引向这个或那个学校；相反，未来哲人来参加自己所选择

[1] 参见鲍德里的论文"人类统一的观念"（"The Idea of the Unity of Mankind"），载施瓦布和迪勒合编的《希腊人与蛮族——关于经典古代的对谈》卷8（*Grecs et Barbares*, *Entretiens sur l'Antiquité classique*, t. VIII, Fondation Hardt, Genève, 1962），第169—204页；莫莱斯的论文"犬儒主义的世界主义"（"Le cosmopolitisme cynique"），载《古代犬儒主义及其延续》（*Le cynisme ancien et ses prolongements*），第259—280页。

的学校机构的课程，就是在那里进行生活方式的实践。[①]但是，一旦有机会被引进某个教室，当听到老师的讲话时，学生很可能会不期然地皈依那种哲学。这就是波勒谟的故事：他在某夜放纵之后，一大早就与一帮寻欢作乐的夜猫子走入柏拉图派哲人色诺克拉底的学校，被老师的论辩所吸引，决心成为哲人，后来果然成了这个学校的校长。无疑，这是一个有教益的虚构，不过看上去完全值得相信。[②]

接近公元4世纪末时，几乎所有哲学活动都集中在雅典，在四个分别由柏拉图（雅典学园）、亚里士多德（吕克昂学府）、伊壁鸠鲁（花园）和芝诺（斯多葛学园）建立起来的学校里。这些机构维持了差不多有3个世纪之久。事实上，与那些围绕着智者派而形成的短暂团体相比，这些机构的长久存在，不仅在于其创立者的在世期间，还在于他们逝世后很长的一段时间。那些继承创立者的各个不同的学校首领，绝大多数都是在学校成员中间根据表决而被选出，或者由他们的前任所任命。这些机构依赖学校首领，而且，学校在民事方面没有司法地位。[③]这从哲人的遗嘱可以看得一清二楚：我们有柏拉图、亚里士多德、泰奥弗拉斯托斯、斯特

---

① 关于在技术上把学校表示为一种机构和学说倾向的希腊词汇，参见格吕克的《安提克王朝与晚期学园》（*Antiochus and the Late Academy*, Göttingen, 1978），第159—225页。

② 前引第欧根尼·拉尔修著作，IV, 16。

③ 参见前引林奇著作，第106—134页。

拉顿、吕康和伊壁鸠鲁的遗嘱，[①]其中没有一份提及学校的财产。相反，书籍和真正的不动产被看成是学校首领的财产。因此，可以——正如所做过的那样——想象，这些哲学学校为了获得法人地位，被迫把自己的组织变为献身于缪斯的宗教社团。实际上，雅典关于组织社团权利的法规，并不强求教育机构有任何特别的身份。

这些学校的活动通常举办在有多种用途的被叫作体育馆的建筑里：如雅典学园和吕克昂学府，或者在其他公共场所里，如斯多葛的圆柱厅或画廊，人们在里面能够集中在一起听报告或者讨论。因此，学校取名于自己的聚会点。

所以，至少直到希腊化时期的结束，几乎每一所学校不仅作为某种学说趋势而存在，而且作为教导的地方，作为由某个创立者组织起来的永久机构——这个创立者正是由学校所践行的生活方式和与其相连的学说趋势的源头。后来雅典绝大部分教育机构的毁坏，使得这种情形发生改变。

这些学校是对公众开放的。绝大部分但并非全部哲人，为自己无报酬的授课而感到自豪。这是使他们区别于智者派的东西。他们的金钱资源或者是私人的收入，要不就是由捐助者所提供，如伊壁鸠鲁学校的伊多梅纽斯。学校的必需品

---

① 前引第欧根尼·拉尔修著作，III，41；V，11.51.61.69；X，16。

每天得付出两个银币的捐助：两个银币相当于"一个工作一天的奴隶的工钱，正如梅南德尔所说，它刚够付一杯茶的钱。"[1]一般而言，人们区分两种听者：一种是那些单纯来学校听课的听者，另一种是那些真正作为学员的团体——被叫做"家里人"、"朋友"或者"伙伴"，其中再分为年轻者和年长者，他们有时与教师一起生活在他的房子里或者附近。据说，上面提到的色诺克拉底的学生波勒谟的弟子，就建造了小屋以便生活在他附近。[2]此外，人们也在雅典学园、吕克昂学府、伊壁鸠鲁学校中见到同样的习惯——大家一起有规则地按时进餐。很可能正是为了如此集合起来的组织化，雅典学园和吕克昂学府都要求学校的所有成员承担起在某段时间里轮值几天的责任。[3]

关于由来自季蒂昂的芝诺——他在被叫作斯多葛圆柱厅的画廊里教书——大约在公元前 300 年时所创建的斯多葛学

---

[1] 迪亚诺的论文"快乐的哲学与朋友的社会"（"La philosophie du plaisir et la société des amis"），载他编的《古代哲学的研究与检验》（*Studi e saggi di filosofia antica*，Padoue，1973），第 368—369 页。阿里盖蒂编的《伊壁鸠鲁，戏剧》（*Epicuro*，*Opere*，*Turin*，1973），第 443 和 471 页。关于伊壁鸠鲁学校的组织，参见德威特《伊壁鸠鲁及其哲学》（*Epicurus and His Philosophy*，University of Minnesota Press，1954，2ᵉ éd.，Westport，Connecticut，1973）；"伊壁鸠鲁团体中的组织与程序"（"Organization and Procedure in Epicurean Groups"），载《古典语文学》卷 31（*Classical Philosophy*，t. 31，1936），第 205—211 页；前引 I·阿多著作，第 48—53 页。

[2] 前引第欧根尼·拉尔修著作（后文的注简写为 D. L.），IV，19。

[3] D. L.，V，4；前引林奇著作，第 82 页。

校，我们在细节上知之甚少。古代历史学家描述说，他有许多学生。尤其是，马其顿国王安提柯二世在雅典逗留时，会来听他上课。就像在其他学校一样，在芝诺的学校里也区分单纯的听者和真正的学生，如珀尔修斯原本住在自己的房子里，却被派到安提柯二世的宫廷。[1]雅典城对哲学态度的演变，自对安那克萨哥拉和苏格拉底的谴责以来，清楚地表现在由雅典人于公元前 261 年——真正说来是在安提柯二世的压力下——颁布的纪念芝诺的法令文本上。这个法令规定用城邦的支出，给芝诺授予一顶金王冠，为他建造一个墓。[2]对此的理由值得注意：

> 鉴于来自季蒂昂的纳西亚的儿子芝诺，多年来作为哲人生活在我们的城邦里，不仅表明自己一直是个好人，尤其通过他对实践美德及节欲的鼓励，激励年轻人参加他的学校，遵奉最令人钦佩的行为举止，给所有人提供总是与他所教导原则一致的那种生活模式。

人们在这里赞扬芝诺并不是因为他的理论，而是因为他给予年轻人的那种教育，那种他所引导的生活，那种在他的

---

① D. L. , VII, 5—6 和 36。
② 费斯蒂吉埃尔翻译，载《三重伟大的赫尔墨斯的启示》卷 2 (*La Révélation d'Hermès Trismégiste*, t. II, Paris, 1949)，第 269 和 292—305 页。

生活和论辩之间的和谐。同时代的喜剧映射出他一生的严苛：

> 一片面包，少许无花果和饮水。他绝对是那个做新哲学的"哲人"：教导节制饮食，不让学生走错路。①

注意，在这里"哲学"一词就是表示一种生活方式。斯多葛的学校机构比起伊壁鸠鲁的学校，单一式的教学少得多。授课地点变动，尤其是在芝诺逝世后，不同的学说倾向显露出来。在许多问题上，来自希俄斯的阿里斯顿、克莱安西斯和克里西波斯公认有不同的观点。在不同倾向之间的这些对立，继续贯穿整个斯多葛学校的存在，就是说，直到公元2世纪和3世纪。关于在这些形形色色的斯多葛学校中的氛围，我们知之甚少。

因此，约从公元前4世纪到公元前1世纪，在雅典也有四个哲学学派。它们全都以这样或那样的方式，呈现出机构的形式。而且一般来说，它们都采用类似的教学方法。这并不是说，在别的城邦里没有哲学学校，而只是说，这些学校没有雅典学校的声望。有必要补充两个其他的学校，它们看来非常不同于那四个学派：一个是怀疑主义，或者毋宁说是

---

① D. L., VII, 27。

皮浪主义——因为怀疑主义的观念相对出现较晚；另一个是犬儒主义。两者都没有学校的组织化，也都没有学说。然而，它们是生活方式：前者由皮浪提出，后者则由犬儒派的第欧根尼提出。由此来看，它们确实是两个异端（hairesis），或者说，两种思想态度和生活态度。正如医生塞克斯都·恩披里柯用怀疑主义的话来说：

> 如果有人说，一个学派（异端）忠于许多相互关系密切的学说的话……那么，我们就说，怀疑主义不是学派。相反，如果人们说，一个学派（异端）就是一种遵循某种特定理性原则、与呈现在我们面前的东西一致的生活方式，……那么我们就说，它是一个学派。①

此外，怀疑主义者进一步的论证表明，人们必须悬置自己的判断，拒绝依从所有学说，由此发现灵魂的安宁。犬儒学派就自己方面来说，既不论证也不劝诫。他们的生活就是在生活本身产生意义，隐含某种整体的学说。

---

① 塞克斯都·恩披里柯，《皮浪派纲要》（*Hypotyposes pyrrhoniennes*），I，16—17，由古莱卡泽翻译，载"犬儒主义是一种哲学吗？"（"Le cynisme est-il une philosophie?"），由迪克索编入《反对柏拉图》卷1《揭去面纱的柏拉图主义》（*Contre Platon*，I，*Le Platonisme dévoilé*，Paris，1993），第279页。

一致与不同：生活模式选择的优先地位

事实上，正如我们已经通过苏格拉底、柏拉图和亚里士多德所看到的，又通过希腊化学派的情况将再次看到的那样，每个学派是通过某种特定的生活选择、生存抉择才得以规定并刻画出特征的。哲学是对智慧的热爱和寻找，确切地说，智慧是某种生活方式。作为最初的选择，每个学派都有专属自己的东西，也就是关于智慧的某种确定方式的选择。

乍一看上去，人们也许会问，某个学派关于智慧的见解，是否的确不同于另一个学派的见解。实际上，所有希腊化学派都用差不多同样的语言来定义智慧，即首先作为灵魂完全安宁的一种状态。就此而言，哲学看上去像是精神治疗（thérapeutique），针对的是人的忧虑、害怕和痛苦——犬儒主义者认为，这些情绪的产生是由于社会约定俗成与社会强制；伊壁鸠鲁派认为，是由于探求虚假的快乐；对于斯多葛派来说，则由于寻求快乐和自我主义的兴趣；对于怀疑主义者，则由于虚假的见解。它们是否要求得到苏格拉底的遗产，所有希腊化的哲人都同意苏格拉底的说法，人类处于痛苦、害怕和罪恶之中，因为他们生活在无知之中：罪恶并不藏在物体中，而是在价值判断中，从而使人沉迷于物体。因此，如果人们被劝导改变自己的价值判断，他们的疾病就可以得以医治。在这个意义上说，所有这些哲学都想成为精神治疗。[1]然而，为了改变哲学的价值判断，人必须采取一种彻底的决断：改变自己整个的思维方式和存在方式。这种选择就是哲学的选择，正是由于它，人也许能获得内心的平和，即灵魂的安宁。

可是，尽管有这些表面的相似性，背后却显露出深刻的不同。首先，有必要在教条的学派和怀疑主义者之间作出区别：对于前者来说，精神治疗在于价值判断的改变；对于后者来说，只涉及对这些价值判断的悬置。尤其是，如果教条的学派也同意说，根本的哲学选择必须符合人的某种天生倾向，那么人们就此可以区分出：一方面，对于伊壁鸠鲁主义来说，寻找快乐正是所有人类行为的动机；另一方面，对于与苏格拉底传统一致的柏拉图主义、亚里士多德主义和斯多葛主义来说，热爱善是人类的原初本能。不过，尽管意图上有这种根本的一致，我们还是发现，这三个学派的生存选择相互之间是根本不同的。

一致与不同：教学方法

一致与不同也见于教学方法。在柏拉图主义、亚里士多德主义和斯多葛主义——正如我们刚说过的那样，它们都遵循苏格拉底传统——中，教学总是保持自己在柏拉图

---

[1] 韦尔克，《作为灵魂治疗的哲学——希腊化哲学研究》（*La philosophie comme thérapie de l'âme. Études de philosophie hellénistique*，Fribourg-Paris，1993）。

和亚里士多德时代——尽管政治条件发生变化——已经确立的双重目的: 直接或间接地塑造城邦公民，如果可能的话，还塑造政治领导人，还有哲人。城邦中的生活训练着眼于通过大量修辞的，尤其是辩论术的练习，熟练掌握言说。而且，通过哲人的劝诫，得到管理科学的原则。这是为何许多希腊、近东、非洲和意大利的学生来到雅典的原因，因为可以获得以后使他们在他们自己祖国从事政治活动的训练。这种情况见于后来的许多罗马政治活动家，例如西塞罗。他们不仅学习管理其他人，而且学习管理自己。因为，哲学的训练即智慧的练习，旨在引导我们提及的生存抉择的充分实现，通过这里暗示的思维原则和生活原则的理智和灵性的同化。为此，根据苏格拉底和柏拉图的传统，师生之间生动的对话和讨论是必不可少的。在这种双重目标的影响下，教学总是倾向于采取一种对话和辩论的形式——就是说，即使在权威的阐述中，也同样总是保持对话的模式，即一问一答的交替进行。这假定，至少与哲人的论辩所针对的那些特定个人，有一种经常性的潜在关系。在那个时代，所有哲学教学的基本图式是这样的: 提出某个叫作"论点"的问题（如"死亡是一种恶吗？""快乐是至善吗？"）加以讨论。这种独特性完全有别于随后的罗马帝国时代——从公元 1 世纪、特别是 2 世纪开始——所流行的教学，那时教师的任务在于对文本的评论。

我们将根据历史理性来谈这个转变。不过，暂时允许我们引用来自评论者的一个更后期的文本。它出自公元2世纪由来自阿佛罗狄西亚的亚里士多德派的亚历山大对亚里士多德《题旨》的评注，而且漂亮地描述了在论点的讨论——我们正在研究的那个时代特有的一种方法，与评论，是随后时代特有的东西——之间的区别：

> 这种论辩（"论点"的讨论）形式在古人中间是习以为常的，由此，他们进行自己的教学活动，并不是对书本进行评论，像今天所做的那样（实际上，在那个时代并没有这类书籍），而是对有人提出的某个论点进行同意或反对的争论，以便训练自己创造论证的能力，把这些论证本身放在由所有人都接受的前提的基础上。[1]

亚历山大提到的那种争论，在这个词的亚里士多德意义上说，是一种纯粹辩论的练习。然而，事实上对论点的讨论，也许可以采纳一种辩论的或修辞的，也是教条的或质疑的（aporétique）形式。根据辩证的争论，论点的讨论由一问一答的形式来进行，因此也是在一种对话中。例如，把哲学论辩看作纯批判的阿凯西劳斯，习惯要求某个听者提出一个

---

[1] 阿佛罗狄西亚的亚历山大，《亚里士多德〈题旨〉评论》（*In Aristotelis Topica comment*），第27页、13 Wallies, CAG, 卷2, 2, 柏林，1891。

论点，然后，通过一再追问逐渐使对话者承认自己提出论点的矛盾，对这个论点加以否决。①但是，斯多葛派——尽管他们是教条主义者——也在自己的教学中，同样运用一问一答的辩论方法。西塞罗责备他们并没有给演说和修辞的进一步应用留够空间。根据他的看法，演说和修辞本身才是唯一能够促进和劝导人的东西：

> 它们如同用标枪，用简短的尖锐问题刺激你。但是，那些回答"是"的人（在辩证的争论时，那个已经提出论点的人，得用回答"是"或"不是"来使自己满意），他们的灵魂并没有被改变，他们离开如同来时那样。因为，虽然斯多葛派表达的思想有可能是真实的、崇高的，他们却没有像自己应该的那样去对待这些思想，而是抱着一种过于短浅的眼光来这样做。②

争论也可能是修辞学的，如果一个听者提出问题，由此提供某个论点即讨论的论题，那么教师会用一系列充分展开的论辩加以回答。他要么接二连三地证明自己的赞成和反对——这或者是一种纯粹的学校练习，或者是证明任何教条

① 参见 P·阿多的论文"古代哲学、辩论术和修辞学"（"Philosophie, Dialectique, Rhétorique dans l'Antiquité"），载《哲学研究》卷 39（*Studia Philosophica*, t. 39, 1980），第 147 页起。

② 前引西塞罗著作，IV, 3, 7。

主张不可能性的一种尝试；要么证明或反驳这个论点，根据的是它是否符合他的学说——因而它是一种阐述学校教条的教学。因此，就哲学教学应用那种"论点"的练习——一种基于一问一答图式的教育学方法——而言，不能为了理论本身的缘故而发展理论，不管听者有什么需要。因为，论辩在由某个特定听者提出问题的有限范围内得以展开。由是，通常的理智方法在于返回到那些普遍的逻辑原则或者形而上学原则，从这些原则出发，那个特定的问题才有可能得以解决。

但是，在伊壁鸠鲁派和斯多葛派那里，还有另一种路径，属于演绎的和系统的路径。此外，在伊壁鸠鲁学派中，辩论的技巧练习不起作用。那里，哲学论辩采取一种坚决演绎的形式，即是说，从原则出发，直至达到这些原则的结果：例如，人们可以从《致希罗多德的信》看到这点。某些这样的论辩有助于学生熟习书写形式，用心学习。正如 I·阿多所指出的那样，伊壁鸠鲁派的教学开始于阅读和背诵伊壁鸠鲁学说——以非常简练的句子形式表现——的简短概括。[1]然后，学生熟悉更详尽的概括，如《致希罗多德的信》那样。最后，他能够——如果他愿意的话——着手处理

---

[1] 参见 I·阿多的论文"伊壁鸠鲁与希腊化和罗马哲学的教学"（"Épicure et l'enseignement philosophique hellénistique et romain"），载《纪尧姆·比代研究会第八次大会学报》（*Actes du VIII*ᵉ *Congrès de l'Association Guillaume Budé*, Paris, 1969），第 347—354 页。

在伊壁鸠鲁 37 部著作中那部伟大的《论自然》。不过，他总是不得不返回那些概括，以便不忘记细节；他总是保持在精神上对整体的直观。因此，在知识的扩展和对本质核心的专注之间有一种不断地来回。

正如我们已经看到的那样，如果斯多葛派在自己的教学中使用辩证的方法，那么他们也的确同样努力根据一种严格系统的逻辑结果来表现自己的学说，为此他们受到古人的钦佩。同样，斯多葛派要求自己的学生，不断努力通过记忆在精神上一直保持学校教条的本质。

这里，人们看到向往那种体系概念的意味深长。它并不涉及一种概念的建构作为自在的目的——正如对于斯多葛的或伊壁鸠鲁的生活方式来说，恰好出现的偶然的伦理后果那样。相反，这些体系的目的在于用一种精简的形式，把那些基本的教条放在一起，通过严格的论证把它们联系起来，以便形成一个系统的、高度集中的核心。它们有时被还原到一种扼要的说法，由此具有更大的劝服力和更好的记忆效果。尤其是，这样的说法具有一种招魂的价值（valeur psychagogique）：它们着眼于对听者或读者的灵魂产生一种效果。这不是说，这样的理论论辩并不回应逻辑严密的要求；完全相反，这样的严密使它变得强有力。但是，正如它表达出一种生活的选择一样，它同样想要引导一种生活的选择。

现代读者肯定为古代——从公元前 4 世纪到公元后 2 或 3 世纪——大部分哲学学派方法论原则或教条的令人不可思议的稳定而感到惊讶。这恰好因为，哲学研究意味着选择某种特定的生活方式——这种生活方式或者与某种批判方法相适应，如怀疑论者或者雅典学园派的批判方法（我们将在后面讨论）；或者与证明这种生活方式合理的教条相一致。对于像伊壁鸠鲁主义或者斯多葛主义者那样的教条的哲学而言，那种体系即根本教条的严密的整体，是无懈可击的，因为它与伊壁鸠鲁主义和斯多葛主义的生活方式紧密相连。这不是说，在这两个学派中，所有讨论都得废止；尤其是，斯多葛学派很快就分裂为不同的倾向。但是，这些分歧与争论允许原来的抉择和表达它的教条保留下来。因为，它们只涉及次要的问题，如关于天地现象的理论、教条的证明和体系化方式，或者还有教学的方法。此外，这些讨论是为那些高年级学生，为那些已经很好吸收本质教义的学生保留的。①

这就是为何像伊壁鸠鲁主义和斯多葛主义那样的教条的哲学，具有一种民众化和传道特点的原因。因为，技巧和理论的讨论是专家的事——他们能够为初学者和高段班者高度概括出少数不多的联系紧密的格言，它们是在本质上指导实

① 参见前引 I · 阿多著作，第 351—352 页。

际生活的规则表达。在这方面，这些哲学再次发现苏格拉底那种"传道的"和"民众化"精神。当柏拉图主义和亚里士多德主义为有"闲暇"去研究、探索和静观的精英得以保存时，伊壁鸠鲁主义和斯多葛主义则面对所有人——富人或穷人、男人或女人、自由民或奴隶。[①]凡是接受伊壁鸠鲁或斯多葛的生活方式并把这种方式落实到实践中的人，都会被视为哲人，即使他没有从事书面或口头的哲学论辩。某种意义上，犬儒主义同样是一种民众的和传道的哲学。自从第欧根尼以来，犬儒主义者是货真价实的宣传家。面对所有社会阶层，他们通过自己的榜样，鼓励他们使社会的旧习出丑，主张回到与自然一致的生活的单纯性。

## 犬儒主义

人们争论说，苏格拉底的学生安提西尼是否创立了生活中的犬儒主义运动。不过，人们一般都会同意，他的学生第欧根尼是这个运动最引人瞩目的人物。虽然这个运动从来没有表现出某种机构的特征，却一直维持生存直到古代的终结。

犬儒主义的生活方式不仅引人入胜地有别于那种非哲学

---

① 参见 P · 阿多的论文"古代哲学提出的幸福方式"（"Les modèles de bonheur proposés par les philosophies antiques"），载《灵性生活》卷 147 (La Vie Spirituelle, 147, n° 698, 1992)，第 40—41 页。

的生活方式，甚至也不同于其他哲人的生活方式。①实际上，其他哲人只是在一定界限内与自己的城邦同胞区别开来。例如，亚里士多德学派献身于科学探究；又如伊壁鸠鲁派过一种素朴的、矜持的生活。相反，犬儒派与世界的决裂是彻底的。它实际上拒绝大多数人看作是社会生活必不可少的基本规则和条件：廉洁、举止得体和温文尔雅。犬儒派故意厚颜无耻地生活，公开手淫（如第欧根尼），或者公开性交②（如克拉底和希帕吉雅③）。他们绝对不关心社会的礼节和公众意见，鄙视金钱，毫不犹豫地行乞，不寻求生活中的稳定位置——"没有城邦，没有房子和祖国，生活悲惨，到处流浪，过一天算一天"。④他们的口袋只装着仅够维持生命的必需品。他们不畏权势，总是用一种富有煽动性的言论自由来表达自己。⑤

从令我们感兴趣的问题——古代哲学的真实本性——角度来看，犬儒主义给我们提供了非常有启示的例子，因为它

---

① 证据收入古莱卡泽为帕凯的《希腊的犬儒主义者：残篇与证据》(*Les Cyniques grecs . Fragments et témoignages*, Paris, 1986) 写的序言里；也见古莱卡泽的《犬儒主义的苦修》(*L'Ascèse cynique*, Paris, 1986) 和《古代犬儒主义及其延续》(*Le cynisme ancien et ses prolongements*) 前引第 152 页注 2。

② D. L. , VI, 46, 69, 97。

③ 克拉底的妻子，也是一位犬儒主义哲人。——译者

④ D. L. , VI, 38。

⑤ D. L. , VI, 69。

代表一种有限度的情形。在古代，一个历史学家会奇怪犬儒主义是否可以被叫做一种哲学学派；奇怪它是否不可以只作为一种生活方式。①确实，犬儒主义者如第欧根尼、克拉底和希帕吉雅没有从事过教学，尽管他们很可能进行了某种文字的活动，尤其是诗歌的写作。不过，就一种师生关系可以在各不同犬儒主义者中间得以识别而言，他们还是建立了一个学派。②此外，在整个古代，人们一般把犬儒主义看成一种哲学；但是一种哲学论辩被减到最低程度的哲学。以下面一则有象征意义的趣事为例：当某个人宣布运动不存在时，第欧根尼就会马上起身行走。③

犬儒主义哲学是一种生活的选择、自由的选择，或者完全不依赖于无用的需要，拒绝奢侈和虚荣。这样的选择显然隐含对生活的一种特定的看法。不过，这种有可能曾经在师生之间交谈或者公开论辩中有所明示的看法，却从来没有直接在抽象理论的哲学论文中证明合理。虽然有许多典型的犬儒主义哲学概念，但它们并没有用于逻辑论证。相反，它们用来表示那些与生活选择相一致的具体态度：苦修、不烦恼（ataraxie）、不依赖、勤奋、适应环境、冷静、朴素或者不虚荣（atuphia）、无羞耻。犬儒主义者选择自己的生活方

---

① D. L., VI, 103；参见古莱卡泽的论文"犬儒主义是一种哲学吗？"，参见本书第 135 页注①。
② D. L., VI, 36, 75—76, 82—84。
③ D. L., VI, 38—39。

式，因为他们相信，本然状态——正如通过动物和婴孩行为所见那样——优胜于文明的陈规旧俗。第欧根尼在看到小孩吃饭喝水不用什么器皿时，就把自己的饭碗水杯统统扔掉；当他看到老鼠在黑夜中啃面包屑时，自己也会采用这种自认为舒适的生活方式。本性和文化之间的对立，在智者派时代始终是抽象理论讨论的对象。但是，对于犬儒主义者而言，涉及的不是思辨，而是处理整个生活的一种决断。因此，他们的哲学完全是修炼（苦修）和勤奋。因为，机巧、规例和文明的舒适、奢侈和虚荣——所有这些都使身体和精神萎靡不振。因此，犬儒主义者的生活方式在于一种几乎是竞技的，然而又是有理性的训练，忍受饥饿、干渴、恶劣天气，由此获得自由、独立、内心力量、不烦和灵魂宁静，于是可以使自己适应所有的环境。①

柏拉图也许谈论过第欧根尼："他是成了疯子的苏格拉底。"②不管是否真实可靠，这个表述使我们反思。从一定意义上说，苏格拉底是犬儒主义的先驱。那些喜剧诗人也取笑苏格拉底的外貌——他的赤脚和旧外套。正如我们已经看到的那样，如果《会饮篇》中苏格拉底的形象与那个行乞者厄洛斯混在一起的话，那么，那个无家可归、背着行乞袋四处漂泊的第欧根尼不就是第二个苏格拉底——归不了类的哲

---

① D. L., Ⅵ, 22。
② D. L., Ⅵ, 54。

人英雄形象和对世界的陌生者——吗？像另一个苏格拉底，第欧根尼认为自己已经被委以使命，使人去反思，用自己的刻薄攻击和生活方式，谴责这些人的恶行和谬误。他对自己本身的关心，与对他人的关心是不可分开的。但是，就算苏格拉底通过使人获得内心自由来对自己关心，不能解决与社会陈规旧俗连在一起的外表错觉与幻影，但还是保留某种微笑的礼貌，而这在第欧根尼和犬儒主义者那里已经不见了。

## 皮浪

皮浪是第欧根尼和亚历山大的同时代人，曾随后者远征印度。在那里，他大概见到了东方的圣贤。[①]他也很可能被视为一个有点与众不同的苏格拉底。总之，他值得我们关注，因为我们这里再次面对一个自己并不致力于教学的哲人，尽管他能够非常灵巧地与人讨论。他甚至不曾写作，而只是简朴地活着，由此吸引那些仿效他生活方式的学生。

他的行为举止完全无法预见。他时而独居隔室，时而又不打招呼便外出旅游，选择那些巧遇的人作同路人和交谈伙伴。他嘲笑谨小慎微，甘冒大大小小的风险和危险；即使听

---

① D. L.，IX，61—70。关于皮浪的证据已经收集在德克莱瓦·卡伊齐编的《皮浪——证据》(*Pirrone. Testimonianze*，Naples，1981) 中；也参见孔什的《皮浪或者表象》(*Pyrrhon ou l'apparence*，Villers-sur-Mer，1973)。

众走光了，他还在说话。一天他看到他的老师阿纳克萨库掉进沼泽地，却继续赶路，没有伸出援手，而阿纳克萨库对他的无所谓和麻木则大表称赞。可是，他看上去与犬儒主义者不一样，举止完全简朴，与他人相安无事，正如一位古代历史学家想要说的那样："他恭敬地与自己的大姐生活在一起，大姐是个接生婆。他有时去集市卖掉小鸡和喝奶的小猪，而且不会计较动手打扫房子。据说，他也不在乎清洗猪厩。"[1]请注意，这段趣闻让我们想起庄子有关中国哲人列子的故事，虽然两个故事之间并无历史关联："他闭门谢客三年，为妻子承担所有家务事，喂猪如同服侍人；他对所有东西无动于衷，去掉所有虚饰，以便返璞归真。"[2]

所以，皮浪的言行举止符合这样一种生活的选择——一言概括之：无动于衷。皮浪对任何事情都完全无动于衷。他常常我行我素，不喜形于色，从不为外在事物的影响所左右。[3]对于他来说，出现在这里或那里，见到这样或那样的人，事实上并不重要。在通常被视为危险的东西与无害的东西之间，在被看作崇高的和卑微的任务之间，在受苦与快乐

---

① D. L. , IX, 66。

② 载由格吕帕斯编、刘齐晖翻译的《道家哲人》"庄子"文本（*Tchouang-tseu, dans Philosophes taoïstes*, Paris, 1980），第141页；也参见里克曼斯翻译并评注的《石涛〈苦瓜和尚画语录〉》（*Shitao, Les propos sur la peinture du moine Citrouille-amère*, Paris, 1984），第12页。里克曼斯用这个例子来说明道家至高返璞归真——纯粹虚空和没有欲望。

③ D. L. , IX, 63。

之间，在生与死之间，他从不作区别。因为，人们关于这些事情的价值作出的判断，只是根据约定俗成。实际上，人们不可能知道，某个现存事物本身是善或恶。而且，人的不幸刚好因此产生，他们要掌握自己认为是善的东西，或者要避开自己认为是恶的东西。如果人们不再在事物之间作出这种区别，放弃有关这些事物的价值评判，或者放弃挑三拣四——如果人们对自己说："这个正如那个一样好"，那么，人们就获得内心的平和与安宁，不再觉得有谈论这样的事物的需要。一旦人们用一种无所谓的态度来做事，所做的就没有什么区别了。因此，皮浪哲学的目的在于，把自己放置在一个完全平等的状态中，完全无动于衷，绝对无所依赖，内心自由而没有激情——这是皮浪认为的神灵的状态。[①]换言之，对于他而言，除了人们对无所谓的事情要无动于衷之外，一切都是无所谓的——这最终是美德，[②]因而是绝对价值。达到如此的无动于衷并非易事：正如皮浪所说，这要求"把人完全抛开"——就是说，让自己完全摆脱人的见

---

① 比较他的学生提蒙的评论，载塞克斯都·恩披里柯的《反道德主义者》(*Contre les moralistes*)，20；"神灵的本性和善的本性总是保持一致，由此可以说，人的一生与他自己是一致的。"在这里，皮浪显得像是个教条主义者，正如德克莱瓦·卡伊齐在《皮浪》第256—258页提及的和格勒对德克莱瓦·卡伊齐著作的评论——载《哲学史档案馆》卷67 (*Archiv für Geschichte der Philosophie*, t. 67, 1985) 第329页起所指出的那样。

② 前引西塞罗著作，II，13，43和IV，16，43。

解。①这种表述是非常有启示意义的。"把人完全抛开"不是告诉我们说，哲人通过超越人性的、太人性的有限观点，以把他自己提升到一个更高的层面，从而改变自己对宇宙的感知吗？这样一个视角处于某种非人的方式中，揭开生存的本来面目，即超越人加给它的那些褊狭的对立和虚假的价值，以便有可能达到先在于所有区别的那种单纯性状态。

如果人们达不到这种整个的剥离，就有必要通过内在的论辩来训练自己。就是说，人们必须记得"这个正如那个一样好"的原则，还有证明整个原则合理的论证。因此，皮浪及其门徒实践沉思的方法。据说，皮浪自己寻求独居一隅，大声对自己说话；当有人问他为何这样做时，他回答说："我正在练习成为有用的人。"②人们也这样来描述他的学生、来自雅典的斐洛说："离群索居，自称为师，自言自语，不计荣耀，不善争吵。"③因此，正如苏格拉底的哲学和犬儒主义者的哲学一样，皮浪的哲学尤其是一种真实的哲学，一种改变某个人生活方式的练习。

## 伊壁鸠鲁主义

伊壁鸠鲁（公元前 342—前 271 年）于公元前 306 年在

---

① D. L. , IX, 66。

② D. L. , IX, 63—64。

③ D. L. , IX, 69。

雅典建立了一个学校，它在这个城邦里至少一直保存到公元2世纪。①卢克莱修的诗《论自然》，伊壁鸠鲁派哲人第欧根尼于某个不确定的时候（约公元前1世纪或公元2世纪）在奥因诺安达城，为了让其同胞知道伊壁鸠鲁的著作和学说而刻下的巨大碑铭，②都证明了他的门徒传播他的信使时的狂热，即使他们生活的地方并不相近。

一种经验和一种选择

伊壁鸠鲁主义起源于一种经验、一种选择。经验是那种"肉体"的经验：

> 肉体的声音说：不要饥饿、不要干渴、不要寒冷。凡是具有这种状态并希望将来拥有这种状态的人，都可以与宙斯的幸福媲美。③

这里，"肉体"并非躯体解剖学上的一部分，而是在一种近乎现象学的、在哲学上看来是完全新的意义上的痛苦和

---

① 巴娄德介绍、翻译并评注的《伊壁鸠鲁：书信、格言、箴言》(*Épicure, Lettres, maximes, sentences*, Paris, 1994)，引文见后文有关巴娄德的注释。该著作是对伊壁鸠鲁相关知识的精彩导读。关于译成意大利文的希腊文本，见 Epicuro, *Opere*，阿里盖蒂编，Turin, 1973，关于阿里盖蒂作品详见后文注。

② 见由史密斯编的奥因诺安达的第欧根尼，《伊壁鸠鲁的墓志铭》(*The Epicurean Inscription*, Naples, 1992)。

③ 巴娄德编《梵蒂冈格言》§33 (*Sentences Vaticanes*)，第213页。当我提及宙斯时，用的是巴娄德的翻译。这个翻译或许是对手稿文本的增补，但在我看来，通过 *kan* 证明了它存在于希腊文本之前。

欢愉的主体——也就是说，个体。正如迪亚诺专业地指出的那样，伊壁鸠鲁不得不谈"痛苦"、"快乐"和"肉体"，从而表达自己的经验，因为：

> ……没有别的办法让一个人达到并指给他看，他在世界上存在的那种纯粹而简单的历史性，最后揭示出我们叫做个体的那种东西——那种倘若没有了它人们就不能谈论人的位格的个体……因为，正是在感受痛苦或者减轻痛苦的"肉体"中，我们的"我"——我们的灵魂——才显露出来，展现在它自己和其他人面前……这就是为什么仁慈的最伟大的作品……是那些将肉体作为对象——饿了就吃、渴了就喝——的人……[1]

进一步说，"肉体"不可能与"灵魂"分开，假设事实上没有我们对快乐或痛苦的意识，就没有快乐或痛苦的话；假设事实上我们的意识状态也反过来作用于"肉体"的话。

因此，这涉及一种经验，也涉及一种选择：最重要的东西是把"肉体"从它的痛苦中解脱出来，从而让它感受快乐。对于伊壁鸠鲁来说，苏格拉底和柏拉图偏爱善的选择是一种错觉：实际上，个体只有通过寻找满足自己的快乐和兴趣而成长起来。然而，哲学的作用在于，知道如何用一种合

---

[1] 见迪亚诺的"快乐的哲学与朋友的社会"（"La philosophie du plaisir et la société des amis"），第 360 页，参见本书第 132 页注①。

理的方式寻求快乐——就是说，知道如何寻找唯一真正的快乐，那种纯粹的生存的快乐。因为，人的一切不幸和痛苦都来自这样的事实：他们并不懂得真正的快乐。他们寻求快乐，却又不能得到它，因为他们不能为自己有的东西所满足。或者说，因为他们寻求自己所不能达到的东西；又或者说，因为他们时常害怕失去快乐而有损快乐。人们可以在一定意义上说，人的痛苦首先源于自己没有主见，因而源于自己的灵魂。[①]哲学的使命——伊壁鸠鲁的使命——因此尤其是一种精神的治疗：哲人必须细心料理有病的灵魂，教导人如何体验快乐。

伦理学

首先，一种关于伦理学——它旨在提出真正快乐的定义和对欲求的苦修——的抽象理论论辩，证明根本的选择是合理的。在伊壁鸠鲁的快乐理论中，哲学史家有理由辨别出一种在柏拉图学园中已经就快乐进行过的讨论，又在柏拉图对话《斐莱布篇》和亚里士多德《尼各马可伦理学》中得以例证的反思。[②]在伊壁鸠鲁看来，存在那些"在运动中"得以看到的"柔和的和令人舒服的"快乐——它们在肉体中蔓延，引起了强烈却短暂的刺激。那些只寻求这样快乐的人，

---

[①] 前引西塞罗著作，I, 18, 57—19, 63。参见前引韦尔克的著作，第59—72页："没有主见与灵魂的烦忧"（Opinions vides et troubles de l'âme）。

[②] 克雷默的《柏拉图主义与希腊化哲学》（*Platonismus und hellenistische Philosophie*），第164—170、188—211、216—220页。

将发现不满足和痛苦，因为如此快乐是不可满足的——当达到一定程度的强烈时，人们将再次变得痛苦。这些易变不稳的快乐，有必要与恒常的快乐——如在作为"镇定状态"（état d'équilibre）的宁静中的快乐——严格区分开来。这是当身体舒缓、没有痛苦时的状态，存在于没有饥饿、没有干渴和没有寒冷之中：

> 这是我们做所有事情的原因，为的是避免痛苦和害怕——这种情况一旦出现在我们身上，灵魂的躁动就会整个地平息下来。因为，现在那个生命的存在者不再需要渴求某种东西，仿佛自己缺少它似的；或者说，不再需要寻找灵魂和身体的善，借此也许实现别的什么东西。因为，我们需要快乐，恰好是在我们忍受着没有快乐的痛苦时。当我们不再忍受这种缺失的痛苦时，我们就不再需要快乐。①

从这个角度来看，快乐作为受苦的抑制，是绝对的善。就是说，它不能被增多，不能把新的快乐添加进去："正如晴朗的天空不可能再增加任何的光亮。"②如此恒常的快乐，性质上不同于易变的诸种快乐。它与它们的对

---

① 巴娄德编辑并翻译的伊壁鸠鲁，《致梅内塞的信》§128（*Lettre à Ménécée*），第 194 页。
② 塞内加，《致卢西里乌的信》（*Lettres à Lucilius*），66, 45。参见前引迪亚诺著作，第 358 页。

立，如同存在与生成的对立；如同确定与不确定和无限的对立；如同静止与运动的对立；如同超时间与在时间中的对立。[①]人们也许会惊讶地看到，饥饿或者干渴的单纯抑制、生命需要的满足，可归入如此的超越性之中。但是，人们可以设想，身体痛苦的这种压抑——这种镇定状态——使个人对自己的实存，在意识方面产生一种全面感觉的、身体本有的感受：仿佛是通过抑制让他着迷地寻找某个特别对象的不安分状态，他最终可以自由地意识到，某种奇妙异常的东西已经不知不觉地出现在他眼前——他自己实存的快乐，或者用迪亚诺的表达来说，"纯粹的实存认同"（l'identité de la pure existence）。[②]这种状态就像卢梭在《一个孤独漫步者的梦想》中说到的那种"充分的、完美的、丰满的幸福"：

> 一个人在如此情况下享受什么？没有什么东西在他自己之外；除了他自身和他自己的实存之外，没有什么东西。只要这个状态持续下去，一个人对自己本身就会满足，像上帝那样。[③]

---

① 前引克雷默著作，第 218 页。
② 前引迪亚诺著作，第 364 页。
③ 卢梭，《一个孤独漫步者的梦想》，"第五次散步"，法文版（Paris, G. F., Flammarion），第 102 页。

我们对此补充说，这种恒常快乐和镇定的状态，也与一种灵魂安宁和没有烦恼的状态相一致。

达到这种恒常快乐的方法，在于一种欲求的苦修。实际上，人们不幸福，完全因为他们受"无节制和空洞的"①欲求——诸如财富、奢侈和统治的欲求——所折磨。欲求的苦修应该基于这样一种三分的区别：第一方面是自然的、必然的欲求；第二方面是自然的但并不必然的欲求；第三方面是既不是自然的亦不是必然的空洞欲求。②这种区别已经在柏拉图的《理想国》里有大致的描述。③

自然的和必然的欲求是那些其满足使人摆脱痛苦、与基本需要或生命需求相一致的欲求。自然的但并非必然的欲求是——例如——对豪华大餐或者性满足的欲求。既不自然亦不必然却由空洞意见产生出来的欲求，是那些对财富、名声和长生不老的无限制的欲求。伊壁鸠鲁的一句话很中肯地概括了这些欲求的划分：

> 我们必须感谢使人蒙福的大自然，它使必然的事物容易获得，又让难于获得的事物不那么必然。④

---

① 前引西塞罗著作，I，18，59。
② 前引巴芬德编辑和翻译有关伊壁鸠鲁的书信，§§127—128，第116、194页。
③ 柏拉图，《理想国》，558d。
④ 前引阿里盖蒂著作，第567页，[240]。

欲求的苦修在于限制人的爱好——抑制那些既不自然亦不必然的欲求，尽可能限制那种自然但并非必然的欲求。后者并不抑制任何真正的苦难，而只是针对快乐的各种变化形式——它们有可能导致强烈而无度的激情。[1]因此，这种欲求的苦修决定一种独特的生活方式，我们现在就来谈一下。

物理学与知识论

但是，一种严重的威胁影响人的幸福。如果害怕死亡，如果害怕神在此世或来世的决定使人不安，快乐还能够完美吗？正如卢克莱修着重指出的那样，正是对死亡的害怕，归根结底是所有使人不幸的激情的基础。[2]正是为了使人摆脱这些恐惧，伊壁鸠鲁提出了自己关于物理学的理论论辩。最重要的是，人们绝不应把伊壁鸠鲁的物理学，想象为一种科学理论，旨在回答一些客观的、事不关己的问题。古人已经注意到，伊壁鸠鲁主义者对为自己而研究的科学观念怀有敌意。[3]确实，哲学理论在这里只是原本的生活选择的表达和结果，是一种获得灵魂安宁和纯粹快乐的手段。伊壁鸠鲁喜欢这样反复说：

---

[1] 伊壁鸠鲁，《主要的格言》(*Maximes capitales*) §XXX, 第204页；波菲利，《论节制》(*De l'abstinence*), I, 49。

[2] 卢克莱修，《论自然》, III, 31 起。

[3] 参见费斯蒂吉埃尔，《伊壁鸠鲁和他的神祇》(*Épicure et ses dieux*, Paris, 1946), 第51—52页。

如果人们没有被自己对天界现象和死亡的忧虑所扰乱，认为后者是某种令我们害怕的东西——因为人们对痛苦和欲求的界限的无知，那么，就不需要对自然进行研究。

如果人们不恰如其分地认识宇宙本性之所是，而是把某种真理的暗示归入神话故事，那么，就不可能让自己摆脱对最重要事物的害怕，由此，不研究自然，就不可能在纯粹快乐的状态中把握它。

……从关于天界现象的知识，正好派生出有益于灵魂的安宁和坚定的确信，正如所有其他探索的目的那样。[①]

正如在《致皮索克勒的信》中清楚地表明的那样，[②]对于伊壁鸠鲁来说，在探究物理现象方面，有两个明显不同的领域。一方面，有不容争论的体系核心，它证明实存选择的合理。例如，有由原子与虚空构成的永恒宇宙的表象——诸神对此也不会干预；另一方面，有关于次重要问题——例如天界或气象学的现象——的研究，它们包含同样的严格且融入许多种解释。在这两个领域中，研究得以进行只是为了保证灵魂的安宁——或者为了消除对诸神和死亡的害怕的基本教条；或者在次要问题的情况下，为了一个或多个解释，即通过表明如此现

---

[①] 伊壁鸠鲁，《主要的格言》（*Maximes capitales*）XI，XII；见也是由巴娄德翻译的《致皮索克勒的信》（*Lettre à Pythoclès*），第 175 和 201 页；前引费斯蒂吉埃著作，第 53 页。

[②] 伊壁鸠鲁，《致皮索克勒的信》，§§86—87；见巴娄德编伊壁鸠鲁的《主要的格言》，第 106—111 和 176 页。

象只不过是物理现象，从而抑制心灵的烦忧。

因此，伊壁鸠鲁的目的就是抑制对诸神和死亡的畏惧。为此，伊壁鸠鲁尤其在《致希罗多德的信》和《致皮索克勒的信》中指出：一方面，诸神并不参与宇宙的创造，并不关心世界和人类的品行；另一方面，对于我们来说，死亡并无任何意义。出于这样的目的，伊壁鸠鲁提出一种世界的解释，大量借用前苏格拉底特别是德谟克利特的"自然主义"理论：大全（le Tout）没有必要通过某种神灵力量加以创造，因为它是永恒的——既然存在不能够来自非存在，如同非存在不能够来自存在一样。这个永恒的宇宙由物体和空间——亦即物体在其中运动的虚空——所构造。我们看到的物体——不仅有生命存在的物体，而且还有大地与星空的物体——由无限多不可分的、永恒的物体所组成。这些物体就是原子，由于自身的重量，在无限的虚空中用同样的速度垂直下降。它们一旦稍微偏离自己的轨道，就发生碰撞，形成组合在一起的物体。由此，众物体和世界由于原子的不断运动而诞生，当然也解体。在虚空和时间的无限性之中，有无限多时而出现、时而消失的世界。我们的宇宙只是它们当中的一个。原子偏离的概念具有一个双重的目的：一方面，它解释物体的形成——如果原子只是以同样速度直线下降的话，物体就不可能被构造；[1]另一方面，

---

① 前引西塞罗著作，I, 6, 18—20。

通过把"偶然性"引入"必然性"，给人类自由以基础。①
也正是在这里再次清楚地表明，物理学的探究，服务于伊
壁鸠鲁的生活选择。一方面，人们一定是自己欲求的主
人：为了获得恒常的快乐，他们必须是自由的；但另一方
面，如果他们的灵魂和理智由物质的原子所形成，以一种
总是可预见的方式运动，那么，人如何可以是自由的？问
题的解决正好在于承认，内在自发性原则就存在于原子自
身内部。它们正是有可能偏离自己的轨道，从而给意志的
自由提供一个基础，而且使它成为可能。正如卢克莱修
所说：

> 如果精神在自己的所有活动中不受必然性的支配，如果它
> 逃避支配，不被归结为完全的被动性，那么，这正是因为原子
> 的这种微小的偏离，没有什么东西能决定在什么地方、什么
> 时候。②

没必要在此补充说，从古代起一直到今天，这种无
外因引起的偏离——决定论的这种放弃——总是令哲学

---

① 西塞罗，《论命运》（*Du destin*），9，18；10，22；20，46；《论诸神的
本性》（*De la nature des dieux*），I，25，69。见前引阿里盖蒂著作，第
512—513 页。
② 卢克莱修，《论自然》，II，289—293。

史家们反感。①

因此，一方面，人不必恐惧诸神，因为诸神并没有影响世界和其中的人类；另一方面，人也不必恐惧死亡，因为由原子组成的灵魂如身体一样，死亡时就会分解，失去整个的感知能力。"所以，死亡与我们根本无关。只要我们还在这里，那么死亡就不在；当死亡在这里时，我们就不再存在。"②迪亚诺正是用这样的方式，总结出《致梅内塞的信》的断言：一旦死亡出现，我们自己就停止生存。那么，为何人们要恐惧与我们无关的东西呢？

伊壁鸠鲁的知识论来自这种唯物主义的物理学。所有物质的对象都发射出粒子流，冲撞着我们的感官。这种粒子流的连续性，使我们具有关于物体的坚固和抗力的印象。我们从相互类似的物体——例如从不同人的个体——获得多样的感觉，由此产生出一般的图像或概念，使我们辨认并确定形式；这种情况尤其如此，因为语词和语言与这些概念结合了起来。然而，由于语言，错误的可能性也就出现了。因此，

---

① 西塞罗，《论至善和至恶》，I，6，19："宣称一件事的发生没有任何原因，对一个物理学家来说，没有什么比这更羞耻了。"也见塞德利的论文"伊壁鸠鲁对决定论的拒绝"（"Epicurus' Refutation of Determination"），载《古希腊罗马的伊壁鸠鲁主义研究》（*Studi sull'epicureismo greco e romano offerti a Marcello Gigante*，*Contributi*，Naples，1983），第 11—51 页。

② 伊壁鸠鲁，《致梅内塞的信》§124—125；前引巴娄德著作，第 192 页；前引迪亚诺著作，第 362 页。

为了辨认一种陈述是否为真，就有必要看看它是否与真理标准相一致——就是说，是否与一般的概念和感觉相一致。所以，正如伊壁鸠鲁主义者所说的那样，思想能够往前"投射自己"，以抓住并不在当下的东西。例如，虚空实存的断言就具有真实性，虽然根据定义它是看不到的，然而它的实存是必然的，以便解释运动的实存。这样的投射总是必须通过经验——因此是通过感觉——加以证明。①

使人摆脱对诸神和死亡的恐惧并非物理学这座理论大厦的唯一目的，它同样打开通向静观诸神的快乐。因为，我们具有关于诸神实存的知识，事实上是诸神实存的清楚证据——那个在关于诸神的一般前概念中表明自己的证据，出现在整个人性当中。②理性也必然要求，存在一个高于所有其他东西的、最完美的自然。因此，诸神存在，尽管诸神并没有影响世界。或者更确切说，诸神没有影响世界，正因为这是诸神完美的条件：

> 那种至福和永恒的东西，本身没有烦恼；也不会给其他人带来任何烦恼。就是说，它既不屈从愤怒，亦不屈从仁慈：因为，所有如此这般的东西只有在弱者那里看到。③

① 前引巴娄德著作，第 32 页。
② 伊壁鸠鲁，《致梅内塞的信》§123，前引巴娄德著作，第 192 页。
③ I·巴娄德编的《主要的格言》，第 199 页。

这是伊壁鸠鲁的伟大直观之一：他并不把神想象为一种创造、支配、把自己意志强加给下界的权势，而是作为最高存在的完美：幸福、不可毁灭、美丽、快乐、安宁。哲人通过诸神的想象，既发现当人们赞赏美丽时也许感受到的那种令人惊叹的快乐，也发现在静观智慧榜样时的那种舒畅。从这个角度来看，伊壁鸠鲁的诸神是伊壁鸠鲁生活理想的投射和具体表现。诸神享受它们自己的完美和纯粹的生存快乐，没有需求，毫无烦忧，在惬意的陪伴中打发自己的日子。它们的形体美，与人类形象的美是一致的。①人们有理由认为，如此理想的诸神只不过由人想象出来罢了，诸神的存在归于人类。然而，伊壁鸠鲁似乎把诸神设想为维持自己永恒实存的独立的实在东西，因为诸神晓得如何摆脱有可能毁灭它们和令它们感到异样的东西。诸神是智者的朋友，智者是诸神的朋友。对于智者来说，最高的善是对诸神光辉的静观。他们对诸神一无所求，却用赞颂的祷告去祈祷诸神：②他们的恭敬对着诸神的完美。就此而言，人们已经谈论了"纯粹的爱"——那种不求回报的爱。③

根据这种诸神的想象——正如那些把伊壁鸠鲁的生活方式具体化的神祇那样——物理学由此成为一种劝告，具体践

---

① 前引费斯蒂吉埃尔著作，第 95 页。

② 同上书，第 98 页。

③ 德沙尔姆，《希腊宗教传统批判》(*La critique des traditions religieuses chez les Grecs*, Paris, 1904)，第 257 页。

行那种它所表达的最初抉择。它也由此形成灵魂的平静，形成参与诸神自己引导的静观生活的喜悦。智者像诸神那样，把自己的目光投向无数世界的无限性中；那个封闭的宇宙在无限中延伸。

**修炼**

为了恢复灵魂健康，为了达到一种与根本选择相符的生活，认识伊壁鸠鲁的哲学论辩还不够，必须得继续修炼。首先，必须沉思——就是说，深刻领会并强烈意识到那些根本的教条：

> 所有这些教导——单独地，也和与你自己一样的人一起日夜对它们进行沉思。由此，你无论睡着还是醒来时，都将没有任何烦恼，却像一个在人中间的神那样活着。
>
> 使你自己习惯根据这样的思想——死亡与我们无关——去生活。①

教条的系统化集中在概括和格言中，为的是使它们更有说服力、更令人难忘、更易于记住。如着眼于保证心理健康的著名的《四重治疗》，概括出在伊壁鸠鲁哲学论辩中所有本质的东西：

① 伊壁鸠鲁，《致梅内塞的信》§124 和§135；前引巴娄德著作，第 192 和 198 页。

诸神并不可怕，

死亡并不可怖；

善容易得到，

恶不难忍受。①


但是，阅读伊壁鸠鲁或者学派其他大师有关教条的研究论文，也能够保养沉思，使灵魂充满根本的洞观。

尤其是，有必要训练克制欲求，有必要学会满意容易获得的东西，满意那种满足存在者根本需要的东西，放弃多余的东西。这是简单的表述，却难免暗示了我们生活的彻底改变。它意味着对简单吃穿的满足，放弃财富、名声和公共职位，过隐退的生活。

这些沉思和苦修不能孤独地进行。正如在柏拉图学派中那样，在伊壁鸠鲁学派中，友谊也是走向自身改造的方法和特殊途径。师生之间密切相助，以便使自己的灵魂得以健康。②在这种友谊氛围中，伊壁鸠鲁自己担当起良心引导者的角色。像苏格拉底和柏拉图一样，他相当清楚地言说精神治疗的作用。这样的灵性引导只有个人面对面的关系中，才

---

① 《菲洛德穆》，载《赫尔库兰纸莎纸卷轴》(*Papyrus Herculan*, 1005, col. IV, 10—14)，由吉甘特改进的文本，载《菲洛德穆研究》(*Ricerche Filodemee*, 2nd ed., Naples, 1983)，第 260 页，注 35a；前引阿里盖蒂编的书，第 548 页。
② 前引费斯蒂吉埃尔著作，第 36—70 页；前引迪亚诺著作，第 365—371 页。

能够具有意义：

> 我说的这些事情并不是对着众人，而是对着你。因为，我
> 们每个人对于其他人来说，都是有足够分量的听者。①

伊壁鸠鲁尤其知道，罪感使道德良心受到折磨，②人们能够通过承认错误、接受训斥——即使这些有时候导致一种"悔悟"的状态，从而使自己摆脱这种罪感。良心检查、忏悔和友好的劝诫对于获得灵魂健康来说，都是必不可少的修炼。我们有由伊壁鸠鲁主义者菲洛德穆写的名为《论言说自由》的一些残篇，探讨那些被认为是师生之间和学生当中必不可少的信任和开诚布公。对于教师而言，自由的自己表达，意味着不怕当面的责备；对于学生而言，则意味着毫不犹豫地承认错误，甚至不怕告诉朋友他们的缺点。因此，这个学派的主要活动之一，在于改正和教育人的对话。

所以，伊壁鸠鲁的人品起了最重要的作用。伊壁鸠鲁自己提出了这样的原则："如此做一切事，仿佛伊壁鸠鲁在看

---

① 前引塞内加著作，7，11；前引迪亚诺著作，第370页。

② 参见苏哈的论文"作为告解之父的伊壁鸠鲁"（"Epikur als Beichvater"），载《宗教学档案馆》（*Archiv für Religionswissenschaft*，14，1911），第647—648页；施米德的论文"伊壁鸠鲁新文本中的告解与事物的最终界限"（Contritio und "Ultima linea rerum" in neuen epikureischen Texten），载《莱茵博物馆》（*Rheinisches Museum*，100，1957），第301—327页；前引 I·阿多著作，第67页。

着你。"①伊壁鸠鲁的弟子这样回应他说:"我们将听从伊壁鸠鲁,因为我们已经选择了他的生活方式。"②也许出于这个理由,所以伊壁鸠鲁主义者如此重视他们开山鼻祖的肖像,不仅绘制于图画里,而且刻制在指环上。③伊壁鸠鲁对于自己的门徒来说,形象就如"在人中间的神"那样。④他是智慧的化身,他们仿效的榜样。

然而,在这一切方面,有必要避免努力和紧张。相反,伊壁鸠鲁主义的根本修炼在于放松、从容、享受灵魂快乐和身体恒久快乐的艺术。

最重要的是知识的快乐:

在智慧(哲学)的修炼中,快乐与认识结合在一起。因为,人们并非在学习之后获得快乐,而是学习和享受同时进行。⑤

最高的快乐是静观宇宙的无限和诸神的尊严。

---

① 前引塞内加著作,25,5。
② 奥利维耶里编《菲洛德穆》(*Philodemi Peri Parrhesias*, Leipzig, 1914),第 22 页;吉甘特的论文"菲洛德穆:论言说自由"("Philodème, *Sur la liberté de parole*"),载《纪尧姆·比代研究会第八次大会学报》(*Actes du VIII Congrès de l'Association Guillaume Budé*, Paris, 1969),第 196—217 页,参见本书第 141 页注①。
③ 这是弗里舍的著作《雕刻的词》(*The Sculpted Word*, Berkeley, 1982)的主题。
④ 前引伊壁鸠鲁著作§135;前引巴娄德著作,第 198 页。
⑤ 《梵蒂冈格言》§27,前引巴娄德著作,第 212 页。

这里是讨论的快乐，正如伊壁鸠鲁临死前寄给伊多梅纽斯的一封信中所说的那样：

> 我把所有这些痛苦，都看作与当我回想起我们的哲学交谈时，我在自己灵魂里感到的喜悦相反的东西。①

这也是友谊的快乐。关于这个主题，我们有西塞罗为证：

> 伊壁鸠鲁说，在所有由智慧提供给我们用于活得幸福的事物当中，没有什么比友谊更好、更丰富或者更令人喜欢的了。他也不仅仅表明这点；还通过自己的活动和习惯证实它。在伊壁鸠鲁那唯一的小房子里，有那么多的朋友，全都围在他周围！把他们的情感结合起来的正是爱的共谋！②

这还是一种共同生活的快乐，并没有以高傲态度拒绝让奴隶和妇女参与其中。这是一场真正的革命，表明一种氛围的完全改变，可与柏拉图学派中纯洁的同性恋相比。那些已经被破例允许参加柏拉图学派的妇女，现在是这个共同体的一部

---

① 阿里盖蒂，第 427 [52] 页，还见马可·奥勒留《沉思录》（*Pensées*），IX，第 41 页。
② 西塞罗，《论至善和至恶》，I，20，65。

分。在她们中间，不仅有已婚女人如塞米斯塔，她是来自兰萨库斯的勒翁忒乌的妻子；而且还有如勒翁提安——人称"雌狮"——这样的情妇，她被画家塞奥卢斯画成在沉思的样子。[1]

最后，还意识到关于生存的奇妙快乐。首先，人们必须知道如何掌握自己的思想，以便大体上把欢愉的事物再次呈现给我们自己，恢复对过去快乐的回忆，享受眼前的快乐。必须看出如此直接的快乐是如何强烈并令人满足；必须谨慎地选择放松和平静。人们应该在对自然和生命致以深深的感恩中生活，因为它们持续地给我们提供快乐和喜悦——假如我们懂得如何发现它们的话。

对死亡的沉思可以在我们的灵魂中，唤醒对生存的非凡礼物的无限感恩：

说服你自己，新开始的每一天将是你最后的一天。因此，你将以感恩之心接受每个不可预期的时刻。

承认仿佛由于难以置信的幸运女神的眷顾，补给我们时间的每一瞬间的所有价值。[2]

---

[1] 老普林尼的《自然史》（*Histoire naturelle*）卷 XXXV, 144（和 99）；前引德威特著作，第 95—96 页，参见本书第 135 页注①。

[2] 贺拉斯，《书信集》（*Épitres*），I, 4, 13；菲洛德穆，《论死亡》（*Sur la mort*, livre IV, col. 38, 24），引自德索瓦，《菲洛德穆研究》（*Richerche Filodemee*, Naples, 1983），第 181 页和第 215—216 页。

霍夫曼对伊壁鸠鲁的生活选择的本质，已经做了一个令人赞叹的说明。他这样写道：

> 首先，生存必须被视为纯粹的机会，完全作为独一无二的奇迹而活着。我们必须认识到，它不可避免地只出现一次；非让我们由于它的不可代替性和独一无二性而庆祝不可。①

## 斯多葛主义

斯多葛学派由芝诺在公元前 4 世纪末时创立。②在克里西波斯领导下，这个学派在接近公元前 3 世纪中叶时有了一个新的开始。尽管学派在自己的基本教条方面保持一种显著的统一，但还是很快地就分为对立的阵营，在随后的世纪里斯多葛派继续分裂。③我们对公元前 1 世纪之前的学派历史知之甚少，但可以肯定，斯多葛派教条在罗马帝国中保持繁荣，直到公元 2 世纪。我们只需提及塞内加、穆索尼乌斯、爱比克泰德和马可·奥勒留这些名字就够了。

---

① 霍夫曼的"伊壁鸠鲁"，载德索瓦的《哲学史》卷 1 (*Die Geschichte der Philosophie*, t. I, Wiesbaden, 1925)，第 223 页。
② 斯多葛学派残篇收集在阿尼姆编的《古代斯多葛派残篇》(*Stoicorum Veterum Fragmenta*, I-IV, Leipzig, 1905—1924, réédition Stuttgart, Teubner, 1964)。曼斯菲尔德准备了这些残篇的新版本。
③ 前引林奇著作，第 143 页。前引 I·阿多的论文"斯多葛传统和希腊时代的政治观念"，载《拉丁文研究评论》，第 161—178 页。

**根本的选择**

在讨论伊壁鸠鲁主义时，我们说到某种经验——"肉体的"和选择的经验——那种快乐和个人兴趣的经验，转变为纯粹的生存快乐。我们也必须谈论有关斯多葛主义的经验和选择。这里，选择根本上是由苏格拉底作出的，他在柏拉图的《申辩篇》中宣称："对于善人来说，恶是不可能的，不管他死了还是活着。"①善人相信，唯一的恶是道德恶，而且，只存在道德善——就是说，我们称为责任或美德的东西。这是至高无上的价值，为了它我们不必面对死亡、不必犹豫。斯多葛的选择因而处于苏格拉底的直线上，而且直接与伊壁鸠鲁的选择对立：幸福不在于快乐，亦不在于个人兴趣，而在于对善的要求，直接由理性所规定，而且超越个体之上。因此，斯多葛的选择与柏拉图的选择相对立，因为它认为，幸福——亦即道德善——在这种生活当中对所有人都是可接近的。

斯多葛的经验在于强烈地意识到人类的悲剧处境，因为人类受命运所困。看来，我们一点都不自由，因为我们一点都决定不了美、强壮、健康或富裕，不能一直都感觉快乐，或者说，一点都逃脱不了痛苦。所有这些都有外在于我们的前因后果。一种对我们个人兴趣来说是无情的、冷漠的必然

----

① 柏拉图，《申辩篇》，41d，也见30b和28e。

性，打破我们的渴望和希望；我们无助地、没有抵抗地面对生活的偶然事件，面对财富、疾病和死亡的挫折。我们生活中的所有事物都逃离我们。其结果就是，人是不幸福的，因为他们热情地希望获得自己不能领受的事物，逃离不可避免的恶。只有一件事物，而且唯一一件事物，因为它依赖我们，没有任何东西可以把它与我们分离：行善并根据理性而行动的意志。所以，在依赖我们因此能够是善或恶的东西——因为它是我们决定的对象，和不依赖我们[①]但依赖外在因果和命运因此是无所谓的东西之间，有一种彻底的对立。行善的意志是一种不可摧毁的堡垒，所有人都可以在他们内心构建这样的堡垒。正是在那里，我们能够发现自由、独立、无懈可击；发现斯多葛不同寻常的价值，与我们自己一致。塞内加把这种态度概括如下："总是需要同一个事物；总是拒绝同一个事物。因为只有当同一个事物在道德上是对的时候，它才能普遍地和持久地取悦人。"[②]

如此与自身一致是理性固有的。理性的论辩只能是与自身一致；理性地生活意味着服从这种对一致性的要求。芝诺定义斯多葛的生活选择如下："前后一致地生活——就是说，按照唯一的和谐的生活规则而生活。因为那些不一致地

---

① 爱比克泰德，《手册》（*Manuel*）§1；柏拉图，《对话录》（*Entretiens*），I, 1, 7；I, 4, 27；I, 22, 9；II, 5, 4。
② 前引塞内加著作，20, 5。

生活的人是不幸福的。"①

物理学

斯多葛的哲学论辩包含三个方面：物理学、逻辑学和伦理学。关于物理学的哲学论辩，旨在证明我们刚提到的生活选择的合理，澄清它所指的在世界中存在的方式（la manière d'être au monde）。对于斯多葛派而言，正如对于伊壁鸠鲁派一样，物理学并非为它自己的目的而展开，而是具有一种伦理学的目的性：

> 人们教物理学，只是因为他们能够教人必须在善恶之间作出区分。②

首先，我们可以说，斯多葛派的物理学对于伦理学来说是必不可少的，因为它向人们表明，有某些事物并不依赖自己的能力，而是依赖外在于它们的原因——那些与一种必然的、理性的方式相连的原因。

同样，就人类活动的合理性基于自然的合理性而言，它也具有一种伦理学的目的性。从物理学观点看，作为斯多葛派的选择基础的追求自身一致的意志，表现为物理世

---

① 《古代斯多葛派残篇》（下面注脚简称为 *SVF*），I，179。
② *SVF*，III，§68（斯多葛主义者，第97页）。

界中的一条根本法则——内在于每个存在者和存在者的总体性之中。①从它们生存的最先时刻来看，生命存在者本能地与它们自己相协调；它们努力保存自己，热爱自己的生存，热爱能够保存生存的所有事物。然而，世界本身也是一个单一的生命存在，同样与自己相协调，并且同样是自己一致的。正如在一个系统的、有机的统一中那样，所有在世界中的事物都与别的一切事物相连，所有在所有之中，一切事物都需要别的一切事物。

斯多葛派的生活选择，既以宇宙是理性的作为前提，同时也要求如此行事。"在我们之中应有秩序，但是，混乱也许支配大全，这是可能的吗？"②寻求它自身具有逻辑的、辩证的、一致并提出道德问题的人类理性，必定基于一种由大全所拥有的理性，它不过是其中的一部分而已。因此，与理性相一致的生活，就意味着是与自然或者宇宙法则相一致的生活，它导致世界从内部的进化。它是一个理性的宇宙，但同时也在总体上是物质的；斯多葛派的理性等同于赫拉克利特的火。在罗迪埃和戈德施米德看来，它是物质的，因为

----

① 西塞罗，《论至善和至恶》，III，4，16—22，75；见由戈德施米德对这个文本的极出色的评论《斯多葛派体系和时间观念》（*Le Système stoïcien et l'idée du temps*，Paris，1977）第125—131页；前引 I · 阿多著作，第73—75页。

② 马可·奥勒留，《沉思录》，IV，27（后文的注简写为马可·奥勒留）。

斯多葛派的生活选择。[①]斯多葛派的唯物主义由使众人在这个世界中感到幸福的欲求得以解释，它并不是与任何更高世界相对立的。

正如斯多葛派和伊壁鸠鲁派在理性上证明自己彻底不同的观点是正确的那样，它们也彻底地提出相反的物理学。对于伊壁鸠鲁派而言，虽然物体由原子的聚集所构成，但是它们并不形成一种真正的统一。而且，宇宙也不过是那些并不相互混合的元素的组合。每一个存在都是一个个体性——被原子化的，可以说，与其他存在相分离的。一切事物都外在于所有别的事物，一切事物都是偶然地发生：在无限虚空中，诸世界的无限性形成了。相反，对于斯多葛派而言，一切事物都在别的一切事物之中。物体是有机的整体，而且，一切事物都根据理性的必然性而发生。在无限时间之中，只存在唯一一个宇宙，它无限地重复自己。这两个物理学图式相互矛盾却类似，因为两个学派都寻求为他们对自然本身的生存选择的可能性奠基。伊壁鸠鲁派相信，原子粒的自发性——偏离自己的轨道——使人类自由得以成为可能，还有欲求的苦修；而斯多葛派则把人类理性基于想象为宇宙理性的自然之中。然而，他们关于人类自由的解释更为复杂。

---

① 罗迪埃，《希腊哲学研究》(*Études de philosophie grecque*, Paris, 1926)，第 254—255 页；前引戈德施米德著作，第 59 页注 7。

确实，为了解释自由的可能性，简单地把人类理性基于宇宙理性是不够的；因为，宇宙理性与严格的必然性相符。这尤其因为，斯多葛派根据赫拉克利特的力量模式为火来想象宇宙理性。[①]火是一种完全与物质混合在一起的、造成所有存在者的那种呼吸和所必需的热。它像一个种子，所有种子都包含在内，并由此成长。宇宙与自己相协调、相一致；作为理性，它必然要求自己是它所是的那样——如此以使它在一个永恒同一的圆圈中重复自己。由此，火——正如它把自己改变为其他元素那样——最终回归到它自身。宇宙重复自身的理性——永恒地同一地——在于它是理性的，就是说"逻辑的"。理性能够产生的——既是可能亦是必然——正是那个唯一的宇宙，它不能产生或者更好或者更差的那个宇宙。在这样一个宇宙中，所有事物必然相互联系，与因果性原则相符：

> 没有无原因的运动：如果是这样，所有事物的出现都是由于推动它的原因；如果是这样，所有事物的出现都是由于命运。[②]

最微小的事件隐含整个因果系列，即所有先前事件的连

---

① *SVF*, Ⅱ, §§413—421。
② *SVF*, Ⅱ, §952；前引戈德施米德著作，第481页。

接，最后是整个宇宙。因此，不管人们是否喜欢它，事物都必然以它们出现的方式出现。宇宙理性不可能别样地活动，恰好因为它完全是理性的。

那么，道德选择如何可能？必须付出的代价是人的选择自由，使道德行为成为可能。人类通过拒绝接受命运，能够违抗宇宙秩序，能够不依宇宙理性或自然而行动或思考——换言之，把他们自己与宇宙分开，成为陌生者，并且被逐出世界这个大城邦。①如此一种拒绝，并不会对世界秩序有任何改变。根据为塞内加所接受的斯多葛派的一个说法，就是：

> 命运引导接受它们的人，阻止抵抗它们的人。②

理性把所有的抵抗、反对和阻碍都纳入到自己对世界的计划之中，使它们有助于自己的成功。③

然而，我们将再次询问这样的选择自由如何得以成为可能。答案是，人类固有的理性形式并非宇宙理性——那种直接内在于事物之中的实质的、构成的理性；相反，它是一种论辩的理性，具有判断和论辩的力量，阐明实在性，使命运

① 马可·奥勒留，VIII, 34。
② 前引塞内加著作，107, 11。
③ 马可·奥勒留，VIII, 35。

强加给理性的事件和理性产生的行动具有意义。人的情感——道德行为也一样——被安放到这种普遍的意义之中。正如爱比克泰德所说：

> 烦忧我们的并非（在其物质性中）事物，而是我们施加到事物上的判断（我们赋予它们以意义）。[①]

## 知识论

斯多葛派的知识论有两方面。一方面，它肯定可感知对象使感觉官能留下它们的痕迹；而且，我们决不能怀疑那些带有这种无可争议的标志的确定表现。这些就是所谓"全面的"或"客观的"表现，它们并不取决于我们的意志；毋宁说，我们的内心论辩阐明并描述它们的内容，我们或给出或拒绝这种阐明。犯错——因此是自由——的可能性正在于此。[②]为了帮助我们理解这种表现的主观的、自发的方面，克里西波斯用圆柱体进行比较。[③]原因和事件的连接网——换言之，命运——可以使圆柱体旋转起来，但是，圆柱体依旧以自己独特的圆柱形状旋转。同样地，把

---

① 爱比克泰德，《手册》§5；前引戈德施米德著作，第1113页。

② *SVF*，II，§91，塞克斯都·恩披里柯的《反逻辑主义者》(*Contre les logiciens*)，II，397，译于 P·阿多，《内心的堡垒》(*La Citadelle intérieure*，Paris，1992)，第124页。

③ 西塞罗，《论命运》，19，43；参见 P·阿多，《内心的堡垒》，第124页。

原因连接起来的网能够在我们内心产生一种特别的感觉，由此使我们有机会对这种感觉作出判断，给予或者否定我们对这种判断的赞同。然而，这样的赞同——即使它由命运所促成——仍旧具有自己固有的形式，而且是自由的和独立的。

为了更好地理解斯多葛派要表达的意思，我们也许应该谈谈爱比克泰德所提到的一个例子。假如我在汹涌澎湃的海上，听到打雷的轰隆声，还有暴风雨的呼啸声，我不可否认自己听到这些可怖的声音，因为那是一种全面的、客观的表现。我的感知是整个连接起来的原因网的结果，因此是命运的结果。假如我只是在自己内心注意到，命运已经使我面对一场暴风雨，那么我的内心论辩恰好符合那种客观的表现，我有了真理。不过，我对这些声音的感知，无疑事实上在我内心造成一种恐惧状态，这就是一种强烈的感情。在情绪影响下，我将对自己说："我现在处于一种不幸之中，我会死，死亡是一件恶事。"如果我使自己赞同这样一种由于恐惧而引起的内心论辩，那么我将错误地理解斯多葛派，因为我根本的生存抉择恰好在于，没有不同于道德恶的其他恶。一般而言，错误——同时也是自由——似乎存在于我们给事件的那些价值判断中。正确的道德态度在于承认，善恶只是道德上的善恶；在于考虑作为既不善亦不恶，因此是无所谓的，在道德上既不是善亦非恶。

道德论

在"道德的"范围和"无所谓的"范围之间的对立，可用别的方式加以规定：那种是道德（换言之，善或恶）的东西取决于我们，而那种不取决于我们的东西是无所谓的。唯一取决于我们的事物，是我们的道德意图，或者我们赋予事件的意义。不取决于我们的东西相当于原因和结果的必然连接——换言之，相当于命运、自然的过程，或者其他人的活动。因此，生与死、健康与疾病、快乐与痛苦、美与丑、强与弱、富有与贫穷、高贵与卑鄙、政治事业——所有这些都是无所谓的，因为它们并不取决于我们。大体上说，所有这一切对我们都是无所谓的。换言之，我们不应在它们中间有所计较，而是把发生的看成是命运的意志：

> 不要试图让事物以你所需要的方式发生，而是要让所发生的事物以它发生的方式发生，这样你将是幸福的。[1]

这是对通常看事物方式的一种彻底颠覆。我们从一种"人"的实在观——其中我们的价值判断取决于社会风俗或我们的情感，转到一种"自然的"或"物理的"事物观——把一个事件重新置于自然的视野和宇宙理性之中。[2]

---

[1] 爱比克泰德，《手册》§8；前引戈德施米德著作，第1114页。
[2] 参见 P·阿多《内心的堡垒》，第122—123页和第180页起。

斯多葛派的无所谓根本上有别于怀疑学派的无所谓。对于皮浪主义而言，一切都无所谓，因为我们不知道就某一具体事物来说，它是善还是恶的。只有一件事不是无所谓的，那就是无所谓本身。对于斯多葛派而言，也只有一件事不是无所谓的，但这是道德意图，本身是善的，使人修正自己和自己对待世界的态度。无所谓在于不去计较，不过，在同样的希望——甚至在同样的爱——中，一切都是由命运所决定的。

但是，我们很可能会问，斯多葛派如何能够使自己适应生活，如果一切在道德意图之外的东西都是无所谓的话。他要结婚、参与政治、从事买卖、服务国家吗？这正是斯多葛派道德学说涉及的问题："责任"（与一般说的责任相对）的理论或者"恰当的活动"的理论。[1]这种理论允许受实践行为编码的指导，用仁慈意愿找到自己能够利用的物质；把相对的价值归结为无所谓的事物——那些大体上无价值的事物。

为了找到这种"责任"理论的基础，斯多葛派转回到他们的根本直观——那种有生命存在本能的、与它自己本来的

---

① 我借基德的这段翻译于他的论文"波西多尼乌斯论情感"（"Posidonius on Emotion"），载朗编的《斯多葛派的问题》（*Problems in Stoicism*, London, 1971），第 201 页。关于恰当的行动，参见前引 I · 阿多著作，第 72—78 页；前引戈德施米德著作，第 145—168 页；P · 阿多《内心的堡垒》，第 204—206 页。

协调一致的直观，它表达最深的自然意志。生命存在具有保存自己、抵制威胁它们完整性的天生倾向。当人的理性出现时，自然本能变成反省的、推理的选择：选择某种东西，因为它回应自然倾向，诸如热爱生命、热爱儿童，或者热爱某人的同胞，这是基于社会性的本能。结婚、从事政治活动、服务某个人的国家——所有这些活动都恰如人类本性，因此具有价值。刻画恰当活动的标志在于这样的事实，它们部分地取决于我们，因为它们是以道德意图为前提的活动；部分不取决于我们，因为它们的成功并不只是出于我们的意志，也出于他人的意志，或者出于环境、外在的事件和最终的命运。这种有关责任或者恰当活动的理论，允许哲学家通过作出可能的选择——我们的理性能够赞同的选择，虽然它从未绝对确定——使自己应对日常生活的不确定性。重要的东西毕竟不是我们活动的后果，因为这总是不确定的；它也不总是有效的。相反，它是行善的意图。[1]斯多葛派总是"有保留地"活动：告诉自己说，"假如命运允许的话，我就做某件事。"如果命运不允许做，他将尝试用别的某种方式去做，要不就通过"希望它会发生"（voulant ce qui arrive）来接受命运。

斯多葛派总是"有保留地"活动——但是，它的确是活

---

[1] 参见 P·阿多，《内心的堡垒》，第220—224页。

动，参与社会的和政治的生活。这是把它与伊壁鸠鲁派分开的另一要点，后者大体上避开所有会导致烦恼的事物。斯多葛派并不根据他自己物质的，甚至精神的兴趣来活动，而是以无所谓的方式活动，并且服务于人类共同体：

> 无一学派有更多的善和亲切；无一对人类有更多的爱，或者更多地奉献给共同善。它对于我们的目的是有用，是帮助他人，是不仅关心我们自己，而且关心所有人，并且特别地关心每一个人。[1]

### 修炼

因为我们已经失去芝诺和克里西波斯——这个派别的创始人——的大部分著作，关于斯多葛派所进行练习的证据，要比关于伊壁鸠鲁派的证据少得多。最令人感兴趣的是关于西塞罗、亚历山大的斐洛、塞内加、爱比克泰德和马可·奥勒留的那些证据；它们相对较晚，却很可能吸收了先前的传统——我们可以在一些克里西波斯甚至芝诺的残篇中看到蛛丝马迹。因此看来，在斯多葛主义中，哲学的部分并不仅是抽象理论的论辩，还有修行的主题——如果一个人想要像哲人那样生活的话，就必须正确地进行练习。

------

[1] 塞内加，《论宽恕》(*De la clémence*)，II，3，3。

例如，逻辑并不限于一种推理的抽象理论，甚至也不限于学派在三段论方向的练习；毋宁说，有一种用于日常生活问题的逻辑训练。因此，逻辑是内心论辩的把握。它是更加必然的，因为——与苏格拉底的理智主义相一致——斯多葛派相信，人的激情与人的论辩的误用是一致的。换言之，激情是错误判断和推理的结果。因此，我们必须监督自己的内心论辩，看看错误的价值判断是否已经潜入其中。因为这会把某种外来的东西加入内涵的呈现中。马可·奥勒留建议我们构建一个关于表现它们自己的对象——换言之，引起我们激情的事物或事件——的定义，它可以说是"物理的"："观看这个对象本身，如同它在自己本质、自己的无蔽状态中那样；告诉你自己它固有的名字。"① 事实上，这种练习在于聚焦在如同它自己那样的实在性上，不把受习俗、偏见或激情所引起的价值判断加上去：

> 这件［君王的］紫袍是贝类的血液浸染过的羊毛。性交是腹贴腹的摩擦，伴随一股黏液的间歇性喷射。②

这里，逻辑练习与物理领域结合起来，因为，诸如此类的定义是从自然的观点来加以表述的，没有任何主观的或拟

---

① 马可·奥勒留，III, 11；参见本书第 181 页注②。
② 马可·奥勒留，VI, 13。

人的考虑。基于这个理由，像斯多葛派的逻辑学一样，斯多葛派的物理学不仅是抽象的理论，还是灵修的一个主题。

把物理学用于实践开始于这样一种练习，即承认一个人自己是大全的一部分，把一个人自己提升到宇宙意识，或者使一个人自己沉浸在宇宙整体中。当沉思斯多葛派的物理学时，我们将尝试用那种普遍理性的角度来看一切。为此，我们必须进行想象的练习，即从超越的角度来看所有的人间事物。[1]

从同样的视角出发，我们将练习把事物看成在一个不断的形变状态中的存在者：

> 用一种方法去静观所有事物如何相互改变它们自己：不停地把你的注意力集中在这点上，在这点上练习你自己。
>
> 观察一切对象，想象它正在分解并完全变形；它正在腐烂并毁灭。[2]

这种普遍的变形观引导人沉思死亡，它总是在逼近我们，但我们应该把它看作是普遍秩序的根本法则。归根结底，作为灵修的物理学，把哲人引向喜欢赞同被那种内在于宇宙的理性所决定的事件。[3]

---

[1] 参见后文。
[2] 马可·奥勒留, X, 11 和 18。
[3] 在 SVF 卷 II § 912 中，克里西波斯谈及智者对命运的赞许；马可·奥勒留, III, 16, 3；VIII, 7。

此外，一旦这些事件已经发生，就不单纯是一个赞同它们的问题了，我们自己也必须为它们作好准备。最为人所知的斯多葛派灵修之一，在于"恶"的"预先练习"（pré-exercice）——或"预先沉思"（*praemeditatio*）——我们也可以说是一种准备应对考验的练习。[①]我们在这里预先想象各种不同的困难、倒霉、痛苦和死亡。亚历山大的斐洛就此说：

> 他们并不畏惧命运的打击，因为他们预先已经考虑过命运的各种打击；因为，当我们的思想不再遇到任何在事件中不可预期的、却减弱我们对事件感知的事物——仿佛它们是久远的、已淡忘的事物——时，那些违背我们意志而出现的、最痛苦的事物，都因被预先考虑过而减轻。[②]

事实上，练习沉思比这种也许引导我们去思考的描述更为复杂。当练习沉思时，哲人不仅希望减轻实在性的冲击，而且他们也要使自己吃透斯多葛主义的根本原则，恢复自己的内心平静和灵魂安宁。我们不必害怕预先思考其他人认为不幸的事件。相反，我们常常思考它们，尤其为了告诉自

---

① 关于这种练习，参见前引 I·阿多著作，第60—61页；P·阿多，《内心的堡垒》，第220—224页。
② 斐洛，《论特别的法则》（*Des lois spéciales*），II，46。

己，将来的恶并非恶，因为它们并非当下的。尤其是，像疾病、贫穷和死亡这样的事件——别人把它们看作不幸——并非是不幸，因为并不取决于我们，并不是道德行为的秩序。就是说，对逼近而来的死亡的思考，以一种彻底的方式，通过迫使我们懂得每个事例的无限价值，改变我们的行动方式："我们必须完成每一个生命活动，仿佛它是最后的活动。"①

根据预见恶和死亡的练习，我们几乎不引人注意地从实践的物理学，转到实践的伦理学。实际上，这种预见与斯多葛派哲人所实践的活动密切联系。当他们行动时，他们预见到所有不利因素，于是就没有什么发生的事情不是与他们的预期相一致的。他们的道德意图依旧是完整的，即使不利因素出现。②

我们已经看到，在一种被加以实践的哲学中，哲学各部分之间的界限如何变得模糊不清。定义的练习既是逻辑的，也是物理学的；对死亡的思考，或者预见困难的练习，既是物理学的，也是伦理学的。通过用这种方式糅合哲学的各部分，斯多葛派哲人可能要回应希俄斯的阿里斯顿——一个努力消除哲学中物理学和逻辑学的部分，只允许保留伦理学的

---

① 马可·奥勒留，II, 5, 2。
② 参见 P·阿多《内心的堡垒》，第216—220 页。

第一代斯多葛派哲人。①根据这些斯多葛派哲人，阿里斯顿正确地把哲学视为一种实践，而哲学的逻辑学和物理学的部分不纯粹是理论的。毋宁说，它们也符合一种生活的哲学。对于他们而言，哲学是独一无二的活动，在每个情况下都是实践的，对一个人自己不断地重新关注，对当下时刻的不断重新关注。斯多葛派的根本态度，就是这种不断地关注。它意味着持久的紧张和意识，还有时时刻刻加以练习的警醒。由于这种关注，哲人总是不仅意识他正在做的事情，而且也意识到他正在思考的东西——这是逻辑学的任务，意识到他在宇宙中的位置——这是生活的物理学。这样的自身意识首先是道德的意识，它时刻寻求净化和端正我们的意图。总之，它小心地只允许像行善的意愿那样的活动动机。不过，这样的自身意识并不仅是道德的；它也是宇宙的和理性的意识。关注的人活在内在于宇宙的普遍理性的持久表现中。他们从这种理性角度看一切，喜悦地满足于它的意志。

比之这种实践的哲学——同时是独一无二的和复杂的智慧练习——斯多葛派反对抽象理论的哲学论辩。这种论辩包含逻辑学、物理学和伦理学这样截然不同的部分，全部由命题陈述所组成。他们由此要说的是，当我们希望教授哲学，邀请人实践它时，我们不得不使用论辩——就是说，我们必

_____

① *SVF*，Ⅰ，阿里斯顿，§351—352。D. L.，Ⅵ，103。

须用一系列的命题陈述来提出物理学理论、逻辑学理论和伦理学理论。当我们努力训练自己获得智慧——就是说，哲学地活着——时，一切在教学中分开地加以阐明的东西，现在必须被不可分离地经历和践行。①

对于斯多葛派来说，同样的理性在自然（和物理学）、在人类共同体（和伦理学）、在个人的思想（和逻辑学）方面起作用。因此，哲人在训练智慧中的单一活动，最后符合普遍理性，因为它表现在所有事物中，并且与它自己协调一致。

## 亚里士多德主义

希腊化时代的亚里士多德主义者，首先都是学者。②只

① D. L.，Ⅶ，39 和 41。参见 P·阿多，"古代哲学部分的划分"（"Les divisions des parties de la philosophie dans l'Antiquité"），载《希腊化博物馆》卷 36（*Museum Helveticum*，t. 36, 1979），第 201—223 页；"斯多葛派的哲学、哲学论辩和哲学的划分"（"Philosophie, discours philosophique et divisions de la philosophie chez les stoïciens"），载《哲学国际评论》卷 45（*Revue internationale de philosophie*，t. 45, 1991），第 205—219 页，"伦理哲学：一种伦理学或一种实践"（"La philosophie éthique: une éthique ou une pratique"），载由德蒙特编的《古代道德问题》（*Problèmes de morale antique*，Faculté des Lettres, Université de Picardie, 1993），第 7—37 页。见伊罗迪亚昆诺的评论"斯多葛派的哲学划分"（"The Stoic Division of Philosophy"），载《实践智慧》卷 38（*Phronesis*，t. 38, 1993），第 59—61 页；归根结底，在我看来，这篇文章证实了我的解释。

② 这些残篇已经由韦利编入十分册和两个补录的《亚里士多德学派》（*Die Schule des Aristoteles*，Basel, 1944—1959; 1974—1978）。林奇，《亚里士多德学派》（*Aristotle's School*，Berkeley, 1972）。莫罗，《研究集——亚里士多德及其学派》（*Étude d'ensemble: Aristote et son école*，Paris, 1962）。

有亚里士多德的第一个继承者泰奥弗拉斯托斯像他导师那样，似乎已经既是静观者，又是研究的组织者，尤其在自然史领域中。在泰奥弗拉斯托斯之后，这个学派似乎专门做百科全书式的探究，特别在诸如传记、人种学和性格学这样的历史和文学的领域中。他们也从事物理学研究、逻辑学探微和修饰学练习。不幸的是，这方面的大量著作只被保留下少数的残篇。天文学家萨摩斯的阿利斯塔克（公元前3世纪）提出这样的假设说：太阳和星星是不动的，地球围绕太阳转，且每次都围着它自己的轴心转。[1]在自称唯物主义物理学家的兰普萨库斯的斯特拉顿的著作中，我们发现实验物理学的一些尝试，尤其在关于虚空方面。我们只有一些关于伦理的残篇，谈对激情的抑缓——这个时期亚里士多德主义者所主张的学说，谈他们对有关正确引导我们生活行为的态度。[2]

**柏拉图学园**

到公元前3世纪中叶，当阿凯西劳斯成为柏拉图学园的负责人时，这个学派实现了一种向苏格拉底的生活选择的回

---

[1] 参见古莱，"萨摩斯的阿利斯塔克"（"Aristarque de Samos"），载《古代哲学辞典》卷1 (*Dictionnaire des philosophes antiques*)，第356页。

[2] 关于这个问题，参见前引Ⅰ·阿多著作，第40—45页。

归。①哲学论辩本质上再次成为批判的、提问的和质疑的论辩。这就解释了阿凯西劳斯为何没有著书立说的原因。他的教学方法在于，用争论去反驳他的听课者受邀向他提出的那些论点。②当某个特别的论点被提出来时，他着手证明反题同样可很好地被证实，因此，他表明不可能作出能够获得绝对确定性和真理的断言。由此，我们必须悬置我们所有的判断——但这并不是说，我们必须悬置我们所有探究和批判的活动。如此推理是对苏格拉底主义的回归，因为苏格拉底在《申辩篇》里说，在他看来，至善是检查一切事物。而且，不致力于这样研究的生活是不值得过的。因而，幸福在于永不停止的探索。③然而，这最终也回归到柏拉图关于哲学的定义：一无所知的和没有智慧的意识——它只属于诸神。④在阿凯西劳斯看来，柏拉图已经明白，人类不能够到达绝对知识。像苏格拉底那样，阿凯西劳斯没有教导什么；可也像苏格拉底那样，他使自己的听者感到棘手，也使他们着迷。他教导他们使自己摆脱偏见，发展他们的批判感；像苏格拉

---

① 约波洛，《意见和知识》（*Opinione e scienza*，Naples，1986），第44—50、53—54 页，约波洛被引用的话在后面的注中。

② 西塞罗，《论至善和至恶》，II，1，1—4。

③ 柏拉图，《申辩篇》，23b，38a，41b—c。

④ 参见勒维的论文"新雅典学园是反柏拉图主义的吗？"（"La nouvelle Académie a-t-elle été antiplatonicienne？"），载《反柏拉图》1"柏拉图主义真面目"（*Contre Platon*，1. Le platonisme dévoilé），第 144—149 页和前引约波洛著作，第 49 页。

底做的那样，邀请他们向自己提出疑问。①

　　然而，我们仍然能够察觉有关苏格拉底主义的某种不同。苏格拉底和阿凯西劳斯都指责错误的知识和错误的确定性，但是，苏格拉底批评哲人——对他来说是智者派和非哲人——的意见和偏见。相反，阿凯西劳斯主要批评教条主义哲人的错误知识和错误确定性。对于他来说，哲学在于指出像斯多葛派或伊壁鸠鲁派那样的哲学论辩的矛盾——他们声称不论在神还是在人的事物中，都获得确定性。道德生活没有必要基于哲学论辩提出的原则并得以证明是正确的；像苏格拉底和柏拉图，阿凯西劳斯承认，人类在自己之中具有对善的一种根本的、内在的渴求，具有以一种善的方式来活动的自然倾向。②通过净化他们的所有意见并完全悬置他们的判断，哲人就能够重新发现自己的自然倾向——它们先于所有的思辨。如果我们遵循这些倾向——服从它们是合理的③——那么，道德活动将得以证明是合理的。古代作者一般承认阿凯西劳斯的超凡之善，还有他由此而施善的敏感。④

　　由于阿凯西劳斯的继承者卡涅阿德斯和拉利萨的斐洛的

---

① 前引约波洛著作，第 162—165 页。
② 同上书，第 139 页，引自普卢塔克的《反孔罗特》(Contre Colotès)，1122c—e。
③ 同上书，第 135—146 页。
④ 前引塞内加著作，II，10，1。

加入，学园向或然论（probabilisme）的方向发展。人们承认，倘若真理不可能获得，至少有可能达到——就是说——或然的解决，人们可以合理地在科学的领域和（最重要的是）在道德实践的领域接受这些解决。[1]这种哲学倾向由于西塞罗哲学著作的伟大成功，在文艺复兴时期和现代都对哲学有巨大影响。在西塞罗的著作中，我们能够观察到起作用的学园哲学。它把在每种具体情况下自由选择的态度留给个人，这是他根据环境判断为最好的态度——不管它受斯多葛主义、伊壁鸠鲁主义，还是另一种哲学的鼓舞——而且，克制不要利用由预先定好的原则所规定的行为模式。西塞罗常常以学园的自由为自豪，因此也不限于任何一种体系：

> 我们这些学园派的人，日复一日地过着（就是说，我们根据每种具体情况作出自己的判断）……那就是我们之所以自由的原因。

> 我们享受更大的自由，而且更独立；我们的判断力没有障碍；我们不必服从任何规定或命令。我几乎要说，我们没有义务为不管什么样的原因加以辩护。[2]

这里，哲学本质上表现为一种选择和决定的活动，假定

---

① 前引约波洛著作，第203—209页。
② 西塞罗，《图斯库勒论辩》，V，11，33；《卢库卢斯》，3，7—8。

只是由个人承担的责任。①正是个人，在提供给他的各种不同的哲学论辩中，判断适合他生活方式的东西。道德抉择在本身找到自己合理的证明，并不取决于由哲学论辩所建构的形而上学假设——正如人的意志并不取决于外在的原因，而是在它自身中发现自己的原因那样。②

在阿凯西劳斯和卡涅阿德斯的学园——它包括西塞罗，甚至后来像普卢塔克③和法沃里努斯（公元 2 世纪）这样的哲人——中，关于哲学和哲学本身的论辩的区别尤其清晰。哲学首先是一种生活的艺术；④但是，在学园里关于这个主题出现两种观点：或者如阿凯西劳斯思考的那样，抽象理论的哲学论辩不能够为这种生活艺术奠基或者证明其合理，而只有批评的论辩能够使我们懂得这点；或者如卡涅阿德斯和

① 关于折中主义见 I·阿多的论文"古代哲学史中'折中主义'这个术语的正确和错误使用"（"Du bon et du mauvais usage du terme 'éclectisme' dans l'histoire de la philosophie antique"），载 R. Brague 和 J. -F. Courtine 合编的《解释学与本体论：向彼得·奥本科致敬》（*Herméneutique et ontologie，Hommage à Pierre Aubenque*，Paris，1990），第 147—162 页。关于在启蒙时期被视为是这样一种态度——自为地思考，不服从"权威"——的折中主义，参见赫尔兹海的论文"为世界的哲人？德国启蒙运动的一种幻想？"（"Der Philosoph für die Welt？Eine Chimäre der deutschen Aufklärung？"），载赫尔兹海编《哲学的秘传与显白》（*Esotikerik und Exoterik der Philosophie*，Bâle，1977），第 132 页。
② 西塞罗，《论命运》，11，24—25。
③ 参见巴布特的论文"论怀疑主义和理性的超越：普卢塔克的哲学与宗教信仰"（"Du scepticisme au dépassement de la raison. Philosophie et foi religieuse chez Plutarque"），载《副业：巴布特论文选》（*Parerga . Choix d'articles de D. Babut*，Lyon，1994），第 549—581 页。
④ 普卢塔克，《谈话集》，I，2，613b。

西塞罗所认为的那样，理论和教条的哲学论辩只是碎片式的、短暂的手段，"日复一日"地加以运用，依赖在哲学生活的具体实践中或大或小的效果。

## 怀疑主义

由于怀疑主义，[①]哲学和哲学论辩之间的区别达到顶点。正如韦尔克已经表明的那样，怀疑主义的哲学论辩导致它自己的抑制：它放弃有利于生活方式的讨论。[②]

怀疑主义哲学——即怀疑主义的生活方式或生活选择——是灵魂平静和安宁的选择。像希腊化时期的所有其他哲人那样，怀疑主义者"通过人的爱"，[③]提出自己对不幸原因的诊断，建议对这种痛苦进行医治和有疗效的精神治疗：

> 一个认为事物就本性而言是美或丑的人，从不安于现状。当他发现自己缺少某种他认为是善的事物时，他就想象自己正

---

① 主要来源是塞克斯都·恩披里柯的著作。主要文本汇集在格雷尼尔与戈龙翻译的《塞克斯都·恩披里柯著作选》（*Euvres choisies de Sextus Empiricus*，Paris，1948）和迪蒙编的《古希腊怀疑主义文选》（*Les Sceptiques grecs*，textes choisis，Paris，1966）中。引用迪蒙的文本在后面的注中。

② 前引韦尔克著作，第107—126页。

③ 前引塞克斯都·恩披里柯著作，III，280，前引迪蒙著作，第212页。韦尔克把这种"博爱"，与古代医生的加以对比，前引他的著作，第109页。

在忍受最坏的折磨。而且，他使自己投入对他认为是善的东西的寻求中。然而，一旦他被投入无数由于自己过分兴奋并失去理性而产生的忧虑时，马上就拥有善的东西。由于害怕自己的幸运不会长久，他竭尽所能，由此，他认为是善的东西不会与他分离。相反，一个对本性上善或本性上恶的东西不发表意见的人，并没有什么东西可逃的，而且不会徒劳地耗尽自己的追寻。他以这种方式，摆脱烦恼。

因此，发生在怀疑主义者身上的东西，无异于他们说的已发生在画家阿佩莱斯身上的东西。一天，他正在画一匹马，要在自己的帆布上再现马嘴上的泡沫。他在狂想中停下来，把用来擦拭手中画笔的纱布扔向帆布；这留下了模仿马嘴泡沫的色痕。同样地，怀疑主义者希望把自己的判断，用于解决在呈现给我们的东西和被想象的东西之间的矛盾，获得摆脱烦恼的自由；当他们没有达到目的时，他们悬置自己的判断。幸好，摆脱烦恼伴随着他们判断的悬置，正如影子离不开物体一样。①

阿佩莱斯能够通过放弃艺术而实现艺术的完美，同样，怀疑主义能够通过放弃哲学——在哲学论辩的意义上——实现哲学的艺术作品。

然而，哲学论辩是用来消除哲学论辩的。我们知道这种

① 前引塞克斯都·恩披里柯著作，I，27—30。前引迪蒙著作，第13—14页。

怀疑主义的哲学论辩，要感谢在公元 2 世纪末写作的物理学家塞克斯都·恩披里柯。他也给我们提供了关于怀疑主义运动历史的宝贵资料。怀疑主义者把皮浪视为怀疑主义生活方式的榜样。但是，直到更迟的时候，也许是公元前 1 世纪，当埃奈西德穆①举出证明所有判断悬置起来是合理的十种论证时，怀疑主义哲学论辩的技巧论证似乎才得以表述。这十种论证基于感官知觉和信念中的差异和矛盾；习惯和宗教实践的多样性；对少见的和常见的现象作出反应的多样性；人和动物的感知器官的多样性；环境和个人的内在禀赋的感知多样性；一个人是从大还是小的范围、从近还是远或者从这个还是那个角度来考虑事物的感知多样性。埃奈西德穆也教导说，所有事物都与别的事物相混合和关联，由此有可能完全根据它们自己来感知事物。最后，感觉是错觉的根源。另一个比埃奈西德穆更后期的怀疑主义者阿格里帕，②提出了反对教条的逻辑学家的另五种论证：相互矛盾的哲学；为了证实某物，必然继续到无限，构成一个恶循环，或者用一种没有理由根据的方式假定一些不可证明的原则；所有事物最终都是相对的；所有事物都以别的事物为前提；不可能或孤立地或在其总体中知道它们。

---

① 前引塞克斯都·恩披里柯著作，I, 36—39, 前引迪蒙著作，第 49 页；D. L., IX, 79—88。

② D. L., IX, 88。

这种哲学论辩导致悬搁（'épochê），即对我们赞同的教条哲学论辩的悬置，包括怀疑主义的论辩——像一种净化，用那种心境——它引起那种心境的退出——来排除自己。[1]沃厄克正确地把这种态度与维特根斯坦的加以比较，后者在《逻辑哲学论》的结尾处，拒绝了像《逻辑哲学论》这把"已经变成无用的梯子"那样的命题。同样，维特根斯坦反对把作为病理学的哲学，与作为一种治疗的哲学对立起来。[2]

像这样通过哲学论辩来清除哲学论辩之后，剩下的是什么呢？只是一种生活的方式。这是生活本身，[3]就是说，像每个人所过的那种日常生活。这将是怀疑主义者的生活规则：完全利用自己的自然资源——他的感官和理智——就像世人所做的那样。我们将适应习惯、律法和自己国家的组织制度，遵循自己的自然本性和禀赋——饿了就吃，渴了就喝。这是对简单生活的朴素回归吗？也许是；但哲人并不幼稚。因为怀疑主义者确信，一个事物或事件是否比另一个事物或事件更好，我们不可能知道；由于他悬置所有对事物的价值判断，他有可能享受稳固建立起来的灵魂安宁。这样的

---

① 前引塞克斯都·恩披里柯著作，I, 206；II, 188；前引韦尔克著作，第123 页起。

② 前引韦尔克著作，第 116 页。

③ 塞克斯都·恩披里柯《反道德主义者》（*Contre les moralistes*），141—166。前引迪蒙著作，第 206—212 页。

悬置能减轻他的痛楚和苦难，因为倘若他不断面对它们的话，这可能让他增加自己的痛苦或受折磨的挫折感——认为自己正经历的东西是一种恶。在他所做的一切事情里，他把自己限于描述自己经历的东西，不增添任何关于事物是什么或者它们值什么的描述。他满意地描述自己所有的感觉表征，阐明自己感官的状态，不把自己的意见加上去。[1]此外，像伊壁鸠鲁派或斯多葛派那样，怀疑主义者用简短、有力的说法重申自己在每一时刻对生活的选择——例如："这个与那个一样好""也许吧""一切都是不确定的""一切都无法理解""一切论证都被同样的论证所反对""我不做自己的判断"。因此，怀疑主义的生活方式也要求思想和意志的练习——它是基于哲学论辩消除的一种生活的选择。

---

[1] 前引塞克斯都·恩披里柯著作，I，15 和 197，前引迪蒙著作，第 12 和 43 页。

# 八

## 帝国时期的哲学学派

### 一般特征

#### 新学派

在希腊化时期和罗马帝国征服的开始，哲学教育机构——正如我们已经见到的那样——基本集中在雅典。看来，除了伊壁鸠鲁学派之外，它们都在罗马共和国结束或帝国开始时消失了。这是一系列非常复杂的历史环境的结果，其中苏拉将军在公元前87年对雅典的摧毁，也许并不是最重要的。在公元前1世纪开始时，我们发现哲学学派在罗马帝国的许多城市中，尤其在亚细亚、亚历山大和罗马中诞生了。[①]这使得哲学教育方法发生了深刻变化。仍然只有四大学派——这里用"学派"这个词来指"教条的倾向"是合理的：柏拉图主义、亚里士多德主义、斯多葛主义和伊壁鸠鲁主义，连同两个更复杂的现象——怀疑主义和犬儒主义。从第3、4世纪开始，伊壁鸠鲁主义和怀疑主义几乎完全由于新柏拉图主义——某种意义上是亚里士多德主义和柏拉图主义的融合——的到来而消失。这种趋势早在公元前 1 世纪开始时，就由于阿什凯隆的安条克领导的柏拉图学园的出现而逐渐形成了。[2]然而，它的明确形成唯有到了公元 3 世纪才发生，首先由于波菲利，然后通过后普罗提诺的新柏拉图主义。[3]

在此时期，哲学教育不再由继续坚持其创立者思想的教育机构所提供。每个重要的城镇都有这些机构，人们在那里可以学到柏拉图主义、亚里士多德主义、斯多葛主义或伊壁鸠鲁主义。因而，我们能够观察到开始于希腊化时期结束阶段的那个过程的顶点：哲学的教学由政府接管。[4]这个运动已经在公元前 2 世纪的雅典开始了。当时，为雅典男青年开设的正式课程包括哲人的课；后者可能被选出来作为四大学派中这一派或那一派的代表。[5]城邦很可能给自己的哲人一点酬劳，感谢他们为公众服务。尽管这样，由城邦支付的地方性哲学教育，在帝国时期变得越来越普遍化了。当马可·奥勒留大帝在公元 176 年为四个传统学派（柏拉图主义、亚

---

① 参见前引林奇著作，第 154—207 页；前引格吕克著作，第 373—379 页。

② 西塞罗，《论学园哲学》（*Nouveaux livres académiques*），4，15—21，43。

③ 参见 Ⅰ·阿多著作《亚历山大新柏拉图主义问题：希罗克洛斯和辛普利西乌斯》（*Le problème du néoplatonisme alexandrin. Hiéroclès et Simplicius*, Paris, 1978），第 73—76 页。

④ 参见 Ⅰ·阿多著作《古代思想中的人文科学与哲学》，第 215—261 页。

⑤ 同上书，第 217—218 页。

里士多德主义、伊壁鸠鲁主义和斯多葛主义)的教学设立四个帝国的哲学教职时,这个运动达到了自己的顶峰并得到认可。这些教职与古代雅典的学校机构没有任何承继关系,相反,就皇帝这方面来讲,它们是把雅典重建为哲学文化中心的一种尝试。确实,学生们再一次聚集到了古代城邦。雅典的亚里士多德教职很可能在公元 2 世纪末时有着一位著名的接任者——伟大的亚里士多德评注家阿佛罗狄西亚的亚历山大。[1]

除了这些地方性的和帝国的公仆之外,在帝国城邦中,总还有那些开办学校——有时是没有继任者的——的私人哲学教授。例如,亚历山大里亚的阿谟尼乌斯·萨卡斯、罗马的普罗提诺和叙利亚的扬布利科斯。我们必须牢记,从 4 世纪到 6 世纪,在雅典的普卢塔克、绪里亚努和普罗克洛斯领导下的雅典新柏拉图主义学派是一个私人机构,它得到了来自富裕异教徒的经济援助。它与由马可·奥勒留为柏拉图主义而设立的帝国教职无关。[2]雅典的柏拉图学派终于人为地使古老学园的组织复兴,并且再次确立类似柏拉图学派的那些特性——各学校的校长们相互把这些特性传了下去。正如

---

[1] 古莱和阿瓦德写的词条"阿佛罗狄西亚的亚历山大",载《古代哲学辞典》卷 1,第 125—126 页;蒂耶的论文"阿佛罗狄西亚的亚历山大介绍"("Introduction à Alexandre d'Aphrodise"),载《关于命运的论文集》(*Traité du Destin*, Paris, 1984),第 XLIX-L 页。

[2] 前引林奇著作,第 177—189 页。I·阿多著作《亚历山大新柏拉图主义问题:希罗克洛斯和辛普利西乌斯》,第 9—10 页。

在古代那样，校长们把自己叫做"接任者"（diadoques）；学校的成员试图以毕达哥拉斯和柏拉图的方式生活，因为他们认为，这种方式曾经是古老学园的方式。然而，所有这些并不是他们以为活着的并且不可中断的传统的继续，而是再创造。

哲学学校的分布也对教学产生影响。我们也许能够说是一种民主化，伴随所有这样一种情形下必得承担的全部优点和风险。不管一个人生活在帝国的何处，都没有必要走很远来传授某种独特的哲学。不过，这里数目众多的学校大体上不再追随自己的伟大前辈。它们的图书馆不再藏有学校各个负责人上课和讨论的文本——那些只传给内行的文本，也不再有各学校负责人的继任。

这种情形呼唤对本源的回归。从这点开始，教诲也许在于解释"权威的"文本——例如，柏拉图的对话、亚里士多德的论述，或者克里西波斯及其接任者的著作。相反，在先前的时期，学术活动尤其在于用思维方法和争论来训练学生。学校重要成员往往有不同意见；但是，到了我们现在说的这个时期，学校正统的教导成为本质的东西。讨论的自由虽一直存在，却变得有限得多。对于这种转变有许多理由。首先，像阿凯西劳斯和卡涅阿德斯这样的怀疑主义派和学园派，把自己绝大部分的教导都用来批判观念，也常常用来批判学校教条主义的各种文本。因此，文本的讨论成为教学的一个部分。其次，当许多年过去了，由学派创立者写的文本，对于初学的哲人变得难于理解。尤其是，其理论现在被视为对源于"权威"的传统的忠诚。

在这样一种学术的、专业的氛围中，常常有一种满足于知道四大学派教条的倾向，不担心严格的个人训练。初学的哲人更常常对改善自己的整体文化感兴趣，而不是关心哲学所要求的生存性的生活选择。然而，许多证据表明，贯穿这个时期的哲学继续被认为是对灵性进步的尝试，而且是一种内心转变的方法。

教学方法：评注家的时代

我们有很多证据，表明教学方式上的一个彻底变化——这似乎早在公元前 2 世纪时就已经开始了。例如，我们知道，罗马的政治家克拉苏已经能够在公元前 110 年的雅典，在学园哲人卡玛达斯的指导下读柏拉图的《高尔吉亚篇》。[①]此外，你们一定注意到，哲学评注这种文字类型非常久远。约公元前 300 年，柏拉图主义者克兰托尔已经写了关于柏拉图《蒂迈欧篇》的评注。[②]发生在约公元前 1 世纪的根本变化在于这样一个事实，从这时开始，哲学教学本质上采取文本评注的形式。

---

① 西塞罗，《论演说》（*De l'orateur*），I，11，47。
② 参见普罗克洛斯，《〈蒂迈欧篇〉评注》卷 1（*Commentaire sur le Timée,* t. I），76，1 迪尔，费斯蒂吉埃翻译文本卷 1，第 111 页。

在这方面，我们拥有来自公元 2 世纪一位拉丁作者的宝贵证据。他告诉我们，柏拉图主义者陶鲁斯——那时在雅典从事教学——习惯怀旧地回忆在原始毕达哥拉斯共同体中流行的训练。他把这种纪律与当时门徒的态度对立起来，说他们"要为自己决定将在其中学习哲学的秩序"：

> 这里的这个人因为亚西比德的纵酒狂欢，急于开始阅读柏拉图的《会饮篇》；另一个却因为吕西阿斯的论辩而开始阅读《斐德罗篇》。甚至有一些人，他们要读柏拉图——并不是为了让自己活得更好，而是为了装饰自己的语言和风格；并非为了变得更节制，而是为了更有魅力。①

对于柏拉图主义者来说，学习哲学意味着阅读柏拉图。我们可以补充说，对于亚里士多德主义者而言，学习哲学意味着阅读亚里士多德；对于斯多葛主义者，则是阅读克里西波斯；而对于伊壁鸠鲁主义者，就是读伊壁鸠鲁。这件趣事也表明，在陶鲁斯的学校，人们以一种特别的规则来阅读柏拉图。这个规则与教学规则一致——或者简言之，符合灵性进步的各个阶段。陶鲁斯说，由于这种阅读，我们将变得更好、更有节制。这个观点似乎不曾引起他的听众的热情。

---

① 奥卢斯·格利乌，《阿提卡之夜》(*Nuits attiques*)，I, 9, 8。

其他大量的证据确认，哲学课自此之后基本上致力于文本的阅读和评注。例如，斯多葛派的爱比克泰德评注克里西波斯。[1]在新柏拉图主义者普罗提诺的课上，学期从阅读亚里士多德的评注和柏拉图开始；然后，普罗提诺提供他自己关于已被评注的文本的注释。[2]

在以往，教学几乎全部是口头的。导师和学生开始对话；哲人讲话，学生讲话，都在训练自己讲话。我们可以在某种意义上说，他们学习说话，就是学习生活。然而，从现在开始，学生通过阅读文本而学习哲学——不过，这不是独自的阅读。哲学课由解释书写文本的口头练习构成，而它们随后被导师或者学生记载下来。像普罗提诺的许多论文一样，它们都是关于由柏拉图文本提出的"问题"的专论。

自此之后，哲人和他们的学生并不谈论问题本身，或者并不谈论事物本身；相反，他们谈论柏拉图、亚里士多德或克里西波斯关于这样的问题或事物所谈论过的东西。"世界永恒吗"这个问题，被"我们可以接受柏拉图——如果他在《蒂迈欧篇》中考虑一个世界工匠的话——把世界视为永恒

---

[1] 爱比克泰德，《手册》(*Manuel*) §49；至于讲课时提及的文本评注，见《对话集》，I，10，8；I，26，13。

[2] 波菲利，《普罗提诺生平》(*Vie de Plotin*)，14，10，载由布里松和其他人译注的波菲利《普罗提诺生平》卷2，巴黎，1992年，第155页，古莱卡泽的研究，卷1，第262—264页。

的吗？"这个问题所代替。事实上，正如他们讨论后一个问题那样，问题以注释的形式被改写，教师和学生通过使柏拉图、亚里士多德和其他的文本说它们要自己去说的东西，最终讨论根本的问题本身。

自此之后，本质的东西在于，一个人的出发点总是在某个文本中。舍尼已经非常出色地把中世纪的经院哲学定义为"一种思维的理性形式，被自觉自愿地从某个被视为是权威的文本出发加以探究"。①如果我们接受这个定义，我们可以说，从公元前 1 世纪开始，哲学论辩便开始转变为经院哲学，也许被中世纪经院主义继承了下来。正如我们已经看到的那样，从某一确定的观点来看，正是在这个时期，大学教授时代诞生了。

这也是手册和大全之类的时代，着眼于为某种学术的口头讲解奠定基础，要不然就是对学生的入门指导，而且可能也是向更广泛的公众传授某一哲人的学说。例如，由著名的拉丁修辞学家阿普列乌斯所写的名为《柏拉图及其学说》的书；由阿尔辛努斯写的《柏拉图学说的教导》；由阿利乌斯·狄底谟斯写的（各学派教条的）《概要》。

在某种意义上，我们可以说，哲学论辩在这个时期，特别是以它在新柏拉图主义中所采纳的形式，认为真理是被启

---

① 舍尼，《圣托马斯·达坎研究引论》（*Introduction à l'étude de saint Thomas d'Aquin*, Paris, Vrin, 1954），第 55 页。

示的。一方面，斯多葛派认为，所有人都拥有某些由普遍本性或理性置于他们身上的共同观念。[1]这些逻各斯的火花使有关根本真理的一种最初认识得以成为可能，然后哲学论辩可能尝试展开并提升到一个科学认识的水平。可是，这种自然启示被希腊人一直相信的东西加以放大： 由诸神向一些有灵感的凡人发出启示，更喜欢在各种不同的人类共同体的起源处，不管那些凡人是立法者、诗人，还是像毕达哥拉斯那样的哲人。赫西奥德在他的《神谱》中报道缪斯告诉过他的东西。根据柏拉图的《蒂迈欧篇》，雅典娜一开始就已经把占卜和医学神圣知识启示给最初的雅典人。[2]从柏拉图到毕达哥拉斯、从毕达哥拉斯到俄耳甫斯，有一种回归传统起源的不断努力。除了这些启示之外，我们也必须考虑到诸神的谕令，它们用不同方式，通过不同的神谕宣示出来。尤其是，德尔斐的神谕是古代智慧的源泉。但是，也有更近一些的神谕，像狄底谟斯和克拉洛斯的那些神谕。[3]向蛮族、犹太人、埃及人、亚述人和印度原住民发出的启示也广受欢迎。迦勒底人的神谕似乎已经在公元 2 世纪被记载和表现为一种启示；新柏拉图主义者把它们视为一种神圣的书写。一

---

① D. L. ， VII, 53—54。

② 柏拉图，《蒂迈欧篇》，24c。

③ 参见罗伯特的论文"神智学的三个神谕和阿波罗的预言"（"Trois oracles de la Théosophie et un prophète d'Apollon"）和论文"刻在奥因诺安达神庙的神谕"（"Un oracle gravé à Oinoanda"）。

种哲学的或宗教的教义越长久，就越是真实和值得尊敬。历史的传统因此是真理的规范；真理和传统、理性和权威性相互认同。克尔苏斯——一个反对基督宗教的善辩者——给自己的著作起名为《真正的逻各斯》，借此说的是"古代的规范"，或者"真正的传统"。对真理的探寻，只在于一种先前实存的、被启示的赠与的注解中。这个时期的经院哲学家尝试使所有这些权威一致起来，从它们中抽取一种普遍的哲学体系。①

生活的选择

因此，学生们通过评述文本，以一种既非常技巧性的，亦充满寓意的方式来学习哲学。然而，归根到底他们这样做，是"为了成为更好和更有节制的人"——用哲人陶鲁斯的话来说。这里，我们再次遇到传统对哲学的看法。学习哲学即使通过阅读和评论文本，仍意味着去学习一种生活方式，并且实践它。从形式上并就它自身来考虑，评注的练习已经是格式化的，就如辩论术的练习曾经是的那样——因为，它是一种理性的练习，劝说人们做到谦虚，而且是一种静观生活的元素。此外，被评注的文本——不管是由柏拉图、亚里士多德、克里西波斯还是伊壁鸠鲁写的——内容，

---

① 参见 P·阿多的论文"神学、释经、启示——希腊哲学的书写"（"Théologie, exégèse, révélation, écriture dans la philosophie grecque"），载由塔迪厄编的《解释的规则》（Les Règles de l'interprétation, Paris, 1987），第13—34页。

引导读者去改变他们的生活。斯多葛派的爱比克泰德责备自己的学生，说用文本的解释只是为了表明："当我被要求评论克里西波斯时，我没有夸夸其谈；毋宁说，如果我不能展示类似他的教导并且与其一致的行为举止时，我会羞愧。"①

根据普卢塔克，柏拉图和亚里士多德把哲学带到它在"神秘系统"中的顶点——就是说，在超越实在的最高启示中，就如在诸神秘事物中一样。一些证据告诉我们，从公元2世纪开始，哲学就被视为一种上升的灵性旅行，与哲学组成部分的层级相一致。②伦理学确保灵魂的最初纯洁；物理学告诉人们，世界具有一个超越的原因，因而鼓励哲人探寻无形体的实在东西；形而上学或者神学——也被叫做"神秘系统"，正如在诸神秘事物中那样，它是开始的终点，最终担当起对上帝的静观。从评论的练习这个观点来看，为了进行这种灵性的旅行，当阅读那些将被评论的文本时，有必要遵循一个特殊的秩序。

就柏拉图来说，人们开始于那些道德的对话——尤其是《亚西比德篇》，它处理认识本身，还有《斐多篇》，鼓励我们把自己与肉体分开。因而，学生继续物理学的对话，或者

① 爱比克泰德，《对话集》，III, 21—23；《手册》，§49。
② 普卢塔克，《伊西斯和阿西利斯》（*Isis et Osiris*），382 页 d。参见 P·阿多的论文"古代哲学部分的划分"，载《希腊化博物馆》卷 36，1979 年，第 218—221 页（参考文献）。

如《蒂迈欧篇》，为了学习如何超越可感觉的世界；最后，他把《巴门尼德篇》或者《斐莱布篇》，提升到神学对话层面，以便发现太一（l'Un）和大善（le Bien）。由此说明，当普罗提诺的学生波菲利编辑自己老师的论文集——在那时仅为坚定的门徒所接受，他不是根据这些论文出现的编年史次序，而是根据灵性进步的阶段来表现它们的。《九章集》第一卷——由最先九篇论文组成的文集——把那些关于伦理本性的著述收集在了一起。《九章集》第二卷和第三卷分析可感觉的世界及其内容，它们与物理学部分一致。第四、五、六卷讨论神圣事物——灵魂、理智和太一——它们都与神秘系统一致。普罗提诺在《九章集》不同地方所讨论的柏拉图注释的问题，与柏拉图对话篇的阅读次序相一致，正如它在柏拉图学派中被提出来的那样。这时灵性进步的观念意味着，学生直到达致使他们从中获益的、理智的和灵性的水平时，才有可能学习某部著作。一些著作为初学者所保留；其他则为那些进阶者。因此，为那些进阶学生保留的复杂问题并不在为初学者的著作中提出来。①

此外，每次评注都被认为是一次灵性练习——不仅因为，一个文本意义的探寻确实要求谦逊的道德品质和对真理

---

① 前引 I·阿多著作，第 160—164 页；同一个作者的《辛普里丘引论——对爱比克泰德〈手册〉的评注》第三章（Introduction à Simplicius, *Commentaire sur le Manuel d'Épictète*, Leyde, 1979）。

的热爱，而且还因为，每个哲学文本的阅读都被认为是在个人阅读或倾听评论中产生的一次转变。例如，有证据表明，辛普里丘——亚里士多德和爱比克泰德的新柏拉图主义注释家——在自己某些评论结束时都要来一番祷告。这些评述每一次都说明，灵性的得益都能够从每次写作的注释中获取。例如，人们可以通过阅读亚里士多德的《论天体》，获得灵魂的高贵，或者通过阅读爱比克泰德的《手册》，纠正一个人的理性。

根据古代的习惯，师生在教学的整个过程中都相互进行对话。这种做法保留在柏拉图学派和亚里士多德学派中，也似乎在古代晚期的哲学学派中得以保持，是除了那种基本的练习，即评注之外的练习。例如，我们知道像爱比克泰德的《对话集》那样的文本，不是别的，正是由他的学生阿里安在进行课堂特有的讨论——即文本的解释——时作的笔记。奥卢斯·格利乌斯告诉我们，他的导师，柏拉图主义者陶鲁斯，允许自己的听众在课后向他提所有他们要问的问题。格利乌斯亲自问过陶鲁斯，圣人是否会愤怒，这位哲人详尽地加以回答。① 我们从普罗提诺的学生波菲利那里知道，普罗提诺鼓励自己的学生向他提问；波菲利补充说，这引发了

---

① 奥卢斯·格利乌斯，《阿提卡之夜》，I, 26, 1—11。关于爱比克泰德，参见苏利赫，《爱比克泰德〈对话集〉引论》卷 1（Introduction à Épictète, *Entretiens*, t. I, Paris, 1948），第 XXIX 页。

很多轻松的闲谈。①我们可以从爱比克泰德的《对话集》中看到，又从普罗提诺的著作中隐约看到，导师的回答通常着眼于促使他的学生改变自己的生活，或者在灵性上有所进步。

一般而言，哲学教授们像之前几个世纪那样，继续鼓舞聚集在他身旁的一班班学员；在某些情况下，学员们与老师一起进餐，②常常生活在他的附近。此外，老师照顾他们每个人。生活共同体是教育中最重要的元素之一。教授们不仅教学，而且扮演照料自己学生灵性问题的真正良心指导者的角色。

在这种语境下，我们必须注意到，在此期间，毕达哥拉斯的传统复活了。打自毕达哥拉斯时代起，已经存在一些本身与他结盟的共同体；它们通过一种独特的生活风格，使自己不同于世人的普遍的生活。这些人不吃肉，过一种苦修的生活，希望来世有更好的命运。③他们的穿着和节制是下面这首诗喜欢幽默一把的对象：

> 他们是素食主义者，只喝水；

---

① 波菲利，《普罗提诺生平》，3, 35。
② 前引奥卢斯·格利乌斯著作，XVII, 8 和 VII, 13。
③ 伯克特，《古代毕达哥拉斯主义的学识和科学》(*Lore and Science in Ancient Pythagoreanism*, Harvard University Press, 1972)，第 199 页。

永远穿着一件爬满虫蚁的大衣；

害怕洗澡：我们时代可没人

容忍像这样的一种生活状态。①

这些毕达哥拉斯主义者的生活风格似乎在于实践那种
akusmata，即那些提供饮食节制、禁忌、道德建议、理论定
义和礼仪规定相混合的格言大全。②大约随着基督宗教时期
的开始，有一种类似其他学派复兴的毕达哥拉斯主义的复
兴。到处是假冒毕达哥拉斯的文献；这正是著名的《黄金诗
章》写成的时期。③在一些"毕达哥拉斯生平"——尤其
是，那些由波菲利和扬布利科斯写的书——中，描写了那种
在导师的学派中所过的田园诗般的哲学生活。④

他们也描写了毕达哥拉斯共同体组织起来的那种原初的
方式——候选人的选择，他们的见习期——几年内都要保持
缄默，在集体成员中对财产的分享，他们的苦修，他们的静

---

① "毕达哥拉斯主义者当中的阿里斯托芬"（"Aristophon dans *Le Pythagoriste*"），引文载迪蒙编的《前苏格拉底哲学家》（*Les Présocratiques*），第 612 页。

② 前引伯克特著作，第 150—175 页。

③ 范德奥斯特，《毕达哥拉斯主义者的黄金诗章》（*Les Vers d'or pythagoriciens*），由莱顿编辑并评注，1932 年；默尼埃编的《毕达哥拉斯——黄金诗章》（Pythagore, *Les Vers d'or*）；希罗克洛斯《黄金诗章评注》（*Commentaire sur les Vers d'or*, Paris, 1979）。

④ 波菲利，《毕达哥拉斯生平》（*Vie de Pythagore*），由德普拉斯编辑并翻译，巴黎，1982 年；扬布利科斯《毕达哥拉斯》，由冯·阿尔布雷克特编辑并翻译，达姆，1985 年。

观生活。①毕达哥拉斯的共同体是自娱消遣的，培养对数字的思索；柏拉图主义者——追随在真理传统中承继的原则——倾向于把柏拉图主义看成是毕达哥拉斯主义的延伸。

## 普罗提诺和波菲利

### 生活的选择

我们刚刚谈过毕达哥拉斯主义的复兴。如果转向一篇名叫《论节制》的论文——它是普罗提诺的学生波菲利写的，为了把这个学派的另一个成员卡斯特里修司带回到素食主义的践行中，我们就会遇到这种现象。波菲利责备卡斯特里修司不忠于祖辈传下的哲学法则——指的是毕达哥拉斯和恩培多克勒的哲学，他是这种哲学的行家里手。②这里，波菲利其实要指的是柏拉图主义，被看成是自人类起源以来就是启示的哲学；但是，正是哲学，把自己表现为一种包罗生存所有方面的生活方式。波菲利完全知道，这样一种生活方式彻底不同于人其他方面的生活方式。他说，他并不对"那些从事手工贸易的人或者作为运动员、战士、水手、演讲家或政客的人"讲话，

---

① 在奥卢斯·格利乌斯《阿提卡之夜》中的陶鲁斯，I，9；参见前引费斯蒂吉埃尔著作，第437—462页："关于扬布利科斯的毕达哥拉斯的生平"。
② 波菲利，《论节制》，I，2，3和3，3。

而是对那些反思过诸如"是谁？我从哪里来？我必须走向哪里？"这样问题的人，对那些在他们饮食和其他方面，为自己确立了不同于那些原则——它们支配其他生活方式——的人讲话。①

波菲利荐举的生活方式，是普罗提诺学派的生活方式。②像亚里士多德学派那样，它在于"依照精神的生活"——就是说，与我们最高的部分，即理智相一致。这里，柏拉图主义和亚里士多德主义相互融合在一起。同时，哲人政治活动的观点，曾经存在于学园和原始的毕达哥拉斯主义中，不再被见到，或至少消退到背景后面。然而，精神生活不被还原为一种纯粹理性的和论辩的活动：

精神活动或者指引我们发现幸福的静观，并不像人们可能认为的那样，在于推理的积累；或者在于大量知识的获得。它不是用那种方式一点点地建立起来的。它并不由于大量的推理而进步。

这里，波菲利重新开始亚里士多德主义的论题：获得知识并不足够；我们的知识必须"成为在我们之中的本

① 波菲利《论节制》，I，27，1。
② 同上书，I，29，1—6。

性"，并且"与我们一起成长"。①波菲利说，只有当我们的知识成为"生活"和在我们之中的"本性"时，才能够有静观。他在《蒂迈欧篇》中找到了这个观念，由此确认，那些静观的人一定给自己提供类似他们静观的东西，因此，回归他们先前的状态。②柏拉图说，正是由于这种同化，我们能够达到生活的目的。因此，静观并非抽象知识，而是自我转变：

> 如果幸福能够通过写下的论辩获得，那么就有可能不用关心我们的食物，或者做出特别的行动而达到这个目的。然而，既然我们必须把自己目前的生活，换成一种不同的生活，通过论辩或行动纯洁我们自己，那么，让我们检查这些论辩和活动中使我们有益于这种别样生活的东西吧。③

正如也曾是亚里士多德主义的观点那样，④如此的自我转变是对真正自身的回归，它正是灵性——或者在我们内心中是神圣的东西：

> 这种回归不是回到别的什么事情，而正是回到我们真正的

---

① 参见前文注释。
② 柏拉图，《蒂迈欧篇》，90a。
③ 波菲利，《论节制》，I，29，5—6。
④ 参见前文。

自身；而且，同化［字面意思是"同性质"（sumphusis）］只把我们同化到我们真正的自身。我们真正的自身就是灵性；我们寻找的目标就是与灵性一致的生活。①

这里，我们遇到已经在整个古代哲学史中所发现的，从一个较低的自我往真正的、超越的自我的同样过渡。

因此，波菲利着手描述适合哲人的那种生活：必须把自己与感觉、想象和情感分开；给予肉体只是严格必需的东西；离开狂热的人群，像毕达哥拉斯和柏拉图在《泰阿泰德篇》描述的那些哲人那样。②因此，静观的生活意味着一种苦修。然而，这样的苦修主义具有自在的价值：它归根到底有利健康，正如我们从普罗提诺的学生罗伽提亚努斯皈依的故事所看到的那样。③罗伽提亚努斯是罗马元老院的成员，放弃了自己的地位、房屋和仆人；他每两天才吃一次饭，自己医治自己的急性痛风病。④

这样的苦修主义尤其着眼于不让灵魂更低部分从应该对灵性的关注转而关注自己。因为，"我们训练自己关注存在的总体性"。⑤因此，苦修主义的生活方式着眼于使修行者

---

① 波菲利，《论节制》，I，29，4。
② 参见前文。
③ 普罗提诺，《九章集》，II，9（33），14，11。
④ 波菲利，《普罗提诺生平》，7，31。
⑤ 波菲利，《论节制》，I，41，5。

能够训练自己的注意力——一种对于普罗提诺来说，就像对于斯多葛派那样严格的训练。正如波菲利在自己的《普罗提诺生平》中所注意到的那样：

> 他一刻都不曾松懈自己把一生都投进去的那种关注，除非睡觉；但是，他不让自己睡着，因为他吃得如此少（甚至常常不吃面包）；因为他不断地使自己的思想朝向灵性。[1]

但是，这并没有使普罗提诺不再关心其他人。他是一些儿童的辅导教师——这些儿童由罗马贵族成员在自己死后托付给他。而且，他对这些成员的教育和财产承担责任。

这里，我们能够看到，静观的生活并不破坏对别人的照顾。而且，这样的照顾也可以与依照精神的生活协调起来。虽然普罗提诺随时为所有人效力："在他醒时，从来不松懈自己对理智的压力""他既与自己一起，同时也与别人一起"。[2]"与自己一起"事实上指的是"与他的真正自我一起"——就是说，与理智在一起。

在他的《论节制》中，波菲利肯定地说，哲人寻求的目的将是依照精神、依照理智的生活——这后一个词既可小写亦可大写，因为它既表示我们的理智，也表示我们参与的神

---

[1] 波菲利，《普罗提诺生平》，8，20。
[2] 同上书，9，18 和 8，19。

灵理智。然而，在《普罗提诺生平》中，我们读到：

> ……对于普罗提诺来说，目的和终结都由与最高神的结合和不断接近他的过程所构成。[1]

至高神胜过理智，因为——正如波菲利所说——他被确立在理智和可理解的东西之上。因此，我们也许可以认为，有两种静观的生活，两种不同的生活目的。不过，普罗提诺的哲学论辩可以解释在神灵层面上的这种不同，使我们明白，两个目的根本上是同一的。波菲利声称，在他参加普罗提诺学校的 6 年间，普罗提诺 4 次取得与最高神结合的"目标"。波菲利自己在 68 岁时写书，告诉我们，他一度在自己的生活中获得这个"目标"。我们也许可以叫做"神秘的"或"统一的"这些经验，因而是非常稀罕的。这些特别的、异常的时刻——可以说——从不断转向理智的活动背景中显露出来。它们虽然稀罕，却赋予普罗提诺的生活方式以其根本的色调。这种生活在我们面前呈现，构成对如此特别时刻的——它们给生活以自己的意义——不可预期的出现的等待。

普罗提诺在自己的著作中，几次写到这些经验。让我们

---

① 波菲利，《普罗提诺生平》，23，7—18。

仅举一例：

当灵魂幸运地见到神，而且神来到灵魂面前——或更确切地说，当神出现在本来就在那里的灵魂面前时；当灵魂弃绝所有其他眼前的事物，自己已经准备尽可能变得美好时；当灵魂见到神突然出现在自己之中，由此获得与神的相似（那些有所准备和收拾的人，很清楚地知道这种准备和收拾）时；因为在两者之间不再有任何阻隔，它们现在合而为———确实，只要神出现，你就不再能够区分它们；凡世的情人和他们所爱的人，也像这样渴望合而为——此时，灵魂不再意识到自己的躯体，也不知道自己就在这个躯体中。而且，灵魂不再让自己也是某种不同于神的东西：是人、是动物、是存在者、是所有（因为查看这样的事物会以某种方式引入一种不同，然而，灵魂并没有闲暇转回它自己，它也不希望这样做。相反，一旦灵魂寻找神，灵魂就将见到神，查看神而不是它自己。而且，灵魂甚至没有闲暇弄清自己是谁，在四处查看的正是它）。因此可以肯定地说，灵魂并不以神来交换任何其他东西，即使给它们所有天界的东西，因为它知道，没有什么东西比神更珍贵或更好（因为灵魂不能飞升更高，所有其他东西，自己渴望的"正是神"；而且，能够肯定没有什么比神更可取。因为，在那里，不可能有欺骗。哪里还可能有比所发现的真理更真的东西呢？因此，灵魂说的"正是神！"——它以后还会说。现在，说这句话的正是灵魂的缄默，而且它充满喜悦，是的，它

222 ｜

并没有弄错，它确实充满着喜悦。灵魂说这句话，并不因为自己躯体激起的某种快乐，而是因为它已经成为以前在自己幸福时所是的东西了。）……如果在它周围的所有事物统统毁灭，这就完全符合它的愿望，只要它独自与神在一起——它获得的是多么大的喜悦啊。[①]

相对而言，这里的色调和氛围在古代哲学史中是崭新的。这里，哲学论辩只被用于指出——如果没有表达的话——那种超越它的东西，一种在其中所有论辩被废弃的经验，一种在其中不再有任何个人的自身意识，而只有一种喜悦的和在场感受的经验。然而，这样一种经验在一种传统中被记下。这个传统至少回溯到像柏拉图的《会饮篇》那样久远的年代，谈论"一种奇妙自然的美"的突然景象——它正是善本身。[②]柏拉图把这个突然景象，比作那种似乎在埃莱夫西斯游戏的神秘事物中最先出现的东西。除此之外，这种"神秘的"经验被叫做"神秘的"，恰好因为经验到的"神秘事物"——埃莱夫西斯的秘密景象，同样呈现为突然的景象。柏拉图说，这样一种突然的景象构成了关键点，由此生活是值得过的；如果对人类美的热爱可以压倒我们，那么，

---

① 普罗提诺，《九章集》，VI，7 (38)，34，9—37；见在 P·阿多对普罗提诺《九章集》38 作的注解和评述，巴黎，1988 年。
② 柏拉图，《会饮篇》，210e4。

这种力量具有什么由超越的美所引起的爱呢？[1]我们在亚历山大里亚的斐洛中见到这种传统的踪迹，正如在下面的文本中所读到的那样——经验的短暂性质得以高度重视：

> 当一个人的理智被神爱所抓住；当它全力争取达到最隐秘的圣所；当那个人竭力带着自己的全部热情往前猛冲——所有这些都为神所驱动，他会忘记一切，忘记自己；他只记得神，被神所悬置起来。……但是，当这种热情消退，渴望失去其炽热，他就再次变为一个人。他把神圣事物抛在脑后，然后，遇到在神庙门廊等候他的众人。[2]

我们一定没忘记，类似的一种倾向对亚里士多德主义不会陌生——就是说，人的幸福在于静观，它的最高对象是思想的思想。尽管在这个语境中，我们没有提及伟大的亚里士多德的评注家阿佛罗狄西亚的亚历山大，因为我们关于他的生平和著书几乎一无所知，不过学者们还是因为他对我们的理智与神的理智结合的看法，参考了他神秘的亚里士多德主义。[3]

---

[1] 柏拉图，《会饮篇》，211d—e。

[2] 斐洛，《论梦》（Des songes），II，232。

[3] 梅尔兰，《新亚里士多德主义和新柏拉图主义传统中的一性论、神秘主义、元意识和灵魂问题》（Monopsychism, Mysticism, Metaconsciousness: Problems of the Soul in the Neoaristotelian and Neoplatonic Tradition，La Haye，1963），第35页起。

这种神秘经验，证明了哲学生活的另一个方面。它不再是对生活方式的一种决定或选择，相反，它是一种不可言说的经验，超越所有论辩——它们占满个人并借助难以表达的当下感而推翻所有自我意识。

**自身诸层次和哲学论辩的界限**

我们可以从普罗提诺的 54 篇论文中得出一种理论，根据实在世界一层层地降低，却增加多样性的现象——首先是理智，然后是灵魂，再后是可感觉事物，解释实在世界从原初的统一——太一或者至善——的创生（la genèse）。事实上，像亚里士多德和柏拉图一样，普罗提诺写作并非为了建立某种体系，而是为了解决他的听众在听课时提的一些具体问题。①这并不是说，普罗提诺没有一个关于实在世界的统一见解；而是说，他的著作是环境的产物。在一定程度上，它们的目的也是提出忠告——邀请听众或读者采纳某种生活态度或生活方式。在实在世界的所有层次上，普罗提诺的哲学论辩只是导向一种内在的苦修和经验——它们是真正的知识，使哲人通过逐渐达到总是更高、更内在的自身意识层次，上升到最高的实在世界。古语云，"惺惺相惜"（Seul le semblable connaît le semblable），普罗提诺深以为然。②然而，对于他来说，这意味着我们只有通过在灵性上与实在世

---

① 波菲利，《普罗提诺生平》，4，11 和 5，5。
② 恩培多克勒 B109；德谟克利特 B164，前引迪蒙著作，第 417 和 887 页。

界相似，才能够抓住我们希望认识的实在世界。因此，普罗提诺的哲学揭示了柏拉图主义的灵性——就是说，知识和美德的不可分的统一。只有在生存沿着善的方向发展并通过这种发展时，才能够有知识。

上升的第一阶段在于，此时理性的灵魂意识到，它并不与非理性的灵魂混合在一起。后者——它的工作正是使肉体具有活力——被痛苦和欢乐所忧烦，因为它们是在肉体内作为生命的结果而出现的。哲学论辩可以表示有关在理性的和非理性的灵魂之间区别的论证，但是，重要的事情并非存在一个理性的灵魂这样的结论，毋宁说，重要的东西在于，我们自己如理性的灵魂那样生活。哲学论辩可以尝试通过"在灵魂最纯粹状态中考虑它"而思考灵魂，"因为对某个事物的任何添补，都是对那个事物知识的障碍"。[1]不过，只有苦修才使自我真正知道它自己作为一个灵魂，与不是灵魂的东西分开——换言之，有意识地、具体地成为自我在不知道灵魂的情况下已经是的东西："离开这些事物并检查你自己……拿开肤浅的东西……别停止塑造你自己的形象。"[2]为了达到这个目的，我们必须将自己与那种把自己添加给理性灵魂的东西分开，然后看到我们自己正如已变成的那样。

不过，哲学的论辩和内心的历程，都不能停留在理性的

---

① 普罗提诺，《九章集》，IV，7（2），10，27起。
② 同上书，IV，7（2），10，30和I，6（1），9，7。

灵魂方面。正如亚里士多德所做的那样，哲学论辩限于承认，除非灵魂预先有一个实质性的思维——它发现推理和认识的可能性，否则不能推理或思维。灵魂在它自身内识别这种思维或者超越的理智——以允许灵魂去推理的那些原则的形式——的踪迹。①对于普罗提诺来说，正如对于亚里士多德那样，依照精神的生活存在于几个有等级的层次上。它开始于理性灵魂的层次，为理智所照亮；然后在于哲学推理的活动和在理性指引下的美德实践。但是，如果哲学反思引导它趋向理智，那么将有接近这个实在性的两条路径：一条是哲学的论辩，另一条是内在的经验。因此，正如普罗提诺所说的那样，将有两种自身知识的形式：一种是作为理性灵魂的关于自身的知识，它依赖于理智，却仍然在理性的层面上；另一种是作为自身成为理智的过程的自身意识。普罗提诺用下面的方式描述这点：

> 因此，知道一个人自己，等于知道他自己不再作为一个人，而是作为某个已经完全成为别样的人——某个已经把他自己往上提升，与他一道带着灵魂最好的部分。②

因此，那个自我发现，在灵魂中最高的东西是理智和灵

---

① 普罗提诺，《九章集》，V, 3 (49)，4, 14 起。
② 同上书，V, 3 (49)，4, 10。

性。而且，它不知不觉地过着那种理智的生活。然而，正如亚里士多德所说，又为波菲利重复的那样，生活的目的就是"依照灵性的生活"，或者"依照理智的生活"。①因此，我们必须懂得这种不知不觉的活动，把我们的注意力转向那个把它自己敞开给自我的超越者：

> 这就像与一个等待着希望听到那个声音的人在一起：他把所有其他声音都隔在一边，把自己的耳朵转向最动听的声音，以便听到它的接近。同样，我们必须清楚来自可感觉世界的噪声，除非它们是必然的，以保持灵魂的意识力量的纯粹，准备听到来自上界的声音。②

这里，我们达到神秘经验的第一阶段，因为，所包括的东西是理性灵魂固有活动的超越性：它是某个"正在成为的他者"（devenir-autre），某个"自己挣脱的存在"（arrachement）。那个自我在把它自己等同于理性灵魂之后，现在等同于并成为理智。然而，我们如何想象所指"成为理智"的东西？普罗提诺以亚里士多德的思维模式来设想理智：作为完全适当的和明晰的自身知识。同时，他相信，理智在它自身中包含一切形式、一切观念——就是说，

---

① 参见前面第 125—128 页。
② 普罗提诺，《九章集》，V, 1 (10), 12, 14。

既然理智是思考它自身的形式的总体性，那么，每一个形式就它自己的方式而言——作为人的观念或马的观念——都是形式的总体性：在理智中，一切事物都内在于别的一切事物中。"成为理智"因此是从总体性的观点来思考我们自己——不是逐条说明这个总体性，而是相反，通过它的全神贯注、内在性和深刻和谐的经验。[①]正如普罗提诺说的那样，"我们必须把灵性看成是我们自己的自我"。[②]

因此，"成为理智"，最终是达到一种自我的状态，其中它获得内在性、沉思的回归以及对理智的自身明晰的刻画。这通过借助自身看到它自己这样一种光的观念，从而得以象征化。[③]因此，"成为理智"在与它自身的关系中——确切地说，通过摆脱自我的个体——与某个灵魂和身体相联，以便只把思维的纯粹内在性留给它自己，从而获得一种完全的明晰：

> 当一个人摆脱其他事物，通过这种理智观看理智——当一个人通过他自己来观看自己，此时，他自己就成了理智。[④]

---

[①] 参见 P·阿多，《普罗提诺引论》论文 38（Introduction à Plotin, *Traité 38*, Paris, 1988），第 31—43 页。

[②] 普罗提诺，《九章集》，V，8（31），10，40。

[③] 同上书，V，3（49），8，22；参见布雷依尔，《普罗提诺的哲学》（*La Philosophie de Plotin*, Paris, 1982），第 98 页。

[④] 同上书，V，3（49），4，29。

成为一个确定的个体，就是通过添上一种不同——正如普罗提诺所说的那样——它是一种否定，把自己与大全分开。①通过摆脱所有个体的不同，因此摆脱我们自己的个体性，我们就能够再一次成为那个大全。因此，成为理智就是通过总体化的神灵视角，看到我们自己和所有事物。

然而，在这个阶段中，自我还没有达到它上升的终结点。根据普罗提诺的想象，我们沉浸其中的那个理智，像波浪——当它汹涌而来时，把我们举到一个新的高度。②

哲学论辩这里又一次能够证明，在那个由理智所代表的统一总体性（Uni-totalité）——它只是一个派生的统一性——之外，我们还必然要承认一个绝对的、最初的统一性。③但是，哲学论辩在这里达到自己的界限：它不能够表达绝对统一性之所是，因为，说话就是通过动词把补语和属性加到主词上——但是，既然太一绝对是一，它就不可以有补语或属性。因此，我们只能够通过参考它所不是的那种东西来谈论它。如果我们好像把肯定的谓词归结于它——例如，说"一切事物原因中的太一"——那么，我们并不是说它在它自身中的东西，而是说我们处在与它关系中的东西；就是说，我们是它的结果。换言之，我们虽然认为自己正在

①　普罗提诺，《九章集》，VI，5（23），12，20。
②　同上书，VI，7（38），36，19。
③　同上书，VI，9（9）；1—4，参见 P·阿多，《普罗提诺引论》论文9。

谈论太一，事实上却只是在谈论我们自己。①我们作为相对的存在者，总是与我们自己有关，不可能获得绝对者。

我们唯一对这种超越的实在性的接近，是非论辩的、统一的经验。对理智的经验，与自我的状态相一致，由此，它根据自己而取得内在性和完全的明晰。对太一的经验，与自我的新状态相一致，由此，它失去并再一次发现它自己。它失去它自己，因为它获得不再是它自己的印象，不是它自己，而是对某种别的东西的拥有。②然而，这种个人认同的消失同时被认为是"自身的充分成长"（un épanouisssement de soi）"自身的加强"（intensification de soi）。③通过"摆脱所有事物"（retranchant toutes choses），④我们在这个层次上不再看到总体性；我们发现，超越所有事物的当下，包括当下本身——先于所有规定性和个体性。

事实上，这样一种经验是不可言说的。当普罗提诺描述太一时，他关于它不能说什么：他只描述经验它的那个人的主体状态。不过，这种经验是真正导致太一的东西。这里，普罗提诺非常清楚地区别开论辩的教导和非论辩的经验。只可能是论辩的神学，给我们提供关于善和太一的

① 普罗提诺，《九章集》，VI，9（9），3，37—54。
② 同上书，VI，9（9），10，15和11，11。
③ 同上书，VI，9（9），11，22。
④ 同上书，VI，3（49），17，37。

教导和指示。但是，引导我们到太一的东西是美德、灵魂的纯洁和努力过灵性的生活。教导像一个内心的路标，告诉我们必须沿着那个方向走；但是，为了达到太一，我们必须实际上开始走——沿着我们独自上路走向那个唯一的人的道路。①

但是，哲学的论辩也许会反复出现，以便解释关于太一这样的经验是如何成为可能的。自我能够达到太一，恰好因为它过着那种灵性的生活。在灵性之中，或者在理智中，有两个层次：一方面是思考理智的层次，这个层次与理智的状态一致，因为理智完全是被构造的，并且把它自己看成是形式的总体。另一方面是理智的层次，因为它正在诞生——它还不是理智，还没有思考，却从太一散发出来，像光的闪烁，因此处在与太一的直接接触。普罗提诺告诉我们，作为这种被太一触及的结果，灵性是"爱的钟情"，"仙露的陶醉"和"喜悦中的绽放"。②成为在思考的理智，对于自身来说已经是一种神秘的经验。但是，成为在爱的理智，意味着提升到更高的神秘经验。它使我们置身于源头处，那里一切事物从善中散发出来——这种存在正是理智由此而生的地方。我们可以想象在一条线上的一个点，最终与这条线从中

---

① 普罗提诺，《九章集》，VI，7（38），36，6—10；VI，9（9），4，11—16。

② 同上书，VI，7（38），35，19—33；参见 P·阿多，《普罗提诺引论》论文 38 中的评注，第 37—43 和第 343—345 页。

而出的那个点相吻合。这条线的诞生点，无限地接近这个中心，不过又无限地与它分离。因为，它并非中心，不过是散发出来的一个点。[①]这样是相对的东西和绝对的东西之间的关系。

在普罗提诺那里，存在于哲学论辩和生存选择之间的关系，很好地被以下的说法——普罗提诺直接反对诺斯替主义——得以总结：

> 当一个人在没有真正践行美德的情况下说"上帝"时，"上帝"只不过是一个词。[②]

只有道德的或神秘的经验，能够给予哲学论辩以内容。

## 后普罗提诺的新柏拉图主义和通神术

哲学论辩与调和传统的意志

普罗提诺之后的新柏拉图主义——正如主要由扬布利科斯、绪里亚努、普罗克洛斯和达马斯基奥斯所代表的那样——也许首先是普罗提诺等级体系的一种发展。然而，正如我们已经说过的那样，它事实上显示出一种极力想把整个古代哲学传统和宗教传统最异质的元素综合起来的特点。与长久的传统相一致，柏拉图主义曾等同于毕达哥拉斯主义。

---

① 参见 P·阿多，《普罗提诺引论》论文 9，第 37—44 页。
② 普罗提诺，《九章集》，II, 9 (34)，15, 39—40。

同时，在柏拉图的意义上说，亚里士多德的著述代表在整个新柏拉图主义的一般教导过程中的第一阶段。就此而言，亚里士多德主义是与柏拉图主义调和的产物。这在于根据与灵性进步阶段相一致的安排，对亚里士多德研究论文①、对柏拉图对话②所做的解释。

然而，和谐的综合并不止于此。也有人尝试在一方面是哲学传统，另一方面是俄耳甫斯的著述和伽勒底神谕——被认为是由诸神启示的传统——之间达到一致。因此，任务是要把所有被启示的教义——俄耳甫斯主义、炼金术神秘学说和伽勒底神谕——和不管是毕达哥拉斯的还是柏拉图的哲学传统，统统加以综合。

我们因此接触到了也许看上去像难以置信的变戏法的东西。新柏拉图主义者能够发现伽勒底神谕诸神的不同种类，通过关于论太一的众所周知的假设——正如在柏拉图的《巴门尼德篇》所发展的那样——辩证论证的每一个连接。人为地从柏拉图对话篇中减弱的观念等级，终于逐个地与关于存

---

① 关于柏拉图与亚里士多德之间的调和，参见 I·阿多的论文"新柏拉图主义哲学教导中的亚里士多德"（"Aristote dans l'enseignement philosophique néoplatonicien"），载《神学和哲学评论》（*Revue de théologie et de Philosophie*, 124, 1992），第 407—425 页。关于新柏拉图主义评注家对亚里士多德著作的看法，参见 I·阿多的论文"辛普利西乌斯——范畴的评注"（"Simplicius, *Commentaire sur les Catégories*"），载 fasc. 1, Leyde, 1990，第 63—107 页。

② 参见前引费斯蒂吉埃尔著作，第 535—550 页，"公元 5—6 世纪柏拉图对话的阅读次序"。

在者的俄耳甫斯和伽勒底的等级相一致。因此，伽勒底和俄耳甫斯的启示终于渗入新柏拉图的论辩中。不过，我们不应因此认为，新柏拉图主义的哲学论辩也是杂拌的。事实上，所有经院哲学都是理性的尝试，旨在注释和体系化。它促使心灵进行理智的训练，它归根结底是教育的，而且发展我们的逻辑严格和分析概念的能力。我们不由得钦佩普罗克洛斯在自己的《神学要素》中，更严格地解释存在者形成阶段的尝试，而他对柏拉图的评述则是注释的宏伟纪念碑。举一个例子：达马斯基奥斯对由"大全原则"观念所隐含问题的反思，达到了相当的深度。普罗克洛斯的"体系"，对整个西方思想史，特别是在文艺复兴时期和德国浪漫主义时期，产生了根本的影响。

比普罗提诺更晚些的新柏拉图主义者的活动，首先致力于柏拉图和亚里士多德的文本的注释。他们对亚里士多德的一些评注被译成拉丁文，在对这个哲人——在中世纪得以举荐——的解释中，扮演重要的角色。

生活方式

对于后来的新柏拉图主义——正如对于普罗提诺——来说，哲学论辩和具体修行与某种生活方式密切相连。但是，对于普罗提诺来说，灵性的生活在于一种哲学的生活——就是说，在于苦修和道德的、神秘的经验。这种情况对于后来的新柏拉图主义者是完全不同的。没错，他们保留了苦修和美德的哲学实践；[①]但是，他们认为，他们叫做"通神术"的践行同样重要，或者说，在扬布利科斯那里，显然更为重要。"通神术"这个词直到公元2世纪才出现；它们似乎是迦勒底神谕的作者或作者们制造出来，表示能够纯洁灵魂及其"直接媒介物"，即星体，因而允许它沉思诸神的礼仪。这些礼仪包括洁身、献祭和使用常常是不可理解的礼仪词汇的符咒。把通神术区别于巫术的东西在于，它并不宣称诸神的力量，而是旨在通过礼仪——他们自己被认为授权这样做——服从他们的意愿。正如扬布利科斯说的那样，唯一能够使我们与诸神结合起来的东西，并不是理论的哲学，而是我们不理解的礼仪。[②]正是不依靠理智活动，我们才能实现诸神，因为，在这种情况下，他们的效力取决于我们。掌握首创性的正是诸神；他们选择了物质的记号或者"圣礼"，因为讨得诸神喜欢，得以与神明接触，并且使我们看见神明的形式。因此，我们表现了一种拯救恩典的教义。这样看来，神秘结合的观念并没有消失，而是被包括在整个通神术视角之中。像其他的诸神那样，至高神也能够通过普罗克洛斯叫作"灵魂的一"(un de l'âme)，或者至高者，即灵魂的

---

① 参见马苏洛的论文"达玛西乌的伊西多利生活中'灵性修炼'的主题"（"Il Tema degli 'Esercizi Spirituali' nella *Vita Isidori* di Damascio"），载塔拉瑞思科斯，*Studia Graeca Antonio Garzya sexagenario a discipulis oblata*，Naples，1987，第225—242页。

② 德普拉斯编的扬布利科斯《埃及的神秘故事》卷2，11 (*Les Mystères d'Égypte*，Paris，1966)，第96页。

超越部分，在神秘的经验中，把他自己显现给灵魂。[①]因此，这个"灵魂的一"以某种方式，与那个记号相一致，通常的通神术践行把诸神吸引到灵魂那里去。

这种通神术对柏拉图主义的侵入，对于我们是神秘的。很难理解，古代结束时的新柏拉图主义为何把通神术践行引入到哲学的实践中。正如萨夫尔已经指出的那样，这样一种态度能够由后来新柏拉图主义者对人神关联的看法所解释。[②]普罗提诺相信，人的灵魂总是不知不觉地与理智和灵性世界相接触；而后来的新柏拉图主义者则相信，因为灵魂坠落在肉体中，所以它需要经由物质和感觉的礼仪，才能够上升到神。这类似基督宗教采用的步骤，据此，一度由于原罪而堕落的人，需要对人体化的逻各斯和圣礼的可感觉记号的沉思，才进入与上帝的接触中。对于新柏拉图主义和基督宗教——两个支配古代终结并相互对立的灵性运动——来说，人不能够依靠他自己的力量拯救自己，必须等待神明采取主动。

① 参见谢帕德的论文"普罗克洛斯对通神术的态度"（"Proclus' Attitude to Theurgy"），载《古典学季刊》（Classical Quarterly, 32, 1982），第212—224页；萨夫尔的论文"从扬布利科斯到普罗克洛斯和达马斯基奥斯"（"From Iamblichus to Proclus and Damascius"），载由阿姆斯特朗编的《古典地中海的灵性》（Classical Mediterranean Spirituality, New York, 1986），第250—265页。
② 萨夫尔，《普罗提诺之后新柏拉图主义研究》（Recherches sur le néoplatonisme après Plotin），第54—56页。

# 九
## 哲学和哲学的论辩


**哲学和哲学论辩的模棱两可**

斯多葛派区别开哲学——被称为逻辑学、物理学和伦理学的美德的真实实践和"根据哲学的论辩"——它是哲学中的理论教导。[①]后者又依次划分为物理学理论、逻辑学理论和伦理学理论。这种区别在斯多葛体系中，有一种相当特别的意义。而且，它有可能以一种更一般的方式，被用于描述古代的"哲学"现象。我们在自己的研究中，由始至终都承认哲学生活——更恰当地说，一种生活方式——的实存，它可以被刻画成哲学论辩的实存，它证明这种生活选择的合理性，推动并影响这种生活选择。

因此，哲学和哲学论辩表现为既是不可通约，同时亦是不可分离的。它们的不可通约首先来自这样的事实：对于古人来说，一个人是哲人并非因为他所想出并展开的哲学论辩的独创性或丰富性，而是因为他过生活的那种方式所起的作用。首先，目的是要变得更好；而且，只有当论辩转变为一种生活方式时，它才是哲学的。对于柏拉图和亚里士多德传统来说，也是一样。因为，他们的传统教导说，哲学生活在依照灵性的生活中达到顶点。不过，这对于犬儒学派同样如此，对于他们来说，哲学论辩被归结到一个最低限度——有时候仅仅是姿态。但是，犬儒学派决不要被视为某种逊于哲人的东西，它甚至是模范的哲人。

让我们考虑另一个例子：罗马政治家，来自乌提卡的加图。[②]他反对恺撒的独裁统治，以众所周知的自杀来结束自己的生命。后人敬佩他为哲人，甚至作为曾存在过的极少的斯多葛派圣贤之一，这是因为他在自己的政治活动中，以典型的严格来践行斯多葛派的美德。其他的罗马政治家，如卢提里乌·鲁弗斯和昆图斯·穆修斯·斯卡厄沃拉大祭司，他们践行斯多葛主义到每一个细节。他们对各行省的管理事务表现出一种典型的无所谓；作为唯一严肃执行反奢侈法规的人，他们用斯多葛派的风格面对大法官为自己辩护，不用求助于修辞学的资源。[③]我们也许还可以提及皇帝马可·奥勒留，他在自己的一生中都被正式叫作"哲人"。尽管无人

---

① 西塞罗，《论至善和至恶》，III，72；D. L.，VII，39 和 41，参见前文。

② 塞内加，《论圣贤的忠贞》（De la constance du sage），7，1；《论天意》（De la providence），II，9。

③ 参见 I·阿多的论文"希腊时代的斯多葛主义传统和政治观念"，载《拉丁语研究评论》卷 48，1970 年，第 174—178 页。

知道，但他写了自己的《沉思录》，因此看来并非一个理论家。[1]另一个哲人——虽然不曾教书——是元老院议员罗伽提亚努斯，[2]亦即上面提过的普罗提诺的学生，在他承担自己作为司法官的责任时，放弃了自己的财富和政治公职。

哲学生活和哲学论辩是不可通约的，首先是因为它们具有完全异类的性质。哲学生活的本质部分——某种生活方式的生存性选择，某种内心状态和性情的经验——完全避开哲学论辩的表达。这最明显地出现在柏拉图对爱的经验中，也许甚至在亚里士多德对简单实体的直观中，尤其在普罗提诺的统一的经验中。这最后一种经验，在自己的特异性方面是完全不可言说的，因为无论谁一旦谈论它，这种经验马上完结，不再在同样的心理层面上，正如我们曾经历这种经验时那样。但是，伊壁鸠鲁、斯多葛和犬儒主义的生活经验也同样如此。纯粹快乐的生活经验，或者说，与自身和本性相一致的生活经验，具有一种完全不同于从外部规定或描述它的秩序。这样的经验不具有论辩和命题的秩序。

因此，它们是不可通约的——但也是不可分开的。没有什么配得上哲学的论辩，如果它脱离哲学生活的话；除非直接与哲学论辩相连，才会有哲学生活。此外，还有哲学生活

---

① 参见 P·阿多，《内心的堡垒》，第16和31页。
② 波菲利，《普罗提诺生平》，7，32。

固有的险恶之地——哲学论辩的模棱两可。所有学派都责备哲人的冒险，他们想象自己的哲学论辩能够满足它本身，不用与哲学生活相一致。人们经常攻击那些用柏拉图主义者波勒谟的术语①，却想让人羡慕他们在三段论证方面的技巧，又在他们的生活行为举止方面与自己相矛盾的人。用伊壁鸠鲁的话来说，他们发展了空洞的论辩。②按照斯多葛派爱比克泰德的看法，他们谈论像人类那样的生活艺术，而不是谈论像人类自己的生活。③正如塞内加提出的那样，他们让智慧的热爱（Philosophia），转向词语的热爱（philologia）。④从传统看，那些被叫作"智者派"的人，发挥一种表面上是哲学的论辩，并不努力使自己的生活与论辩相一致，没有从自己的生活经验中流溢出来的论辩。从柏拉图和亚里士多德到普卢塔克都认为，⑤一旦这些智者派离开自己的教职，放下手中的书本和指导手册，他们就成了"在真实的生命活动中"的另外的人。⑥

反过来说，没有哲学论辩，哲学生活就不能做什么——

---

① D. L., IV, 18。
② 波菲利，《致马色拉的信》（*Lettre à Marcella*），§31。
③ 爱比克泰德，《对话集》，III, 21, 4—6。
④ 塞内加，《致卢西里乌的信》，128, 23。参见佩潘的论文"研究词汇还是研究哲学"（"Philologos/Philosophos"），载波菲利，《普罗提诺生平》卷2，第477—501页（引文在第233页注2）。
⑤ 参见本书第7页。
⑥ 普卢塔克，《论听课》（*Comment écouter*），43 起。

只要这样的论辩受到哲学的鼓舞和激励；因为，它是这样一种生活的完整的部分。我们可以用三个紧密相连的不同方式，考虑哲学生活和哲学论辩之间的关系。首先，论辩证明我们的生活选择是合理的，而且展开所有它的意蕴。我们可以说，通过一种相互的因果性，生活选择并决定论辩，论辩决定我们的生活选择，就如它在理论上证明是合理的那样。其次，为了过哲学的生活，我们必须对自己和对他人采取行动；如果哲学论辩真正是一种生存性抉择的表达，那么，从这个角度去看，它是一种必不可少的手段。最后，哲学论辩是哲学生活方式训练的真正形式，就像与他人或自己对话一样。

让我们首先查看，哲学论辩在其中理论地证明我们的生活选择是合理的那种方式。正如我们在整个古代哲学史中所看到的那样，为了确立他们的生活选择的合理性，哲人必须依赖一种论辩，就它是可能的来说，它自己旨在严格的合理性。不管它是善的选择——正如在柏拉图那里一样，还是纯粹快乐的选择——正如对伊壁鸠鲁派而言的那样；或者是道德意图的选择——正如对于斯多葛派而言的那样；或者对于亚里士多德和普罗提诺来说，是符合理智的生活选择——总而言之，有必要抽出每种各自带有高度精确性的态度的前提、蕴含和结果。例如，正如我们在斯多葛主义和伊壁鸠鲁主义中看到的那样，从生存抉择的角度看，有必要寻找人在世界中的位置，因而精心地制作一门"物理学"。我们也将不得不规定人与他的同伴的关系，因而精心地制作一门"伦理学"。最后，我们将规定在物理学或伦理学中使用推理的真正规则，因此精心地制作一门"逻辑学"和一种知识论。我们将因此不得不使用一种技术的语言，谈论原子、无形体物、观念、存在和太一，还有讨论的逻辑规则。甚至对于犬儒主义的生活选择——哲学论辩在其中被还原到一个最低限度，我们也能够在背景中迅速见到对"习俗"和"本性"之间关系的反思。显然，在整个古代哲学中，一种对概念化和体系化的尝试多少是得到承认的。

其次，论辩是一种特别的手段，借助于它哲人能够影响自己和其他人；因为，如果它是讲出它的那个人的生存抉择表达的话，那么，论辩总是间接或直接地具有一种塑造的、教育的、招魂的和精神治疗的作用。它总是着眼于产生一种效果，造成在灵魂内的一种体征，或者引起自我的一种转变。普卢塔克提到这种创造性的作用，他这样写道：

> 哲学论辩并不塑造不变的雕像，而是凡它接触到的东西，它都要使其变得活跃、有效和有生命。它激发运动的产生，激发产生有用的行动，以及善的选择……①

① 普卢塔克，《哲人应该首先与伟大的人交谈》（*Le philosophe doit surtout s'entretenir avec les grands*），776c—d。

从这个角度看，我们能够把哲学论辩规定为一种灵性的练习——换言之，作为一种着眼于彻底改变我们存在的修行。

哲学论辩的不同种类，尝试用一些方式实现自身的这种转变。纯粹"理论的"和教条的论辩，即使在还原到它自身时，可以说，已经能够通过纯粹的明证力量形成这种情况。例如，当伊壁鸠鲁和斯多葛的理论把自己的信众限于它们所指的生活选择时，它们以某种方式，通过自己严格体系的形式，或者，通过自己描写的圣贤生活方式那些吸引人的特征，做到了这点。

他们通过专注于非常晦涩难懂的概要，或者专注于像伊壁鸠鲁的四重救赎那样短小的、精悍的格言，进一步加强自己劝导的能力。这就是斯多葛派和伊壁鸠鲁主义者建议自己的门徒记忆——夜以继日，不仅在智力上，而且通过著述——这些根本教条的原因。正是从这个角度看，马可·奥勒留的《沉思录》所构成的练习是应该加以理解的。在这部作品中，这个帝王兼哲人表达出了斯多葛主义的教条。但是，这并不关系到人们也许只需阅读的概要和暗示；这些不是数学公式，它们被一劳永逸地接受，而且强调被机械地运用。关键点不是解决理论的或抽象的问题，而是把某人自己放入一个心灵的框架内，使他感到有必要像一个斯多葛派那样生活。因此，重读"话语"并不够，还得用一种简单的方式，表达邀请读者或听众去行动的格言。值得重视的，是写作和向一个人自己谈话的行动。[①]一般而言，人们可以说，斯多葛和伊壁鸠鲁理论的系统结构的优点，在于教条的精致能够为专家所保留，而教条的本质部分则仍然为更广的公众所接受。这里有一种与基督宗教的类似，宗教的讨论为神学家所保留，而"教理问答"（catéchisme）则满足普通的教区居民。因此，这样的哲人有可能变成"大众的"、"传道的"。

在苏格拉底那一类的对话中，导师假装一无所知，假装不打算传授任何东西给对话者，最终，他向对话者提出问题；而后者必须提出自己的论据，以及自己现在和从前之所以如此生活的理由。所以说，苏格拉底的对谈促使对话者为自己思考，从而改变生活的方式。

还有一种完全不同的论辩，它也似乎是理论的；它采取质疑、研究和疑难（aporie）的形式。这些质疑、研究和疑难既不提出教条，也不提出体系，而是迫使自己的学生作出一种个人的努力，进行积极的练习。这样的论辩也往往在对谈者的灵魂内产生一种能力或体征，把他引导到一种明确的生活选择。

柏拉图的对话——例如《智者篇》或《斐莱布篇》——是一种更理智的练习；但是，我们必须承认，它首先还是一

① P·阿多，《内心的堡垒》，第64—66页。

种"练习"。正如我们看到的那样，它的主要的和唯一的目的不在于解决提出的问题，而是"使人成为更好的辩论能手"。成为一个更好的辩论能手，指的不仅是熟练地虚构或抨击推理中的骗局。它首先是指知道如何去对话，包括对话的所有要求：承认对话者的在场和权利，把他的回答基于对话者自己所知道的东西之上，从而在讨论的每个阶段上与他相适合。最重要地，它指一个人服从理性的要求和规范，并且服从对真理的探寻；最后，它指对善的绝对价值的承认。因此，它指忘记一个人的个人观点，以便上升到一个普遍的观点；它指用大全和神明之眼，试图看到诸事物，由此改变一个人的世界观和自己的内心态度。

哲学和哲学论辩之间关系的第三个方面在于：哲学论辩是哲学生活方式的练习形式之一。我们已经看到，对话是柏拉图生活方式的一个完整的部分。学园的生活意味着持续理智的和灵性的交流，不仅在对话中，而且在科学的探求中。这种哲人的共同体，也是一种学者的共同体，他们践行数学、天文学和政治反思。

甚至远不止柏拉图的学派，亚里士多德学派也是一种学者的共同体。亚里士多德的生活选择，试图"过一种遵循理智的生活"(vivre selon l'Intellect)——就是说，找到快乐和探究中的生活意义。它引导一种学术的、静观的和探究的——常常是集体的、在人和宇宙实在的方方面面——生活。对于亚里士多德而言，哲学和科学的论辩不可能光是对话的；对于他来说，这也是符合灵性生活的本质要素。此外，这种学术活动能够超越它自己，变成神秘的直观——人类理智凭借非论辩接触，进入与神的理智的友好关系中。

这样一种探究、讨论对一个人自己和他人的关照的共同体，以及相互的修正，也可以见之于其他学派：我们已经在伊壁鸠鲁的友谊中见到，同样也在斯多葛派和新柏拉图主义的良心指引中见到。

哲学生活方式的另一种练习是沉思的论辩——一种哲人与他们自己进行的对话。在整个古代，一个人与自己的对话是一种广为流传的习惯：例如我们知道的，皮浪曾经使自己的同胞惊讶，因为他大声对自己讲话。另外，斯多葛派的克莱安西斯用同样的方式责备自己。[①]缄默的沉思可以在静立——这是苏格拉底方式——时进行，或者在散步时进行。正如下面贺拉斯的诗行中写的那样："你默默地走，踮起脚尖走过有益健康的密林，把所有圣人善人有价值的思想都藏在你的心灵里吗？"[②]斯多葛派的爱比克泰德同样写道："去独自散步，与你自己交谈。"[③]沉思是整个修行的一部分，并非所有的修行都落在论辩的秩序中，然而所有的修行都证明哲

---

① D. L. , IX, 64 和 VII, 171。

② 贺拉斯，《书信》（Épitres），I, 4, 4—5。

③ 爱比克泰德，《对话集》，III, 14, 1。

人的个人承诺。修行是手段，哲人凭借它们能够改变并影响自己。这些修行都是灵性的练习，我们现在应该加以探讨。

**灵性修炼**

在我们的探究中，我们在所有学派甚至在怀疑主义中，始终都遇到"修行"（askesis, meletê）；就是说，我们发现那些试图引起自身转变的自愿的、个人的修行。这些修行是哲学生活所固有的。现在，我希望凸显那些在不同学派修行中可被辨认的共同倾向。

史前史

在思想史中，从来没有任何绝对的开端。因此，我们可以假定，在古代希腊，在前苏格拉底的思想家中间，存在一个灵性练习的史前史。不幸的是，我们关于前苏格拉底的所有东西都有很多漏洞，证据非常滞后；而且，我们为自己保存的残篇非常难以解释，因为我们不可能总是确定地把握所使用的词汇的意义。例如，恩培多克勒①用下面这些也许是毕达哥拉斯式的与众不同的人物术语说话：

在他们当中，生活着一个有着超凡智慧的人。他已经能够获得一批巨大的思想财富，他在所有种类的作品中都是强有力

---

① 迪蒙编的《前苏格拉底哲学家》，德谟克利特，B CXXIX，第428页。

的。因为，当他在自己思想付出巨大努力时，能轻易地看见所有在十代或二十代人之前出现过的事物。[1]

有人提出说，这暗示了由毕达哥拉斯派所进行的记忆练习。我们将转回到这个问题，但目前还是让我们注意，这种回忆通过"巨大的思想努力"而产生。[2]Prapides 这个词在我们的文本中被用过两次，本来指横膈膜，其张力能够中止呼吸，因此用来比喻反思和思想。像"心"这个词在法语中一样，具有生理学和心理学的意义。韦尔南[3]同意 L·谢和耐[4]的观点，并由此相信，我们的恩培多克勒文本暗指一种回忆的"灵性练习"，它在于"通过横膈膜控制一个人呼吸的技术，这些技术允许灵魂全神贯注于它自身，以便使自己摆脱肉体，漫游于彼岸世界（au-delà）"。但是，prapides 这个词在努力回忆的语境中具有一种生理学意义，而如果说它早前表示反思和思想这两条线索，似乎又具有一种心理学意义的话——我们可以这样认为吗？在恩培多克勒的另一个文本中：

---

① 这里，我接受佐恩兹的解释，见 *Persephone*, Oxford, 1971, 第208页注5。另一方面，他拒绝所有所罗满教的解释。

② 韦尔南，《希腊人的神话与思想》卷1（*Mythe et pensée chez les Grecs*, Paris, 1971），第114页。

③ 同上书，第114、95—96页。

④ L·谢和耐，《古代希腊的人类学》（*Anthropologie de la Grèce antique*, Paris, 1982），第252页。

已经获得神明思想（prapidôn）的巨大财富的人是幸福的；而坚持一种诸神的不明朗意见的人是不幸的。①

我们发现 prapides 同样具有"心理学的"意义，并与表示"意见"的术语相对立。在这个语境中，肯定"控制呼吸的技术"的实存仅仅取决于 prapides 这个词的两可性；但是，还不能证实说，这个词在恩培多克勒的用语中表示横膈膜。

我不希望说，在希腊哲学传统中没有存在控制呼吸的技术；作为呼吸的灵魂观念，足以使我们假定这种技术的实存。②也许是，专注灵魂的柏拉图式的练习——它通常遍布全身部位——应该从这个角度加以理解。③同样令人关注的是，在那些讲述哲人之死的故事——例如，犬儒主义者第欧根尼和梅特罗克勒斯讲述的故事——中，我们常常听到有些人，据说通过屏住自己的呼吸来结束他们的生命。④这使我们假定，类似的修行在传记传统中被提及。但是，我在这里只是希望举出在许多不确定性和困难当中的一个例子。这些不确定性和困难，有待于对前苏格拉底和古希腊的所有重构和假设的研究。

---

① 迪蒙编的《前苏格拉底哲学家》，德谟克利特，B CXXXII，第 429 页。
② 前引韦尔南著作卷 2，第 111 页。
③ 参见前文。
④ D. L. , VI, 76, 95。

韦尔南补充说，这些呼吸控制的技术必须被放在"萨满教的"传统语境中。[1]萨满教是一种与狩猎文化根本相连的社会现象。[2]只有在西伯利亚和南美洲，它才仍然是一种主要的社会现象，但在那里，它适应某个遥远时代的其他文化和宗教，并与它们结合起来。它的基质（Substrat）仍旧最可见于斯堪的纳维亚和印度尼西亚。它围着萨满这个形象转，因为萨满懂得如何利用礼仪活动与动物界或人的灵界——不管是活着的，还是死去的——接触，借此保证在狩猎和放牧时的好运，或者治疗活人或死人的灵魂。自从梅乌利[3]和多德[4]的研究以来，学者们开始希望从萨满教得到希腊哲人对灵魂和灵—肉两分看法的根源。萨满教也被认为是灵性专注技术和肉体以外的灵魂漫游的根源；从伊利亚德的研究以来，[5]则是狂迷（extase）技巧的根源。我本人对这种解释持保留态度，主要基于两个理由。

---

① 前引韦尔南著作，第 96 页和卷 2，第 111 页。

② 阿梅永，《追踪灵魂——西伯利亚萨满教理论概述》（*La chasse à l'âme．Esquisse d'une théorie du chamanisme sibérien*，Paris，Société d'ethnologie，1990）。在后面的研究中，我将利用阿梅永在他的论文"西伯利亚萨满教——关于通灵者的反思"（"Le chamanisme sibérien：réflexion sur un médium"），载《探索》（*La Recherche*，n° 275，April，1995），第 416—422 页中关于萨满教的说明。

③ 梅乌利的论文"斯基泰王国"（"Scythica"），载《赫尔墨斯》卷 70（*Hermes*，t. 70，1935），第 137 页起。

④ 多德，《希腊人与非理性》（*Les Grecs et l'irrationnel*，Paris，Aubier，1965），第 135—174 页。

⑤ 伊利亚德，《萨满教和迷狂的古代技巧》（*Le chamanisme et les techniques archaïques de l'extase*，Paris，1968，[1ᵉ éd. 1951]）。

首先，即使我们接受这种萨满教的史前史，那些不再令我们感兴趣的灵性练习依然确实具有某种与萨满教礼仪共同的东西。它们是对理性控制的严格需要的回应；就我们所知，这是与最早的希腊思想家、智者派哲人和苏格拉底一起形成的。因此，过度狭隘的比较主义有着影响我们对希腊哲学看法的风险。

其次，在我看来，哲学史家对萨满教有一种高度理想化和灵性化的观念，这导致他们在自己转向的所有地方都看到萨满教。例如，若利在谈到苏格拉底时写道：

> 苏格拉底是最后的萨满、最先的哲人，现在是一个在人类学上被接受的真理。①

但是，若利说"人类学上被接受的真理"指的是什么？进一步说，人们真的可以说苏格拉底是第一哲人吗？"萨满"这个词在这里是什么意思？它指的是，依照萨满教的本质——就是说，从狩猎和捕鱼的角度看，人的灵魂与动物精灵之间的结合被设想为婚姻的模式——苏格拉底有一个礼仪的婚配，相信作为"滋养世界的女性主义灵性——给人以娱乐的森林精灵的女儿，或者给人以鱼的水精灵的女儿"——

---

① H·若利，《柏拉图主义的颠倒》（*Le Renversement platonicien*，Paris, Vrin, 1974），第67—69页。

是这样吗？他通过自己的衣着和行为，为礼仪的持续采取动物的形式吗？他跳起来咆哮，像一头公兽，与自己的竞争者打斗，准备迎娶他的母兽吗？我这里暗示的是，最近我的同事阿梅永对萨满行为的描写。[①]在我看来，她对"着迷"（transe）这个词——很接近"迷狂"——在使用中固有的两可性作出了值得注意的解释，以便把所有萨满教的身体行为总括起来。[②]说萨满"处于着迷中"，不用描述他姿势的细节，这也许看来是够了；但是，真正重要的东西恰好是那些身体姿势的细节。抖动或跳动并不表达同样种类的关系，如果它指向不同种类的精灵的话：

> 与诸动物精灵结合的象征论，因为它暗指萨满礼仪的动物化，是以说明他行为的古怪。它允许我们不理会有关他平常的或病态的性质问题，或者他举止的人为的或自发的特征。没有必要诉诸任何特别的心理学或物理学的条件作用。根据他身体的运动，这个萨满与动物精灵进行交流，就像不同的物种相互交流那样，尽管他们缺乏共同的语言。当他跳动时，或者，当他保持不动时，他并没有发狂，也没有昏厥，没有歇斯底里或

① 前引阿梅永的论文"西伯利亚萨满教——关于通灵者的反思"，第418—419页。
② 阿梅永的论文"了结萨满教研究中的'着迷'与'迷狂'"（"Pour en finir avec la 'transe'et l''extase' dans l'étude du chamanisme"），载《蒙古与西伯利亚研究》卷26（Études Mongoles et Sibériennes，t. 26，1995），第155—190页。

全身僵硬。他正扮演自己的角色。对于他来说，关键不是达到某种状态，或者通过某种经验生活，正如某些西方人会解释的那样；毋宁说，关键是做出他的亲友所期待的那种行动。因此，没有必要诉诸"着迷"、"入迷"或意识的"改变了的状态"这样的词汇——一种模棱两可的词汇，因为它暗指在物理状态、心理状态和象征行为之间的一种联系，一种并没有得以证实的联系。①

　　为了能够谈论那个仿佛是萨满的苏格拉底，在我看来，有必要彻底去掉赋予"萨满"以特异性的那种"萨满观"。对于若利来说，苏格拉底忘却自己，一动不动地进行沉思这样一个事实，②以及他"把他的灵魂用于他自己"，③都证明他求助过"众所周知的呼吸控制的技巧"。"众所周知"在我看来是相当夸张的；"据说"或"可能"似乎更为恰当，正如我们看到的那样。我自己以为，如果一个人要安静地沉思，必然要保持不动和沉默；而且，这样的行动与萨满的"退隐"（retraite）无关。多德在这个宗教"退隐"语境——一个通过能够包括一种性心理学改变的孤独和禁食的宗教训练期——中说话。在这个时期之后，萨满的灵魂可以离开他的身

---

① 前引阿梅永的论文"西伯利亚萨满教——关于通灵者的反思"，第419页。
② 同上书，第69页。
③ 柏拉图，《会饮篇》，174d。

体，漫游在精灵的世界中。然而，各种实在东西更为复杂，因为它们总是关系到一种与动物精灵、死者的灵魂有密切联系的特殊礼仪。伊利亚德和多德把萨满宗教想象为一个个体的力量，可以随意修改他的灵魂和身体的关系；但是，我们真正找到的东西，是践行某种象征举止的艺术，它关系到特定具体的情景。就萨满的"退隐"而言，我再一次引用阿梅永的话：

> 对于萨满礼仪行为的狂野的、自发的方面来说，与动物精灵的结合是基础。对于标志他生涯开端的非礼仪化的行为，如离走、拒绝吃肉、不睡觉等等，也同样如此。当这些行为出现在青春期时，它们被看成是表达与动物精灵发生了接触，而且是构成男人的检验。①

很难明白，所有这些如何与苏格拉底的行为有关。多德也希望在关于诸如阿巴里斯、普罗康尼萨斯的阿里斯特亚、克拉佐门尼的赫谟提谟和埃庇米尼得斯——他们大概在自己的身体之外游历——的故事中，看到萨满教的痕迹。此外，一个来自公元 2 世纪下半叶——在阿里斯特亚之后 9 个世纪——的作家对阿里斯特亚的描述，似乎确认了学者们通常归于萨满宗教的理想化表现：

---

① 前引阿梅永的论文"西伯利亚萨满教——关于通灵者的反思"，第419 页。

他躺在地上，屏住呼吸，遗弃他的肉体的灵魂，像一只鸟那样游荡，看见在他下面的一切：大地、海洋、河流、城镇、人的习惯和激情、每一种东西的性质。然后，回归到他的身体，使身体升起，再次使用如工具一般的身体，叙说自己看到和听闻的东西。①

通过细心研究，博尔顿指出，实际上正是在本都斯的赫拉克利德斯——柏拉图的一个学生，对这类现象感兴趣——影响下，阿里斯特亚的故事被用这种方式得以解读。②然而，根据博尔顿的说法，我们有全部理由相信，生活在公元前7世纪的那个阿里斯特亚，确实游历探险于现在的俄罗斯南部和亚洲的大草原；相信在他归返时，写了一首名叫《游记》的诗，讲述他的冒险故事。因此，在阿里斯特亚的例子中，看来没有精神游历（voyage psychique），只有一种真正的内陆游历（authentique voyage terrestre）。阿里斯特亚离开已有6年，人们以为他死了。因此，人们相信正是他的灵魂在一种显然已死的状态中带他出游。这里，我们再次看见对这种"萨满教式"解读不确定性的削弱。

萨满教的痕迹有可能通过古代希腊的某些宗教方面和礼

① 迪布内，"格言和论辩"（"Maxime de Tyr"，*Discours*，XVI），第60页，载迪布内编 *Theophrasti characteres . . .*，Paris, Didot, 1877。
② 博尔顿，《普洛康尼苏斯的阿里斯特亚》（*Aristeas of Proconnesus*, Oxford, 1962）。

仪得以识别。但是，我们在使用萨满教去解读那些圣人——他们从阿里斯特亚到毕达哥拉斯都被认为由于一种苦修的生活训练掌握了自己的灵魂——的形象和践行时，我们确实必定锻炼最大的审慎。在这一范围内，看起来完全有理由犹豫，涉及像阿巴里斯和阿里斯特亚这样的人物，正如当韦尔南在写作时所犹豫的那样：

> 对我来说，我们会被引诱去比较瑜伽类型的技巧而不是萨满教的活动。①

现在，我们可以转回我们由此开始的恩培多克勒的文本。但正如佐恩兹已经指出的那样，在其他地方本来就有两个众所周知的事实：一个是毕达哥拉斯相信轮回，另一个是人们相信他有回忆自己前世今生的能力。②据说，他记得有个尤弗布斯的人，是潘图斯的儿子，在特洛伊战争中被美涅拉俄杀死。③古人也描述，毕达哥拉斯派早晚都进行记忆练习，他们因此记得当下或从前日子的所有事件。④有人认

---

① 前引韦尔南著作《希腊人的神话与思想》卷 1，第 114 页；卷 2，第 110 页。
② 佐恩兹著作《珀尔塞福涅》（*Persephone*），第 208—209 页。波菲利，《毕达哥拉斯生平》（*Vie de Pythagore*），§30，第 50 页，德普拉斯。
③ 波菲利，《毕达哥拉斯生平》，§45。前引伯克特著作，第 139—141 页。
④ 扬布利科斯，《毕达哥拉斯生平》（*Vie de Pythagore*），§§164—165。

为，这些练习最终着眼于帮助人回忆自己前世的生活。①

但是，这种解释只被一个单一的、非常滞后的证据所支持：公元 5 世纪的作家希罗克洛斯评注了一本名为《黄金诗章》的新毕达哥拉斯的伪书。人们由此在其他事物当中，找到了检查一个人良心的忠告。在表明这种践行的道德重要性之后，希罗克洛斯补充说：

> 这种日常生活的回忆，成为适合提醒我们那种在先前生活中所做过事情的练习。因此，使我们感受到自己的不朽。②

然而，我们必须注意，两个更早前的证人——来自西西里岛的狄奥多罗斯和西塞罗——提到毕达哥拉斯回忆早前发生事件的践行，他们只谈着眼于增强记忆能力的练习。③对于波菲利来说，它更多的是检查一个人的良心问题，因为它必然根据一个人自己来说明他过去的活动，而且，也预见到一个人在将来是如何去行动的。④

我们有许多在毕达哥拉斯学派中对生活的描写。不幸的

---

① 前引韦尔南著作《希腊人的神话与思想》卷 1，第 111 页。
② 默尼耶，《毕达哥拉斯〈黄金诗章〉》（Pythagore, Les Vers d'or），希罗克洛斯，《关于〈黄金诗章〉第 XL-XLIV 节的评注》（Hiéroclès, Commentaire sur les Vers d'or），第 226 页。
③ 来自西西里岛的狄奥多罗斯，《历史文献》卷 10（Bibliothèque historique, X），5，1；西塞罗，《论老年》（De la vieillesse），11，38。
④ 波菲利，《毕达哥拉斯生平》，§40。

是，它们常常是哲学生活理想的投射。那种哲学生活是比毕达哥拉斯主义晚得多的学派所专有的，因此它们不能被委托以毕达哥拉斯生活模式的重建。我们知道，柏拉图在自己的《理想国》里称赞这种生活方式，[①]但是，他对此没有给我们任何实质性的细节。所有我们确定知道的，首先是，在毕达哥拉斯的时代和这个时代之后，毕达哥拉斯主义者对一些意大利南部城市产生了政治影响，因此，为由哲人所组织和管理的某个城市的柏拉图式的理想提供了一种模式。[②]我们也可以说，在这种政治活动失败之后，在南意大利和希腊的其他地方，存在着毕达哥拉斯式的共同体，引导我们前面已经讨论过的那种苦修主义生活。[③]

关于也许被其他前苏格拉底哲人所遵循的那些灵修践行，我们也是知之甚少。我们只能注意到，当讨论他们喜欢的主题之一——灵魂平静时，像塞内加和普卢塔克这样的哲人，提到了德谟克利特致力于研究人的正常情感或者灵魂的好禀赋等于快乐的一部著作。[④]在塞内加看来，德谟克利特

① 柏拉图，《理想国》，600a—b。
② 参见前引伯克特著作，第 109—120 和 192—208 页。
③ 参见前文。
④ 塞内加，《论灵魂的平静》（*De la tranquillité de l'âme*），2，3；普卢塔克，《论灵魂的平静》（*De la tranquillité de l'âme*），456c；D. L.，IX，45；参见前引 I·阿多著作，第 135 页起；迪蒙，《古希腊城邦与平静的理想》（*La cité grecque archaïque et classique et l'idéal de tranquillité*，Paris，1990），第 271 页。

在灵魂平衡的一种状态中寻找灵魂；如果我们使自己的活动适应于我们能够做的事情，我们就可以获得这种状态。因此，喜悦与自身知识是一致的。而且，我们必须"专心自己的事情"。针对一个人自己的活动是可能的。

同样值得注意的是，道德格言大量地以德谟克利特之名汇集起来。[①]他也写了一本书，名为《特里托金尼亚》——女神雅典娜的别名，把她等同于智慧或审慎；而且，他把这种智慧定义为善于推理、善于言说和做需要做的事情的艺术。[②]

在智者派当中，安梯丰尤其对提出一种在于借助语词去治疗悲伤和痛苦的精神疗法感兴趣。[③]我们不知道他如何践行它，但是，我们在保留下来的他的著作残篇中，见到了他关于人类心理学知识的有价值的阐释。这里我们有一些例子。

安梯丰知道，一个人如果没有体验令人羞耻或坏的东

---

① 迪蒙编的《前苏格拉底哲学家》，德谟克利特，B XXXV 和随后部分，第862—873 页。

② 同上书，第836 页。

③ 迪蒙编的《前苏格拉底哲学家》，智者派安梯丰，A VI-VII, 第1094—1095 页。参见罗梅耶·德尔贝，《智者派》(*Les Sophistes*, Paris, 1985)，第110—115 页；纳尔西"智者派安梯丰"(Antiphon le Sophiste)，载《古代哲人辞典》卷 1 (*Dictionnaire des philosophes antiques*, t. I)，第225—244 页；弗利"智者派安梯丰——一个作为精神治疗家的智者派？"("Antiphon der Sophist. Ein Sophist als Psychotherapeut？")，载《莱茵博物馆》卷 135 (*Rheinisches Museum*, t. 135, 1992)，第198—216 页；前引迪蒙著作，第253—255 页。

西——换言之，如果没有战胜他自己，就不可能成为有智慧的人。他也知道，一个想伤害自己的邻居、因为害怕失败或令人不快而没有这样做的人，常常最后放弃自己的计划。① 这表明，审慎在于反省，对行动保持一种批判的距离；因此，我们可以瞥见在生活的行为举止方面，反省所扮演的角色。他也被认为是一位优秀的解梦者。我们也许注意到，下面对生活的独一无二性和严肃性的评论：

有人不过自己当下的生活；仿佛他们带着自己所有的热情，正在准备过某种别样的生活，而不是这样一种生活。当他们这样做时，时间过去了并浪费了。我们不能重新再现一次生活，仿佛另掷一次骰子。②

这仿佛是我们已经听见伊壁鸠鲁或塞内加告诉我们："当我们等待过活时，生活已经从我们身旁溜走。"

这不多的例子使我们假定，存在一个完整的哲学生活和与它相连的践行的史前史。③不过，假设只有极少保存下来的残篇和解释它们的困难，准确地描述它们还是要求一种非常长期的研究。

---

① 安梯丰，BLVIII-LIX，迪蒙，第 1114 页。
② 安梯丰，B LIIIa 和 LII，迪蒙，第 1112 页。
③ 关于这个史前史，参见前引 I·阿多著作《灵修指引》，第 436—444 页；前引同一作者关于塞内加的著作，第 10 页起。

### 身体操练和灵魂修炼

尽管很多文本暗示这些操练，但没有系统的研究论文对哲学操练（苦修）的理论和技巧加以毫无遗留的整理。我们可以假定，这样的践行主要是口头劝诫的主题，而且，它们与灵性指导的习惯联系在一起。那些题为《论修炼》的论文确实曾经存在，现在却遗失了。在这个题目之下我们只有斯多葛派的穆索尼乌斯·卢富斯写的一篇简单的论文。[①]穆索尼乌斯首先肯定说，进行哲学活动的人需要操练。然后，他区分开灵魂固有的操练，和那些对于灵魂和身体共同的操练。前者在于"总是受人自己的支配"，因此便于沉思——建立支配我们活动的根本教条的那些论证。它们也包括用新的方式把事物再现在我们面前，希望并寻求真正善的事物——就是说，道德意图的纯洁。我们进行身体和灵魂共同的那些操练，"如果我们使自己习惯冷、热、饥饿、清茶淡饭、硬床、洁身自好并容忍不快之事"。由是，我们的身体将感觉不到痛楚，随时可以行动。同时，灵魂由于这样的操练而使自己坚强，变得勇敢和有节制。

穆索尼乌斯的这些评论是宝贵的，因为它们表明哲学操练的观念植根于竞技运动的理想，植根于体操这种典型的身

---

① 载费斯蒂吉埃尔，《古代的两位传道者：忒勒斯和穆索尼乌斯》(*Deux prédicateurs de l'Antiquité: Télès et Musonius*, Paris, Vrin, 1978)，第69—71页。

体训练的习惯践行中。就如运动员通过反复的身体操练，重新增强并塑造自己的身体那样，哲人通过哲学操练发展自己灵魂的力量，改变自己。这种类比原来就非常清楚，因为它恰好在学校里——那个地方既操练身体，亦常常上哲学课。[1]身体和灵魂的操练由此一起来塑造一个真正的人：自由、强硕、独立。

我们已经在不同学派的脉络中看到这些践行的几个例子。现在，我们来查看在所有这些操练当中存在的事物那种深厚的血缘关系。我们将看到，它们最终能够被归结为两个运动。在自身意识的习得方面虽对立却互补：一个集中在自我方面，另一个则在自我扩展的其他方面。使这些践行结成一体的东西，在于努力争取一个单一的理想——圣贤的形象。这个圣贤不管表面如何不同，却被不同学派视为具有许多共同点的形象。

与自身的关系和"我"的专注

苦修

几乎所有学派都提倡苦修（一个指"操练"的希腊词）和掌握自身。柏拉图的苦修，在于放弃肉体的欢愉，采纳一种特别的节食生活安排。在新毕达哥拉斯主义的影响下，这种节食安排有时候等同于素食主义。苦修旨在通过禁食和不

---

[1] 德洛姆，《体育学校》（*Gymnasion*, Paris, 1960），第 316 页起和第 466 页。

睡觉，弱化身体的作用，个人因此可能过上更好的灵性生活。然后，有犬儒派的苦修——某些斯多葛派也践行，它提倡忍受饥饿、寒冷和侮辱，消除奢侈、安逸和文明的机巧，培养起独立和毅力。皮浪主义的苦修，训练个人视万物为无差别，因为我们不能告诉别人它们是好或不好。还有伊壁鸠鲁派的苦修，他们限制自己的渴求，以达到纯粹的欢愉。斯多葛派的苦修，他们认为，人们不必执着无关要紧的事物而改正自己关于对象的判断。所有这些学派都要求一种自我分制，"我"由此拒绝与自己的渴求和欲望合在一起，与自己渴求的对象保持距离，知道自己与对象分开的力量。因此，"我"从一种片面的、特殊的看待事物的方式，上升到一个普遍的视角、一种本性的或灵性的视角。

我、当下和死亡

灵性修炼几乎总是与一种运动保持一致，在这个运动中，那个"我"专注于它自己，而且发现，它并非自己所想到的东西。它不再与那些它曾经依附过的对象结合在一起。

在这里，关于死亡的思想扮演一个决定性的角色。我们已经明白柏拉图如何把哲学定义为一种死亡的操练：既然死亡是灵魂与肉体的分离，那么哲人也在灵性方面把自己与肉体相分离。从柏拉图的观点来看，我们因此被重新引向那种苦修，它在于发现那个纯粹的"我"，在于超越退回其个体性的那个自我论的自我。纯粹的"我"通过把自己与所有事物分离开来，从而退回其个体性。因为，所有事物都依附它，它也依附所有事物。而且，所有事物都妨碍它认识它自己——像柏拉图提到的海神格劳科斯那样，身上布满贝壳、海藻和鹅卵石。①认识是一种苦修和分离的活动，正如我们也可以从普罗提诺那里所看到的那样。他促使那个"我"，把自己与外在于它的东西分离开来：

> 如果你还没有看到你自己的美，那么，就像雕塑家雕刻一尊准会变得美妙的塑像那样：削掉这一部分，勾刮另一部分，使这里平滑，那里光亮，直到这尊雕像出现一张漂亮的脸。同样，你也必须去掉多余的东西，使弯曲的变直，净洁所有的肮脏，使它变得闪亮。千万不要停止雕塑你自己的像，直到美德的神圣之光照亮你心中。②

我们刚刚提到的操练，能够在斯多葛派——例如马可·奥勒留——中被发现。③马可·奥勒留忠告自己要把"自己"——他意思是说，"自己"的思想——与其他人所做所说分开，与他自己在过去做的说过的东西分开。他也鼓励自己，把他的"我"与所有以后也许烦扰他的东西——这里他

---

① 柏拉图，《理想国》，611d。
② 普罗提诺，《九章集》，I，6 (1)，9，7起。
③ 马可·奥勒留，XII，3，1起。参见 P·阿多，《内心的堡垒》，第130页起和第148—154页。

指的是自己的身体，甚至是激活身体的灵魂——分开，包括那些基于普遍原因——换言之，命运——的相互连接的事件，和那些因为他把自己依附于它们而反过来依附于他自己的事物。他承诺，如果把自己与过去和未来分开，活在当下的话，他将获得一种平和宁静的生活。

通过这种操练，"我"完全被当下包围。"我"尝试活出只是"我"活着的那样——就是说，那个当下：那个"我"把自己与它在过去的所做所说"分开"，又与它将要在未来经验的东西"分开"。"我们只活在当下，因此无限渺小。"马可·奥勒留说，"其他的东西或者已经活过了，要不然就是不确定的。"[1]过去不再关注我们，将来则还没有关注我们。[2]这里，我们遇到斯多葛式的对立：一方面是依赖我们的东西，另一方面是不依赖我们的东西。依赖我们的是当下——行动、抉择和自由这一面；不依赖我们的是过去和未来，对此我们无能为力。对于我们来说，过去和未来都只能意味着想象的痛苦和快乐。[3]

重要的是理解这种专注于当下的操练。我们不必想象，斯多葛派既不回忆什么，也从来不思考将来。他所拒绝的并非关于过去和将来的思想，而是他们承担的激情、徒劳的希

---

① 马可·奥勒留，III，10，1。
② 塞内加，《致卢西里乌的信》，78，14。
③ 马可·奥勒留，VIII，36 和 XII，1。

望和徒劳的惋惜。斯多葛派要起作用，为了生活和行动，我们必须制订计划，考虑过去是为了预见我们的行动。但是，既然所有活动都不可避免地是当下的，我们就必须思考过去和将来，只是作为我们行动的一种功能，而且，因为这样的思想对我们的行动也许是有用的。因此，它是选择、抉择和行动，决定当下的厚度。

斯多葛派区别开规定当下的两种方式。第一种在于把当下理解为过去和将来之间的界限。从这个角度去看，从来就没有任何当下时间，因为时间是无限可分的。这是一种抽象的、数学的划分，当下在其中被还原到一个无限小的瞬间。第二种方式从人的意识方面来规定当下；因此，它再现某种厚度和绵延，与生活的意识的关注相一致。①当我们谈论专注当下时，它就是我们所说的当下。

自身意识不是别的什么，正是活动并生存于当下时刻之中的"我"的意识。正如马可·奥勒留从不厌倦地反复说：我必须把自己的关注集中在我此刻正在思考、正在做和此刻出现在我面前的事情上；如此我把事物看成是它们此刻正把自己呈现给我，如此我也许把自己的意图调整到自己正在做出的行动上。我必须要做的只是有利于人类共同体的东西，由此我也许可以接受——正如命运所意愿的那样——此刻正

---

① 参见 P·阿多，《内心的堡垒》，第 152 页。

出现的东西，接受并不依赖于我的东西。[1]

因此，自身意识的这种操练能够被还原为关注他自己和警醒的操练。[2]它假定，我们在每一个瞬间都在重新作出自己的生活选择——就是说，纯洁自己的意图，使我们的个人意志与普遍自然的意志相一致；它假定，我们在自己心灵中不断地保持表达那种当下选择的生活规则。哲人必须在每个瞬间都完全意识到自己拥有的和正在做的东西。

像柏拉图的自身意识一样，如此专注于当下时刻，也以一种"死亡的操练"（exercice de la mort）为前提，死之可能的思想，使每个人的生活时刻和行动具有价值和严肃性：

> 行动、说话、总是思考——像一个也许随时离开生命的人那样。
>
> 落实每个生命的活动，仿佛它是你的最后活动，使你自己远离所有轻率。
>
> 当你度过的每一天都仿佛是你的最后一天时，你的生活方式就十全十美……
>
> 让死亡每天都出现在你眼前，你将永远不会有最起码的想法，或者一种过分的渴求。[3]

---

[1] 马可·奥勒留，VII，54。

[2] 参见爱比克泰德，《对话集》，IV，12。

[3] 马可·奥勒留，II，11；II，5，2；III，69；爱比克泰德，《手册》，§21；塞内加，《致卢西里乌的信》，93，6；101，7。

从这个角度来看，一个把自己所有关注和意识都应用到当下的人，将感觉自己在当下时刻中拥有一切。因为在此时刻中，他既有实存的绝对价值，亦有道德意图的绝对价值，不再有任何东西留给渴求。整个一生和永恒都不可能带给他任何更幸福的东西："如果一个人在一个时刻拥有智慧，那么，他将不会比一个由始至终永远拥有这个智慧的人更少幸福。"[1]幸福是完完全全的幸福，就如一个圆圈，不管是小或大，仍然是一个圆圈。[2]不像舞蹈或戏剧演出——即使被打断，也还是没演完，道德活动在每个时刻都完全是完美的。[3]因此，一个如此的当下时刻，等于一个整全的生命。关于这样一个时刻，我们可以说：我已经实现了自己的生命；我已经拥有一切可以从生命中期待的东西。我现在可以死去：

> 当我们上床睡觉时，会满心欢喜地说："我已经活过了。我已经走过运气给我安排好的路。"如果神把明天作为礼物送给我们，让我们笑纳好了。那个毫无烦恼地等待明天的人是完

---

[1] "克里西波斯"，载普卢塔克，《与斯多葛派相对的团体观念》(*Des notions communes contre les stoïciens*)，载布雷依尔编《斯多葛主义者》(*Les stoïciens*)，第 140 页。

[2] 塞内加，《致卢西里乌的信》，74, 27；参见克里斯蒂娃，《武士》(*Les Samourais*, Paris, 1990)，第 380 页："完美的圆圈，不管是大是小，总是幸福的，因为它是正义的。"

[3] 马可·奥勒留，XI, 1, 1。

全幸福的，他坦然享受他自己所拥有的。凡是对自己说了"我已经活过"的人，都能够在每天起来时收到意外的礼物。

赶紧过日子，把每天视为一次完成的生活……那个每天都相信自己的生活已经完成了的人，享受灵魂的平静。①

我们能够明白，这种操练如何引导我们以一种完全不同的方式考虑时间和生活，最终造成当下的一种真正的转变。更有趣的是注意到，在这种灵性过程的经历中，伊壁鸠鲁主义和斯多葛主义在不同的问题上又相互一致起来了。

在伊壁鸠鲁主义中，对一个人自己的专注和意识一个人自己，也与苦修联系了起来。②这种苦修，限制在那些自然的和必然的东西里面，限制在那些确保肉身稳定快乐——换言之，个人的快乐——的事物中。

亚里士多德说过："一个人感觉活着，这是某种快乐。"③但是，活着的恰好意味着感觉东西。因此，我们应该说的是："一个人所感觉的，正是感觉一种快乐。"对于伊壁鸠鲁来说，有感觉的存在者——可以说——已经意识到他们自己：这正好是哲学的快乐，纯粹的生存的快乐。

---

① 塞内加，《致卢西里乌的信》，12，9；101，10。
② 关于在斯多葛派和伊壁鸠鲁学派中的当下，参见 P·阿多的论文"唯一的当下是我们的幸福"（"Le présent seul est notre bonheur"），载《第欧根尼》133 期（*Diogène*，n° 133，janvier-mars 1986），第 58—81 页。
③ 亚里士多德，《尼各马可伦理学》，IX，1170b1。

但是，为了获得这种自身意识，有必要再次把自己与外在于自己的东西分开——不仅与由身体造成的激情分开，也要与由灵魂徒劳的渴求造成的激情分开。这里，我们一再看到对当下的专注。因为，我们让自己牵挂烦忧——等待并希望到来——的理由在于，灵魂正在思考过去和将来。①这种情况的出现，正是当灵魂还没有断绝自己那些既不自然亦不必然的渴求，诸如对财富和尊荣的追求时，这只能通过长期的努力才得以满足，正如它是不确定的那样困难：

> 愚人过日子等待好东西出现。他们知道这些东西并不确定，所以在恐惧和焦虑中大吃大喝。后来——这是痛苦的最糟糕的日子——他们发现自己徒劳地渴望金钱、权力和荣耀；因为他们并没有从这些他们如此狂热地希望、并如此辛劳工作以获得的东西中得到任何快乐。
>
> 愚人的生活是艰难和令人烦心的。它完全被将来所吞吃。②

关于过去，伊壁鸠鲁派承认，过去能够给我们提供稳定的快乐，不过只是就我们"再现实化"它而言。③因此，伊

---

① D. L.，X, 137；参见前引巴娄德著作《伊壁鸠鲁》，第135页。
② 西塞罗，《论至善和至恶》，I, 18, 60；塞内加，《致卢西里乌的信》，15, 9。
③ 参见前引巴娄德著作《伊壁鸠鲁》，第135页。

壁鸠鲁写道，他的身体痛苦得以减轻，皆因记得他与自己学生的哲学交谈。①这也许指的不仅是过去快乐的回忆给他提供当下的快乐，而且还意味着，他回忆的哲学推理，同样帮助他克服自己的痛苦。

正如对于斯多葛派来说一样，伊壁鸠鲁的根本的灵性操练，在于对当下的专注——就是说，对在当下中"我"的意识的专注——而且不再把我们的渴求投向将来。当下足以幸福，因为它使我们满足自己最单纯、最必要的渴求，由此提供稳定的快乐。这是诗人贺拉斯最喜爱的论题之一：

让灵魂在当下幸福，不再忧虑今后将要到来的东西。

考虑尽你所能安排当下，带着平静的心灵。其他一切都如被一条河带走那样。②

对于斯多葛派来说，这种操练与死亡的思想紧密相连，因为这是把价值赋予生活的每一天和每一瞬间的东西。这是为何我们必须过每一时刻犹如我们最后时刻的原因：

当我们谈话时，嫉妒的时间已经消逝。如此抓住那一天，不信任明天！

① D. L., X, 22；参见巴娄德，第 128 页。
② 贺拉斯，《颂歌》（*Odes*），II, 16, 35 和 III, 29, 33。

劝说你自己，开始新的每一天，将是你最后的一天。然后，你将带着感激接受每个不期而至的时刻。①

从死亡的角度来说，"带着感激"——因为每个瞬间都呈现为一种奇妙的礼物——究其唯一性来说，它是不期而至的恩典活动：

承认每一个附加时刻的所有价值，接受它，仿佛它由于奇妙的、难以置信的好运而出现。②

我们必须意识到生存的壮美。③绝大多数人意识不到这点，让自己徒劳地消耗渴求，而这些渴求则对他们隐瞒生活本身。用斯多葛派塞内加的话来说："当我们耽搁日子时，生活就从我们身边流逝。"④他似乎在回应一种伊壁鸠鲁的说法：

我们只出生一次；两次是不被允许的。因此，我们必定止

---

① 贺拉斯，《颂歌》，I，11，7，《书信》，I，4，13。
② 菲洛德穆，《论死亡》（De la mort），37，20，载吉甘特，《菲洛德穆研究》（Ricerche Filodemee，Naples，1983），第181和215—216页。
③ 有关基于存在、存在自身、自我性和感到生存的同一的安宁，参见胡林，《野蛮人的神秘主义》（La Mystique sauvage）中第237页的精彩讨论。
④ 塞内加，《致卢西里乌的信》，I，1—3。

于永恒的生存。但是，你不能主宰明天——你直到明天才恢复快乐。生活在这样的耽搁中徒劳地耗尽，我们每个人从来不曾懂得平静便死去。①

　　像斯多葛派一样，伊壁鸠鲁派在当下时刻找到完美。对于伊壁鸠鲁来说，当下时刻的快乐并不需要持续，为的是完美。因此，一个单一的快乐瞬间就像永恒那样完美。②这里，伊壁鸠鲁承继了亚里士多德的快乐理论。③对于亚里士多德来说，视觉动作在自己绵延的每一个时刻——就自己的特征来说——是完全的和已经完成的，因此，快乐在每个时刻尤其是完全的。快乐并非一种在时间中展开的活动，也不取决于绵延。它自在地是这样的实在事物，并不处于时间的范畴中。我们可以谈论伊壁鸠鲁的快乐，正如谈论斯多葛的美德那样，它们的量并不改变自己的质：圆是圆，不管大或小。这就说明，希望增加来自未来的快乐，是对快乐真正本性的无知；因为我们只有懂得如何把自己限制在能够在当下时刻所获得的东西中，不让自己被那些不切实际的无穷欲望冲昏头脑，才能取得恒稳的、满

① 前引《梵蒂冈格言》，§14，载巴娄德著作《伊壁鸠鲁》第210页。
② 巴娄德，《主要的格言》（*Maximes capitales*），XIX，第202页；西塞罗，《论至善和至恶》，I，19，63；II，27，87。
③ 亚里士多德，《尼各马可伦理学》，X，3，1174a17起。参见克雷默，《柏拉图主义和希腊化哲学》（*Platonismus und hellenistische Philosophie*，Berlin，1971），第188页起。

足的快乐。因此，斯多葛的美德和伊壁鸠鲁的快乐在每个时刻都是完美的。而且，斯多葛派和伊壁鸠鲁派都能够同意贺拉斯的格言："凡是感到幸福并掌握自己的人，每天都能够说：'我活过了。'"①

换言之，"我活过了"，因为我知道快乐的非时间性质，知道恒稳快乐的完美和绝对的价值；也因为我意识到存在的非时间性质。没有什么可以阻止我进入存在当中，或者阻止我获得感觉自己存在的快乐。②伊壁鸠鲁对死亡的沉思，旨在使我们意识到生存的绝对价值和死的虚无，热爱生活并压抑对死亡的恐惧："好活的操练和好死的操练是同一回事。"③好死意味着理解，类似非存在的死亡对于我们是虚无；但是，它也意味着，我们进入存在的每个瞬间的喜悦；知道死并不能够减少存在快乐的完全。正如迪亚诺正确地评论的那样，在认为死亡于我是虚无这样的观念背后，有一种深刻的本体论直观：存在并不是非存在（l'être n'est pas le non-être），从存在到虚无并无通道。维特根斯坦也许思考的是伊壁鸠鲁，他写道：

---

① 贺拉斯，《颂歌》，Ⅲ，29，42。
② 前引迪亚诺的论文"快乐的哲学和朋友的社会"（"La philosophie du plaisir et la société des amis"），载他的《古代哲学的研究与检查》（*Studi e saggi di filosofia antica*，Padoue，1973），第 364 页。
③ 伊壁鸠鲁，《致梅内塞的信》（*Lettre à Ménécée*），§126，前引巴娄德著作，第 193 页。

死亡并非生命的一个事件。它是经验不到的。如果我们就"永恒"说的不是一种无限的时间绵延，而是非时间性（l'intemporalité）的话，那么，凡是活在当下的人，都永恒地活着。①

这里，我们看到，斯宾诺莎反对在沉思"死"的意义上沉思"生"是错的。②事实上，它们相互不可分。它们根本上是同一的，两者对于产生自身意识来说，都是不可免的条件。而且，从这个观点来看，将柏拉图的死亡操练与斯多葛和伊壁鸠鲁的死亡操练截然对立起来是不对的。就两者来说，这种操练的目的在于通过对死亡的思考，产生自身意识。因为，那个思考其死亡的自我，总是以这样或那样的方式，思考处在灵性的或存在的非时间性中的它自己。因此可以说，在这个意义上，死亡的操练是最根本的哲学操练之一。

专注自身和检查良心

以我们这里说明的那种真实的哲学角度来看，产生自身意识本质上是一种伦理活动，由此，我们的存在方式、生活方式、看待事物的方式才得以转变。因此，意识到我们自己，指的就是意识到我们的道德状态。这是基督宗教灵性传

---

① 维特根斯坦，《逻辑哲学论》，6.4311。
② 斯宾诺莎，《伦理学》，IV，命题67。

统中叫做良心检查的东西，即一种在古代诸哲学学派中非常普遍的修行。[1]这种修行首先根源于这样一个简单的事实：在所有学派中，哲学的开端意味着意识到疏离（aliénation）、消散（dispersion）和不幸（malheur）状态。由此，我们在皈依哲学之前，先发现我们自己。伊壁鸠鲁的一条原则这样说："对我们错误的认识是我们拯救的开始。"[2]斯多葛的原则回应说："哲学的出发点……是我们对自己弱点的意识。"[3]然而，这个出发点并非简单地去思考我们的缺点。我们也必须考量自己取得的进步。

就斯多葛派而言，我们知道，作为学派创立者的芝诺介绍说，哲人检查自己的梦，为的是意识到他们灵魂取得的进步。这暗示了检查良心这种践行的实际存在：

> 他认为，每个人都可能通过自己的梦，意识到他正作出的进步。如果一个人不再梦到自己被某种羞耻的激情击溃，或者说，如果一个人不再梦到自己屈从于或者做出某种不好的或不正义的事；相反，如果灵魂表现事物和感情的能力被理性所抚

---

[1] 参见 H·耶格尔的论文"在非基督教徒的宗教中和基督宗教之前的良心检查"（"L'examen de conscience dans les religions non chrétiennes et avant le christianisme"），载 *Numen* 卷 6，1959 年，第 175—233 页和《灵性词典》（*Dictionnaire de spiritualité*，IV，2，1961，col. 1792—1794）；前引 I·阿多著作，第 66—71 页。

[2] 塞内加，《致卢西里乌的信》，28，9，引自伊壁鸠鲁派的文本。

[3] 爱比克泰德，《对话集》，II，11，1。

平，犹如在平静的澄明海洋中，没有被海浪搅碎的闪光，那么，如此的进步便是真实无疑的。①

正如我们所看到的那样，柏拉图已经注意到，梦揭示了灵魂的状态。②这个论题再次出现在基督宗教的灵性操练中。③

尽管这个论题并没有在文本中清晰地加以陈述，我们还是有理由假定，良心的检查在伊壁鸠鲁学派中得以践行，因为它事实上与学派认为如此重要的忏悔和兄弟般的惩罚不可分开。

我们在公元前2世纪的《阿里斯特亚书信》中发现这种修行的痕迹，因为《书信》肯定好君王有责任注意自己一天的所作所为，由此可以改正自己已犯的任何错误。④

大约在基督宗教时期的开始，新毕达哥拉斯主义在一种道德意义上，接过由古代毕达哥拉斯主义践行的那种记忆术训练。我们可以在《黄金诗章》中看到这点：

---

① 普卢塔克，《一个人如何通过美德意识到自己的进步》（*Comment on peut s'apercevoir qu'on progresse dans la vertu*），第82页起。

② 柏拉图，《理想国》，571d。

③ 庞义伐，《论僧侣的修行》（*Traité pratique du moine*），§§54—56；参见勒福莱的论文"庞义伐之后的梦与灵性生活"（"Rêves et vie spirituelle d'après Évagre le Pontique"），载《灵性生活补录》卷59（*Supplément de la Vie Spirituelle*, t. 59, 1964），第470—516页。

④ 《阿里斯特亚书信》，§298；参见前引 I · 阿多著作，第68—69页。此信是犹太教的一个文本，源自公元前2世纪，但受到希腊哲学的影响。

别让睡眠降落在你惺忪的眼上

在你三次检查自己一天做过的每件事情之前：

我在哪里做得不够好？我做了什么？我忽略了什么责任？

从这里开始继续检查。此后

发现做得不好的缺点，为好的东西感到高兴。[①]

《黄金诗章》这些诗句后来常常被一些作者所引用或间接提到，他们提倡良心检查——如爱比克泰德那样的斯多葛派；如加利安那样的独立哲人；尤其是如波菲利和扬布利科斯那样的新柏拉图主义者，因为他们把毕达哥拉斯共同体的生活，描述为哲学生活的理想模范。

加利安是一名医生，并不依附任何哲学学派。[②]他希望保养的不仅是身体，还有灵魂，所以他把良心的检查与灵性的指导结合起来。他劝告人们接受由更有经验的年长者提出的缺点，然后早晚都要检查自己。

塞内加确认，他自己践行这种操练。他主张向一个生活在奥古斯都时代的叫做塞克提乌斯的新毕达哥拉斯派哲人学习：

---

① 波菲利，《毕达哥拉斯生平》，§40。爱比克泰德，《对话集》，III，10，3（苏利赫译）。

② 加利安，"论每个人灵魂固有的激情的诊断与治疗"（"Du diagnostic et du traitement des passions propres de l'âme de chacun"），6，10，载伽伦《灵魂及其激情》（*L'Âme et ses passions*），由巴拉斯、伯切勒、莫朗编，巴黎，1995 年，第 23 页。

每一天，我们都一定请求自己的灵魂说明它自己。这就是塞克提乌斯所做的。当一天结束时，他回到自己的房间睡觉，此时他问自己的灵魂："你今天自己治好了什么罪恶？与什么恶行做斗争？在什么意义上你是更好的？"有什么比检查一整天行为更好的事情呢？检查了自己之后，睡觉有多香啊！当心灵被称赞或警告，当它成为自己道德行为的观察者和秘密审判官，它是多么的宁静、深沉和自由啊！利用这种力量，每天我都在自己面前为自己辩护！当火把被拿走，当已经熟悉我习惯的妻子不再唠叨，我检查自己的一整天，掂量自己的所做所说。我对自己没有什么好隐瞒，我亦不放纵自己。①

塞内加在别的地方继续这种类似司法的程序："做你自己的起诉人，然后做法官，最后做辩护的律师。"②这里，我们见到良心这个"内心法庭"（tribunal intérieur）的基本看法——一种可以在希罗克洛斯对毕达哥拉斯的《黄金诗章》的评述中见到的形象。③这是康德描述的"内心法庭"，因为他观察到，当自我是它自己的法官时，它分裂为

① 塞内加，《论愤怒》（De la colère），III, 36, 1—3；前引拉博著作，第180—181页，参见本书前言部分第8页注①。
② 塞内加，《致卢西里乌的信》，28, 10。
③ 希罗克洛斯，In Aureum. . . Carmen Commentarius, XIX, （40—44），由科勒编，斯图加特，1974年，第80页，20；默尼耶翻译的《〈黄金诗章〉评注》（Commentaire sur les Vers d'or），第222页。

一个理智的自我——在自己之上为自己建立法则，从一个普遍的角度来看它自己和一个感觉的、个体的自我。[1]因此，我们再次遇到苦修和意识到一个人自己的双重含义。这里，那个"我"将等同于无偏见的、客观的普遍理性。

这种检查有时很可能通过书写加以落实，正如当爱比克泰德力劝我们观察自己过失发生的准确次数时所暗示的那样。例如，我们应该注意自己是否每天都会生气一次，抑或每两天、三天，还是每四天生气一次。[2]

但是，良心检查通常并不纠缠在这样的琐细事情上。相反，与其说它是一件保持灵魂状态——不管是正面还是负面——的事情，倒不如说它具有一种方法，重建自身意识、自身关注和理性力量。例如，我们可以在马可·奥勒留中看到这点——他回忆支配我们与他人关系的那些根本规则，正如他忠告自己准备应付将遭遇他人的各种困难一样。[3]同样，加利安提出建议说，当我们早上起床，开始一天的生活之前，我们要问自己，是屈从于激情更好，还是反过来利用在所有事物中的合理性更好。[4]爱比克泰德一样劝告我们在早上时检查自己，由是，我们才可以不仅回忆进步，而且也

---

① 康德，《道德形而上学》(*Métaphysique des moeurs*)，Ⅱ。《美德学说的首要形而上学原则》(*Premiers Principes métaphysiques de la doctrine de la vertu*)，Ⅰ，1，§13，由阿兰·雷诺翻译，巴黎，1994年，卷2，第295页。

② 爱比克泰德，《对话集》，Ⅱ，18，12。

③ 前引Ⅰ·阿多著作，第70页；前引拉博著作，第182页。

④ 前引加利安著作，5，6，第19页。

确定必须提倡我们行动的诸原则:

> 你们早上一起床,就马上问自己,"我还必须做什么才感觉不到烦恼和拿走烦恼?我是谁?身躯?财富?名声?这些都不是。但究竟是什么呢?我是一个理性的存在者。"这样一个存在者要求什么?检查在你心灵中你的行动:"我忽视了那些引导到幸福的事物吗?我所做的不符合友谊、社会义务,或者不符合人心的品质吗?我在这些事情中疏漏了什么责任?"①

当爱比克泰德劝告哲人学习如何与自己独处时,举宙斯作为例子。当在宇宙周期性灾难后,在新宇宙期还未开始便孑然一身时,宙斯"孤居独处,反思自己的神圣管辖,深思对自己有价值的那些思想"。爱比克泰德继续说:

> 当我们与自己一起走时,我们也应该与自己交谈,学习如何不需要别人,不会感到毫无目的。我们必须关注神灵,关注我们与世界其他东西的关系;必须考虑自己以往对待事情的态度,考虑现在是什么态度——使我们悲伤的事物是什么,它们如何被对待和被根除。②

---

① 爱比克泰德,《对话集》,IV, 6, 34。
② 同上书,III, 13, 6。

这里，良心的检查表现为更大量的操练的一部分：沉思的操练。关注并专注一个人自己的运动，证明紧密联系着膨胀扩大的相反运动——由此，"我"从大全、从与世界其他东西的关联、从正如这表现在诸事物中的命运一样的视角中，看到我的位置。

与宇宙的关系和"我"的扩大

自我在宇宙中的延伸

我们已经看到，柏拉图推荐的灵性操练如何存在于自我的一种向实在世界总体性的扩展。灵魂"将不停地努力拥抱整个神灵和人类的普遍性"，趋向"时间和存在的总体性的静观"。[①]因此，灵魂——可以说——延伸至浩瀚广袤。"它升向高处，支配整个世界"，[②]而身体独自仍旧居住在城邦里：

> 它把所有人类事物视为不过是它未加说明的微不足道和虚无之思想，向四面八方飘散，探测大地之下的东西，度量大地之表面，研究星体穿越眺望天穹顶点的路径，探索这些实体事物在

---

① 柏拉图，《理想国》，486a。关于这个论题，参见 P·阿多的论文"从上看大地和宇宙漫游"（"La terre vue d'en haut et le voyage cosmique"），载施奈特和莫尼克·莱热奥里纳合著的《空间的边界与征服——检验哲学》（*Frontières et conquête spatiale. La philosophie à l'épreuve*, Kluwer Academic Publishers, Dordrecht, 1988），第31—40页。

② 柏拉图，《斐德罗篇》，246b—c。

其总体中的全部本性，从不往回下探至直接在旁边的东西。①

　　亚里士多德对自然的沉思，从对星星的深情凝视到由天工造化产生的美妙欢愉，同样引起思想升华。

　　在伊壁鸠鲁派当中，也有一种自我向宇宙的扩张——它给我们带来无限的欢愉。对于伊壁鸠鲁派来说，我们看见的世界，只是在无限时空中延伸的无数世界的一个：

　　因为灵进入无法估量的、无限的空间，扩展自己以便让自己穿越四面八方，永远看不到自己也许会停下来的任何边界或限界。

　　既然空间越过此世之墙至无限，灵就试图知道在这种广袤中就它意愿来说，它能够全神贯注地加以凝视的那种东西，知道自己能够自发地自由翱翔的地方。

　　世界之墙飞散。我看见在广袤虚空中诞生的事物……大地没有阻止我区分所有在我脚下、在虚空的深处出现的东西。目力所及，我发现自己被一种神圣喜悦的战栗所抓住。②

　　让我们顺便注意，不管某些历史学家怎么看，我们没有

---

① 柏拉图，《泰阿泰德篇》，173e。
② 西塞罗，《论神性》（De la nature des dieux），I，21，54；卢克莱修，《物性论》，II，1044—1047 和 III，16 和 30。

必要等到哥白尼时期才看到"世界之墙飞散",或者看到从"封闭的世界向无限宇宙"的过渡。①

像生存的意识一样，伊壁鸠鲁对自然的沉思被提升到非时间性，正如在伊壁鸠鲁这段话所说的那样：

> 记住，尽管生来会死而且获得了有限的生命，你们不过从自然科学上升到永恒，你们看到了事物的无限性：那些应然的事物和那些已然的事物。②

斯多葛派同样提倡扩展"我"的操练，即扩展到无限——不是不可数宇宙的无限（根据斯多葛派的思想，世界是有限和独一无二的），而是时间的无限，在其中构成世界的事件展开永恒地重复它自己。"我"进入世界的总体性，喜悦地感觉到自己是这个世界的整全的部分：

> 倒不如告诉我们，人展开自己的思想至无限是多么的自然。人的灵魂是一件高尚和高贵的东西。它接受的唯一界限，是它与上帝共同拥有的那些界限……它的故乡就是通过自己的圆周运动，绕着苍穹和世界的故乡……
>
> 灵魂获得幸福的整个充实丰满，当它达到顶点，进入自然

---

① 参考科热的《无限宇宙中的封闭世界》(*Du monde clos à l'univers infini*, Paris, 1973)。

② 巴娄德编《梵蒂冈格言》，10，第 210 页。

的中心，做人的条件便可以达到……它喜欢在繁星中翱翔……当它到达那里时，便使自己强壮并生长起来。它逃离自己的禁锢，回归到自己的本原。

灵魂游历整个世界，围绕它的虚空和自己的形式。它扩展到无终点时间的无限，拥抱并孕育宇宙的周期性再生。

环绕着我们凝视中的星轨，它们仿佛正带着我们一道旋转；经常思考元素的相互转化——如此的再现洗净我们尘世生活的污斑。

经常想象世界的总体，还有实在性的总体。①

在柏拉图传统中——占主导地位的有《理想国》、《斐德罗篇》和《泰阿泰德篇》——灵魂飞越宇宙空间是真正经常的论题：

当人们渴望一种平和宁静的生活时，他们静观自然和所有在自然中的东西……通过思考，他们与月亮、太阳和其他星体的运动——不管是固定的还是移动的——共存一体。确实，他们的身体仍在大地上，却给自己的灵魂插上翅膀，由此升入太空，观察居住在那里的大能天神（les puissances），正如那些成

---

① 塞内加，《致卢西里乌的信》，102，21；《自然的问题》（*Questions naturelles*），I；《开场白》（*Prologue*），12；马可·奥勒留，XI，1，3；VII，47，1；X，17。

了世界公民的人们一样。①

受柏拉图、斯多葛和亚里士多德学说影响的天文学家托勒密，很可能写过一首讽刺短诗，描述了当他在思想中遨游天际时，自己与神圣生活结合在一起的感受：

我知道自己是必死的，仅剩最后一天。但是，当我与闪烁繁星在它们旋转行程中相遇时，我们双脚不再接触大地。在宙斯本人身旁，我饱尝美味佳肴，像一位神祇。②

在所有如此践行的学派中，这种思想和想象的操练，归根结底在于哲人对自己在大全中所产生的意识——正如短暂绵延的极小的点那样，但能够扩大至无限空间的巨大领域，通过个别直观把握全部的实在。因此，"我"经历一种双重的感受："我"对微小事物的感受，正如"我"看到自己迷失在无限时空中的有形的个体性那样；"我"对宏大事物的感受，正如"我"经验自己拥抱事物总体的能力那样。③我们可以称这为分开并保持距离的操练，着眼于教导我们公正客

① 亚历山大的斐洛，《论特别律法》(De specialibus legibus)，II，§45。
② 费斯蒂吉埃尔翻译《三重伟大的赫尔墨斯的启示》卷1，第317页；《王室诗选》卷9 (Anthologie palatine, IX)，577。
③ 参见P·阿多《内心的堡垒》，第195—198页。

观地看事物。这正是现代人也许叫做"天狼星观"的东西，正如勒南于 1880 年写的那样：

　　当我们把自己置于太阳系的观点时，我们的旋转几乎不如一粒原子的运动那么大。从天狼星的观点看，我们的旋转甚至更小。[①]

　　这样一种理性的、普遍的观点与所谓萨满的踪迹无关。

从上往下的观看

　　从哲人在思想中升到的顶点，他俯瞰大地和芸芸众生，用他们真正的价值来判断他们。正如我们在一个中国哲学文本读到的一样，他"通过天穹之光看事物"。[②]在柏拉图《理想国》中提到的关于存在和时间总体性的见解，引导我们鄙视死亡；而在《泰阿泰德篇》，所有人类事务对于完全游走在实在中的哲人来说，是微不足道的虚无。那个习惯"通过自己的凝视而拥抱整个世界"的人，发现人类的拥有实在渺小。[③]

---

① 勒南，《全集》卷 2（*Œuvres complètes*，t. II，Paris，1948），第 1037 页。
② 冯友兰，《中国哲学概要》（*Précis de philosophie chinoise*，Paris，1952），第 128 页。
③ 柏拉图，《泰阿泰德篇》，174e。

这个主题再现在著名的《西皮翁之梦》中，西塞罗在书中讲述，西皮翁·阿米利亚努斯如何梦到自己看见其祖先西皮翁·阿弗里卡努斯。然后，他被带到展示整个宇宙的银河上，从上往下见到地球。它对于他似乎仅是一个点，因此他为罗马帝国渺小的疆域感到羞愧。他的祖先向他指出广漠荒沙，让他明白所有显赫名声能够穿越的空间毫无意义。①

奥维德受自己新毕达哥拉斯来源的影响，在他的《变形记》结尾处借毕达哥拉斯之口说了以下这段话：

> 我向往在崇高的星际中游历。我要离开地球这个居留地，驾云腾飞……我将从上面看见随意漫游的人，由于害怕死亡而颤抖，因为他们缺乏理性。②

伊壁鸠鲁派和斯多葛派也推荐这种态度。从平静范围的高处，卢克莱修把自己的凝视下降到人类，看见他们"到处游荡，随意寻找生活之路"。③对于塞内加而言，被带到星体中间的哲人灵魂，把自己的凝视投向大地——对于哲人灵魂，大地似乎像一个斑点。因此，哲人灵魂嘲笑财富的奢

---

① 西塞罗，《论共和国》，VI，9，9。见费斯蒂吉埃尔翻译《三重伟大的赫尔墨斯的启示》卷2，第441—459页。
② 奥维德，《变形记》，XV，第147页起。
③ 卢克莱修，《论自然》，II，8。

侈；争夺人们相互之间竖起边界的战争，对于哲人灵魂似乎是荒谬可笑的；侵入领土的军队，不过是为争夺狭土而战的蚁虫。①

这也是在卢奇安那个不同寻常的故事《伊卡洛墨尼波斯》中，犬儒派迈尼普斯的看法。当英雄登上月亮，看见人们愚笨地争论国家边界，富人对自己的土地心满意足。可是，迈尼普斯注意到，这些土地并不比伊壁鸠鲁的原子更大。当迈尼普斯从上往下看人类时，他也把他们与蚂蚁加以比较。在另一部名为《卡戎》的作品里，冥河的船夫从某个令人炫目的高处看大地上的人类生活，思忖道，当一个人检查愚人的行动，深知这些行动者很快会死去时，这些人的行动是多么的可笑啊。

问题的关键正是在于，卢奇安的观察者应是冥河的船夫。从上往下观看事物，就是从死亡角度看它们。在两种情况下都意味着，带着超然（détachement）、距离、后退和客观性，看事物就如它们自在地存在那样，把它们置于宇宙的广袤和自然的总体中，不要由于我们人的激情和习惯，对它们妄加虚名。从上往下观看事物，改变我们对它们的价值判断：奢侈、权势、战争、国界和日常生活的烦忧，统统变得荒谬可笑。

---

① 塞内加，《自然的问题》，I，《开场白》，7—10。

意识到我们自己——不管是在对自身关注的行动，还是在向这个大全扩展的行动中——都不可避免地要求死亡的操练。人们也许说，自从柏拉图以来，这种操练已经成了哲学的真正本质。

作为灵性修炼的物理学

我们已经提到过物理学的灵性操练。[①]这个表达在我们今天听来是陌生的，但是，它非常符合至少从柏拉图以来古代哲学传统的对物理学的想象。

一般而言，古代物理学并没有宣称提出某个在其所有细节都完全是严格的关于自然的体系。确实，存在没有争议的解释的一般原则——例如，在《蒂迈欧篇》中必然性和理想选择之间，或者在伊壁鸠鲁中原子和虚空之间的对立。也存在一种关于宇宙的总看法。然而，对于特殊现象的解释，古代哲人并不主张确定性。他们满足于一个或几个可能的或合理的解释，令心灵满意并使它喜悦。正如柏拉图关于金属所作的评论一样：

对于（金属的）其他种类也是一样，通过探寻像所知神话那样的一类故事，讨论这些种类绝不复杂。为了消遣起见，当一个人把对永恒存在者的说明放在一边，检查那些很可能有关

--------

① 参见前文。

生成领域的事物时，他获得一种自己将不用后悔的快乐，并且得到自己生活中一种适中的、合理的娱乐。①

这里——正如一向所作的那样——我们必须考虑到柏拉图的反讽，它假装轻松地对待最记挂的事情。不过，柏拉图确实相信，由诸神制造的自然事物，最终逃开了我们的知识。我们可以一般地说，古人关于物理学的著述，并非是一劳永逸地提出一种为了它们自己缘故而检查过的关于物理现象的明确的、系统的理论。它们的合目的性在别处。就是说，目的是学习用一种系统的方式去处理问题——像亚里士多德所提倡的那样，要不然就致力于伊壁鸠鲁叫做自然科学的坚持不懈的操练。他说这种自然科学"在此世生活中产生最高程度的平静"；②要不然就通过对自然的静观提升灵性。

因此，这样的操练具有一种道德的合目的性，其色调虽然因不同学派而不同，却一直得到承认。这点已经见之于《蒂迈欧篇》，其中柏拉图力促人类灵魂在其思想的运动中模仿世界灵魂，由此达到人类生活的目的。③在亚里士多

---

① 柏拉图，《蒂迈欧篇》，59c—d。参见米特尔斯特拉斯，《现象的拯救》(Die Rettung der Phänomene, Berlin, 1962)，第 110 页。
② 伊壁鸠鲁，《致希罗多德的信》(Lettre à Hérodote)，36，前引巴娄德著作，第 152 页。
③ 柏拉图，《蒂迈欧篇》，90a。

德看来，从事研究会给灵魂带来喜悦，由此使它获得生活的最高幸福；哲人常常只获得概然的东西，它仅满足心灵，在给它带来喜悦的过程中。[①]对于伊壁鸠鲁来说，自然科学的操练使我们摆脱对诸神和死亡的恐惧。

在西塞罗受新雅典学园哲学启发所写的一个文本里，我们也许看到被视为一种灵性操练的物理学的最好描述。作为阿凯西劳斯和卡涅阿德斯的好学生，他一开始就接受柏拉图对我们的自然知识的不确定性的反思，尤其是对观察和实验的困难的反思。尽管有这些不确定性，物理学的研究还是具有一种道德合目的性：

> 我不认为我们需要否认物理学家的问题。自然的观察和静观，对于灵魂和心灵来说，是一种自然的食粮。我们重新恢复并扩大我们自己，我们从高处向下俯瞰人的东西，正如我们静观更高的、天上的东西那样；我们鄙视人的东西，感到它们渺小褊狭。对最宏大事物的探索，对最模糊不清事物的追寻，都给我们带来快乐。如果某种概然的东西在这个探索过程中向我们表现它自己，那么我们的心灵就充满一种高贵的、人的快乐。[②]

---

[①] 勒布隆，《亚里士多德——生活的哲学家》（*Aristote, philosophe de la vie*, Paris, 1944），第 71 页。

[②] 西塞罗，《卢库卢斯》（*Lucullus*），41，127。

在其《自然问题》一开始，塞内加同样把灵魂的升华看作是物理学合理的主要证明：

> 沉思这些事物，研究它们，把自己奉献给它们，被它们所吸引——这难道不是意味着超越必死的条件进入一种更高的状态吗？你们问，你们从自己的研究能够得到什么好处？如果没有别的好处，考虑一下这个：当上帝的尺度被接受时，一切都是渺小的。①

自然静观具有一种生存论的意义，不管它是否伴随一种对理性解释的努力。根据诗人梅南德——他也许受伊壁鸠鲁的影响：

> 在我看来……最大的幸福——在我们最急急忙忙地回归自己来的地方之前——是已经毫无烦恼地静观过这些令人敬畏的存在者：照射万物的太阳、星辰、云彩、水、火。不管一种东西能够生存几年还是活到上百岁，这同样的景象呈现在我们眼前。而且，我们将再不会见到一种景象如此值得我们称颂。②

这是在古代哲学中一种恒常的传统：给人类生活赋予

---

① 塞内加，《自然问题》，I，《开场白》，17。
② 费斯蒂吉埃尔的翻译《三重伟大的赫尔墨斯的启示》卷2，第165和169页。

意义和价值的，是对自然的静观；正是由于这种静观，对于有善良意志的人来说，每一天才都是节日。①

正是在斯多葛主义中，物理学的操练才呈现自己完全的价值。斯多葛派比任何其他人都更意识到时时刻刻与整个宇宙相接的存在，因为整个宇宙就隐含在每个当下时刻：

> 不管你遭遇到什么，都是先前永恒地为你准备好的。而且，因果的交织总是把你的形成和你与这个事件的遭遇组合在一起。
>
> 你所遇到的这个事件已经出现在你面前，与你协调一致，与你发生关系，因为它自开始就从最远的原因与你交织在一起。
>
> 每个与你相遇的事件，都是由命运与你相连起来的；从一开始，你就被与大全编织在一起。②

因此，我对当下时刻的关注以及向宇宙的扩展在一个别的瞬间实现了。用塞内加的话来说：

> 他享受当下，并不依赖还没有实存的东西……他没有希望、没有渴求，他并不把自己推向一个不确定的目标，因为他满足于自己所有的东西。他也并不是没有什么可满足，因为他

---

① 普卢塔克，《论灵魂的安宁》（*De la tranquillité de l'âme*），477c—e。
② 马可·奥勒留，X, 5；V, 8, 12；IV, 26。

所拥有的是那个宇宙……像上帝那样，他说："所有这一切都属于我（Tout cela est à moi）。"①

因此，在每一时刻，伴随我所遇到的每一事件，我与宇宙的整个过去和未来发展关联起来。斯多葛派的生活选择恰好在于能够对处在其总体性中的宇宙说"是！"因此能够要所发生的东西如它发生的那样。正如马可·奥勒留对宇宙说："我爱与你在一起！"②正是物理学使我们理解在万有中的万有，理解——正如克里西波斯说的那样——一滴酒能够融汇到整个海洋，散布于全世界。③

因此，接受命运和宇宙，借每一事件的发生加以更新，这是有生命的、修行的物理学。这种操练在于使我们个人的理性与大自然统一起来，因为大自然就是普遍理性。使我们自己等同于大全，进入万有，不复作为"人类"并成为"自然"，亦是同一回事。④这种使我们自己不复作为"人"的倾向持续贯穿最不同的学派——从议论使我们不复为人是如何艰难的斐洛，到对于他来说心灵生活就是非常人生活的亚里士多德，以及相信我们通过神秘经验便不复为"人"的普

---

① 塞内加，《论善行》（Des bienfaits），VII, 2, 5 和 3, 3。
② 马可·奥勒留，X, 21。
③ 普卢塔克，《论共同观念》（Des notions communes），37, 1078e，载布雷依尔编的《斯多葛主义者》（Les Stoïciens），第 169 页。
④ 塞内加，《致卢西里乌的信》，66, 6。

罗提诺。①

与他人的关系

在我们对各不同哲学学派总的介绍中，遇到了哲学与他人关系的问题。例如，他在城邦中的角色，他与自己学派其他成员一起的生活。这里，在哲学践行中再次存在值得注意的不变的东西。首先，我们必须承认灵性指导的第一位重要性。②它有两个方面：一般来说的道德教育过程，在个体方面把导师与学生连接起来的关系。根据这两个方面，古代哲学就是灵性的指导。用那个在古代思想史真正结束时写作的辛普利西乌斯的话来说：

> 哲人在城邦中应该占有什么位置？它将是一位雕塑家的位置，是一位造出忠诚杰出公民的工匠的位置。由是，他除了洁净自己和他人之外一无所事，如此人人才过符合自然的生活，正如它适合人那样。他将是所有公民的共同父亲和施教者——他们的改革者、顾问和保护者——献身于大众，一起完成每一善事，与那些享有好运气的人一齐喜悦，为受苦的人悲哀。③

---

① 普罗提诺，《九章集》，V, 3 (49)，4, 10 和 VI, 7 (38)，34, 16—17。
② 前引 I·阿多著作《灵性指引》，载阿姆斯特朗编的《古代地中海的灵性：埃及、希腊、罗马》(*Classical Mediterranean Spirituality. Egyptian, Greek, Roman*, New York, 1986)，第 436—459 页。
③ 辛普利西乌斯，《对爱比克泰德〈手册〉的评注》(*Commentaire sur le Manuel d'Épictète*)，XXXII, 154 行，I·阿多编，Leyde, Brill, 1996 年。

就一般的道德教育而言，我们已经看到，哲人在城邦的位置。正如 I·阿多所指出的那样，希腊城邦尤其关心自己公民的伦理训练。①在城邦中竖起刻有德尔斐智慧格言石柱的习俗，便是明证。每个哲学学派都用自己的方式，试图接过这个教化的使命。柏拉图主义者和亚里士多德主义者被视为城邦的教育者，尝试影响立法者和管理者；而斯多葛派、伊壁鸠鲁派和犬儒派则试图通过指向所有人——不分性别或社会身份——的传道宣讲，使个人改变信仰。

因此，灵性的指导表现为个别教育的方法。它有两个目的。首要目的是让门徒意识到他自己——就是说，意识到自己的不足和进步。在马可·奥勒留看来，这正是斯多葛派朱尼乌斯·鲁斯提库斯在自己一生中所扮演的角色："具有我需要改正自己道德状态并照料它的观念。"②其次的目的是帮助门徒，作出日常生活所要求的具体合理的选择。我们说"合理的"，指的是"可能善的"，因为绝大多数学派都同意说，当最终要决定完全不依赖我们的行动——出海航行、参加战争、结婚、生子——时，我们不可能等到在自己行动前确定无疑为止，我们一定会根据概然性来作出自己的选择。那时，咨询者常常是不可或缺的。

---

① 前引 I·阿多著作《灵性指引》，第 441—444 页。
② 马可·奥勒留，I，7，1。

拉博和 I·阿多非常出色地分析了个人灵性指导的方法和形式，分析了得到几乎所有哲学学派见证的践行的方法和形式。①苏格拉底——正如他出现在柏拉图的《对话录》和色诺芬的《回忆》中那样——能够被视为"灵性指引"的典范，因为，通过他的论辩和存在方式，他使自己的对话者的灵魂感到苦恼和震撼，由此迫使他端出自己的生活加以讨论。我们可以用同样的词汇来描述柏拉图对叙拉古的狄翁施加的影响，描述前者给后者的道德的和政治的劝告。从传统来看，柏拉图关心自己每个学生的独特性格。他大概谈论过亚里士多德，"我需要给他一个刹车"；而谈到色诺克拉底则说："对于他，我需要给的是一个马刺。"他常常对一向冷峻和严肃的色诺克拉底说："献身于神恩吧。"②

　　在其《第七封信》中，柏拉图陈述那些必须为灵性指导和政治行动奠基的原则：

　　　　当人们劝告一个正遵从不好的饮食习惯的病人时，让他恢复健康首先要做的事情是改变他的生活方式。③

---

① 前引拉博著作《灵魂指引》，第 260—279 页；前引 I·阿多著作《灵性指引》，第 444—459 页。
② D. L., IV, 6。
③ 柏拉图，《第七封信》，330c—331a，布里松翻译，第 176—177 页。

这个病人必须改变自己的生活方式以便得以治疗。凡是接受这样一种生活改变的人，都能够被劝告：

因而，当有人来找我，询问对他生活最重要事情的意见——例如财富的获得、应对身体或者灵魂加以的照料——时，我的心灵便是如此状态。如果他的日常生活在我看来有了一个特别的转变，或者，如果他看来同意遵从我对他咨询的事情所提出的劝告，那么，我就用全部的热情劝告他，直到我完成自己神圣的职责为止。

这里，我们碰到对话的伦理原则：我们只有与那些诚心诚意希望对话的人才能开始对话。因此，我们将不会试图对一个不愿意改变其生活方式的人施加压力。我们不会激怒或干扰他，徒劳地责备他，或者帮助他满足对我们不赞同事情的渴求。对于拒绝改变自己生活方式的城邦来说，情况同样如此：哲人也许会说，他厌恶城邦的道德败坏，如果那具有某种用处的话。但是，他不会使用暴力！

当只有驱逐和处死人才可能让一个更好的政权执政的时候，保持安宁并祈求我们自己个人的善和城邦的善是更明智的。

至于犬儒学派，我们知道一些轶事趣闻，其中某个导师通过羞辱和训斥他的一个门徒，测试他的内心勇气。[1]从伊壁鸠鲁派那里，我们对灵性指导的践行，尤其通过它的书信形式，有了宝贵的证词。灵性指导的践行是关于伊壁鸠鲁学派研究的一个话题，正如我们从菲洛德穆的文章《论言说的自由》[2]中所学到的那样。这篇文章取自伊壁鸠鲁派芝诺关于这个论题所开的那些课程。[3]这里，导师的直言不讳（le franc-parler）表现为一种艺术——就它一定顾及时间和环境而言，可说是随机应变。导师必定预期失败，必定再三尝试通过同情学生的困难来改正他的行为。然而，学生由此不必犹豫承认自己的困难和错误，而且必须带着绝对的自由说话。正如人们看到的那样，伊壁鸠鲁的传统认可话语的精神治疗价值。反过来，导师必须带着同情倾听，毫无挖苦和恶意。在回应学生的"忏悔"时，也必须让他明白导师训斥的真正目的，从而开诚布公地规劝他。正如菲洛德穆评论的那样，伊壁鸠鲁在致他的学生阿波罗尼德的信里，不曾犹豫作出有点激烈的责备。这种训斥应该是平静的，不失仁慈。有

---

① 参见"克拉底对其弟子芝诺的态度"（l'attitude de Cratès à l'égard de son disciple Zénon），载帕凯《希腊的犬儒主义者》（Les Cyniques grecs, Paris, 1992），第 166 页。

② 关于这篇研究论文，参见吉甘特的论文"菲洛德穆的《论言说的自由》"（"Philodème. Sur la liberté de parole"），载《纪尧姆·比代研究会第八次大会学报》（Actes du VIII* Congrès de l'Association Guillaume Budé (1968), Paris, 1969），第 196—220 页和《菲洛德穆研究》（Richerche Filodemee, Naples, 2* éd., 1983），第 55—113 页。

③ 前引拉博著作《灵魂指引》，第 269—270 页。

趣的是，菲洛德穆补充说，哲人不必害怕对政治家提出斥责。

从伊壁鸠鲁学派那里，我们在一封由伊壁鸠鲁的学生梅特罗多洛寄出的致年轻的皮托克勒的信中，看到灵性指导的一个样板：

> 你告诉我，肉身的刺激促使你继续滥用爱的快乐。假如你不违反律法，不以任何方式扰乱现存道德；假如你不打扰你的邻居；假如你不耗尽自己的精力，不浪费自己的财运——那么，用不着犹豫，顺从自己的意愿吧。然而，不可能不被至少这些难事中的一项所纠缠。爱的快乐从不惠及任何人。它们充其量也许没有伤害人而已。①

我们对古代斯多葛主义的良心指引知之甚少；但是，我们能够假定，由斯多葛派塔索斯的安提帕特和巴比伦的第欧根尼所写的论决疑的文章——我们在西塞罗的《论责任》中找到了这些文章的痕迹——概括出良心指引的长久经验。不过，斯多葛派的历史给我们提供灵魂指引者（directeurs d'âme）的一些形象：在其《致卢西里乌的信》中的塞内加；在其著述中的穆索尼乌斯·卢富斯；在

---

① 前引费斯蒂吉埃尔翻译的《伊壁鸠鲁及其诸神》，第 40 页；前引巴娄德编《梵蒂冈格言》，LI，第 216 页。

其《对话集》中的爱比克泰德；所有这些正如阿里安所说的那样。塞内加的灵性指引是非常文学化的；在所有书信中，令人瞩目的简洁陈述、想象，甚至声响都是有意选出来的。但是，它们所包含的斯多葛派操练的心理学观察以及描述，都极有价值。我们有理由相信，马可·奥勒留的斯多葛派导师朱尼乌斯·鲁斯提库斯对于他来说，起着一个良心指引者的作用。这位未来的皇帝，常常对他生气，无疑皆因哲人习惯了坦言。

在波菲利的《普罗提诺生平》中，同样也在其他来自古代结束时对哲人的生平说明中，大量轶闻趣事显示了灵性指导的践行。例如有一则耳熟能详的故事，说普罗提诺如何劝受自杀念头折磨的波菲利去旅行。[①]另外，我们了解到关于4世纪时在帕加马教学的哲人埃德修有趣的细节，了解到他如何纠正自己学生的傲慢：

> 埃德修性格和蔼可亲，愿意接近人。他与人辩论之后，习惯与自己最优秀的学生一同在帕加马散一会儿步。他要他的学生感到自己心中的和谐，感到对人类族群的照料，因此，当他看到他们因为从自己观点中派生出的那种骄傲而羞辱别人，而且盛气凌人；当他看到他们有甚至比伊卡洛斯之翼还要大却更

① 波菲利，《普罗提诺生平》，11，13。

易折断的翅膀；他就令他们降落下来——并不是落入海中，而是落到大地上，落到人间。假如他遇见一个菜妇，会满心高兴，停下来与她聊价钱，聊她挣多少，聊菜蔬种植。他与织工、铁匠和木匠都是如此。①

普卢塔克的一个文本，很好地概括了上述对诸哲学学派中的良心指引现象，还有在这些学派中盛行的言说自由的观察。他写道，假如一个开始倾听哲人的人特别被某种东西所困扰——就是说，假如他为某种需要加以抑止的情感所困，或者被需要免除的痛苦所困，那么，我们必须把它公之于众并加以关心。

倘若一阵愤怒或盲目的恐惧、对身边人的强烈不满、为爱所引起的情感渴求拨动了那不动的心弦——倘若所有这些干扰我们的思想，我们不必试图与导师谈别的事情，以免受到责备。我们在课堂上听到的，正是那些处理这些情感的论辩。当课堂结束时，我们必须私下到导师那里，继续向他询问。我们必须避免做与绝大多数人所做相反的事情。在他们谈别的问题时，他们欣赏并羡慕哲人；但是，如果哲人把其他事情放在一

---

① 欧那比乌斯，《哲人与智者派的生活》（Vie des philosophes et des sophistes），第 57 页，10—18，Giangrande；见古莱的论文"卡帕多斯的埃德修"（"Aidésius de Cappadoce"），载前引古莱编的《古代哲人词典》卷 1，第 74 页。

边，坦率地向他们谈论对他们来说是重要的事情，提醒他们注意自己，那么，他们就认为他是守不住秘密的，而且不会容忍他。①

普卢塔克继续说，绝大多数人把哲人看成只是智者派，一旦他们教职升迁，放下了自己的书本和初学者手册，就比其他"处在真实生活行动中"的人更加糟糕。然而，真正哲人的生活方式是不同于这种方式的。

因此，古代哲人发展了许多灵魂治疗的变种，它们通过各种不同的论辩形式加以践行，如劝说、申斥、抚慰、开导。希腊人知道，自从荷马和赫西奥德时代以来，通过仔细选择说辞有可能改变人的决定和内在禀赋。②在智者派时代，修辞艺术的规则与这种传统是一致的。像借此一个个人试图影响并改正他自己的灵性修炼那样，哲学的灵性指引运用修饰技巧，以激发对话，产生信念。

灵性指引和灵魂治疗的习俗，首先把古代哲人引导到关于"人心"——它有意识和无意识的动机、纯粹和不纯粹的最深目的——的一种深刻知识。柏拉图的《斐德罗篇》虽然没有处理细节，却表现了一种有可能使自己的那种论辩适应

---

① 前引普卢塔克著作《论听课》，43d。
② 参见罗米利的论文"忍耐我的心！"（"Patience mon cœur!"），载《希腊古典文学中的心理学突进》（*L'Essor de la psychologie dans la littérature grecque classique*，Paris，1984）。

各种不同灵魂的修辞学。这里，一个关于良心指导的完整计划表露无遗。亚里士多德《修辞学》卷二部分地实现了这个计划，正如它描述了所有人们必须知道的关于听者禀赋的东西那样——由于他的情感而对他产生的影响、社会地位和年龄。在亚里士多德的各种不同的《伦理学》中，对美德和恶行的描述也是重要的，因为这些描述着眼于启发立法者正确地管理国家。我们已经看到，伊壁鸠鲁派《论言说自由》的文章确切地研究了个人对责难、忏悔和罪咎的反应。在伊壁鸠鲁派的卢克莱修和斯多葛派的塞内加那里，我们发现了人类灵魂可以对它自己造成折磨的值得注意的描写："每个人都企图逃离他自己……但是，不管我们自己如何，我们还是依附这个我们讨厌的自身。"[1]塞内加谈到那种"直至恶心"，以及"我们必须看同样的事物多久"的百无聊赖。[2]他谈到皈依哲学的彷徨——一种塞内加在自己的《论灵魂的平静》序言中描述的彷徨，那里他的朋友色内努斯作出了忏悔：

　　　　通过着意观察我自己，我已经在自己身上发现某些我可以指认的非常明显的缺陷；其他的则深藏不露；而且，其他的最终并非连续的，而仅仅是不时重复出现……我在其中发现自己

---

① 卢克莱修，《论自然》，III，1068。
② 塞内加，《致卢西里乌的信》，24，26。

的禀性最经常地（我为何不该对你像对一位医生那样忏悔一切呢？）既非完全来源于我害怕和讨厌的事物，亦非全由它们所支配。①

色内努斯对自己优柔寡断的方方面面进行了长期的分析，发现自己既有在简朴生活和奢侈生活之间的彷徨，亦有在积极献身于人类事业和享受生活宁静之间的踟蹰，更有在渴求成为不朽和只愿意书写有用道德之间的犹豫。

我们也通过新柏拉图主义者辛普利西乌斯专心于爱比克泰德《手册》的长篇评论发现了一些非常有趣的现象。

良心指导的传统践行，使我们更好地理解道德活动纯粹性的要求。让我们以马可·奥勒留的《沉思录》为例，那里我们看见对其他人施加影响方式的理想描述。例如，人们不得不钦佩马可极其精致地规定我们必须采取的态度，以便对其他人的良心产生作用；钦佩我们一定给犯错的人展示的仁慈，还有应如何向他说话：

不要斥责他，让他觉得我们正容忍他，带着坦诚和善……温文尔雅，没有嘲讽，只是友好的责备，出于珍爱之心——并

---

① 塞内加，《论灵魂的宁静》，I, 1。

非我们在学校中才这样做，亦非为了受某个旁观者的羡慕，而是真正面对面的，即使旁边站着其他人。[1]

马可·奥勒留在这里似乎在说：温文尔雅是如此一件精致的事情，即仅仅为了文雅就意味着不复文雅，因为任何的取巧或虚饰都破坏温文尔雅。此外，只有当我们不试图影响其他人——就是说，只有当我们避免对自己和别人的一切（即便是灵性）的激烈行动，我们才能有效地影响他们。具有使人改变自己心灵，甚至使他们改变信仰并得到改造力量的，正是这种纯粹的温文尔雅和精致。同样，当我们要对别人行善时，我们行善的意图只有是自发的、无自身意识的，才是真正纯粹的。完全的施恩者并不意识自己正在做的东西："我们必须成为非有意行善者中的一个。"[2]

这里，我们达到最高的悖谬：一方面是意志如此强烈以至于它必须抑制自己；另一方面是成为自然的和自发的习惯。同时，我们与他人的完美，看来在爱和对他人的尊重中达到顶点。进一步说，对于所有学派而言，激发我们的生活选择和论辩选择的是对人类的爱。正是这种爱，启迪了柏拉图《申辩篇》和《尤斯弗罗篇》中的苏格拉底，也启迪了伊

---

[1] 马可·奥勒留, XI, 13, 2 和 XI, 18, 18；参见前引 P·阿多著作《内心的堡垒》，第 241 页。
[2] 同上书, V, 6, 3。

壁鸠鲁派和斯多葛派的布道，甚至怀疑主义的论辩。[①]

## 圣贤

### 圣贤的形象和生活选择

贯穿整个古代，智慧被认为是一种存在的模式：一种某个人在其中用彻底有别于其他人的方式存在的状态——一种他在其中是某种超人的状态。假若哲学是那种哲人借此训练自己智慧的活动本身，那么，这样一种操练一定不仅仅在于以某种方式去说话和论辩，还在于以一种特别的方式在世中生活、行动和观看。因此，哲学不仅是论辩，还是一种生活选择、生存选项和有活力的操练。这是因为，它是对智慧的渴求。确实，完美知识的观念包含在对智慧的看法之中。然而，正如我们看到有关柏拉图和亚里士多德那样，这样的智慧并不在于拥有关于实在世界的信息。相反，它也是一种生活方式，符合人类能够从事的最高活动本身，并且与灵魂的卓越和德行紧密相连。

在每个学派中，圣贤的形象是决定哲人生活方式的超越的规范（la norme transcendante）。通过描述这种超出在不同学派中明显不同的规范，我们能够辨认一致的和共同倾向的

---

① 塞克斯都·恩披里柯，《皮浪主义者肖像》（*Hypotyposes pyrrhoniennes*），III，280，前引迪蒙著作《怀疑主义者》，第 212 页。

深层领域。这里我们遇到自己描述关于灵性操练的同样的现象。

首先，圣贤在灵魂保留完全平静方面仍然等同于他自己：不管是什么样的环境，他总是幸福的。因此，在柏拉图的《会饮篇》中，苏格拉底坚持同样的态度，不管自己是忍受饥饿和寒冻，还是拥有自己所需的一切。由于同样的悠然自得，他有可能弃绝诸事物，或者欣赏它们。苏格拉底的学生亚里斯提卜，他让自己适应任何情势；能够欣赏发生的所有事情，不会为自己所缺的事物而痛苦。①斐洛总是保持同样的内心状态——就是说，当外部环境变化时，他并不改变自己的决心或态度。在同一性中的自身一致和持存，也表现了斯多葛派圣贤的特点，因为智慧在于总是想要和总是不想要同样的事物。

圣贤在自己的内心找到自己的幸福，因此，独立于外在事物和事件——像苏格拉底。根据色诺芬在著作《回忆》所记，苏格拉底活得悠然自得，从不把自己看成多余之物。在柏拉图看来，这是圣贤的特点之一。柏拉图借苏格拉底之口说："就幸福而言，如果有人是自足的话，那么，他一定是圣贤；在所有人当中，他是一个最少有他求的人。"②在亚里士多德看来，圣贤过一种沉思的生活，他不需要自己对外

---

① D. L. , II, 66。
② 柏拉图，《理想国》，387d12。

在事物施加影响，因此，他在一种生活中找到幸福和完美。①犬儒派哲人的具体理想是只依靠自己，通过最大限度减少需要而达到自足。就他们而言，斯多葛派宁愿说，单凭美德就足以幸福。

圣贤总是保持与自己的同一和自足（至少对斐洛、犬儒学派和斯多葛派而言），因为外在事物不能干扰他。他认为这些事物既不善亦不恶；出于不同理由，他拒绝对它们加以价值判断，因此说它们是无关紧要的。对于斐洛来说，所有东西都无关紧要，因为我们无法得知事物是好是坏；我们不能在它们中间加以区别。对于斯多葛派来说，所有不依赖我们的事物都是无所谓的。唯一依赖我们而并非无关紧要的东西，是道德的善——就是说，行善的意图，因为它是善的。所有别的事物本身不善亦不恶，取决于我们用好的或坏的方式使用它们。富有与贫穷、健康与疾病同样如此。因此，它们的价值完全取决于圣贤如何利用它们。圣贤的无所谓并非对所有事物缺乏兴趣，而是兴趣的转变，关注某种东西——它有别于占去其他人全部关心和关注的东西。正如对于斯多葛派的圣贤一样，一旦他弄明白，无关要紧的东西并不取决于他的意志，而是取决于大自然的意志，那么他对于它们便呈现无限的兴趣。他出于爱接受它们，但是，他接受它们全

---

① 亚里士多德，《尼各马可伦理学》，X, 1177a27。

凭同样的爱；他发现它们的美，但是，它们都使他发出同样的赞叹。他对于整个宇宙，对于宇宙的每个部分和每个事物说"好的"，即使特别的部分和事件似乎充满痛楚或者令人反感。这里，我们再次回答亚里士多德的自然哲学：我们对于任何由自然所产生的现存实在世界不必抱有幼稚的反感，因为——正如赫拉克利特说的那样——甚至在灶房里也有神祇。圣贤的无所谓与他对世界关系的完全转变相一致。

灵魂的稳定、需求的放弃、对无关紧要事物的无所谓：所有这些都是圣贤灵魂平静和没有烦忧的基础。灵魂烦忧的根源可以是非常不一样的。对于柏拉图来说，根源是身体，由于其欲求和激情导致失调并扰乱灵魂。然而，也有私人生活尤其是政治生活的忧虑。色诺克拉底被认为说过这样的话："人们发明哲学，为了消除引起生活忧虑的心烦。"[①]亚里士多德的静观生活带来宁静，因为保持远离政治事务和行为的不确定。在伊壁鸠鲁看来，人有心烦皆因对死亡和诸神的徒然恐惧，也由于各种杂念和对城邦事务的参与。对于懂得如何限制自己的欲求和行为的圣人，对于懂得如何抑制痛楚的圣贤来说，他因此而获得的心理的平静将让他生活在尘世上，"像一个在凡人当中的神"。皮浪通过拒绝判定事物

---

① 海因策翻成法文的色诺克拉底 4，见海因策，《色诺克拉底——学说的叙述和残篇的汇集》（Xénocrates, Darstellung der Lehre und Sammlung der Fragmente, Leipzig, 1892）。

的好坏而找到安宁；对于怀疑主义者来说，内心安宁"像影子"般跟在判断的悬置之后——就是说，拒绝形成关于事物的价值判断。最后，根据斯多葛派，圣贤知道如何调和有效的行动和内心的宁静，因为——在成功的不确定中——他在努力保持自己意图的纯洁时，总是顺着命运来行动。

圣贤的形象表现为一种不可征服、不可变更的自由内核，它在贺拉斯一个为人熟知的文本中得以完美描述：

> 那个有着坚定决心的义人，既不会被认为是恶的公民的狂怒，亦不会被胁迫的暴君之面容所动摇。他的灵既不会被亚得里亚海吹起狂暴的奥斯特海风，亦不会被朱庇特带来的雷电巨手所震动。让这个世界粉碎崩溃吧——当被它的碎片打击时，他毫无惧色。①

在圣贤的形象里，我们再次看到在智慧操练的语境中显而易见的那种两重性运动。圣贤意识到他的"我"，通过其支配他的判断的力量，指引判断或者悬搁判断，从而确保内心自由的完美，确保不依赖所有事物。但是，这种内心自由非任意的自由；它只有在关照自然或灵性中——至少在怀疑主义、在批判理性的情况下——适合自己从而超越自己，才

---

① 贺拉斯，《颂歌》，III, 3, 1—8。

可能是坚定不移的和无懈可击的。

关于圣贤的哲学论辩

因此，圣贤的形象在生活的哲学选择中扮演一个决定性的角色。然而，它被提供给哲人，作为由哲学论辩所描述的一种理想，而不是具体体现在活着的人类中的一个模范。斯多葛派说，圣贤少之又少，真的没有几个——也许一个，也许一个都没有。几乎所有其他学派都同意这点，除了伊壁鸠鲁学派，因为他们毫不犹豫地把伊壁鸠鲁尊崇为最卓越的圣贤。唯一得到普遍承认的圣贤是苏格拉底——那个并不知道自己是圣贤的令人不安的圣贤。当然，有时候这个或那个圣贤乐意把自己的导师，或者某个来自过去的著名人物看成是一个完美的圣贤。这是当塞内加谈论塞克斯提乌斯或加图时所做的，那些哲人生平的写作者也一样——例如，谈论普罗提诺时的波菲利。

也许，哲学史家忽视了这样的事实：在古代哲学的教导里，描述圣贤的论辩起着一个主要的作用。与其追寻尤其值得注意的哲人或圣贤的具体形象特征——这是哲人生活的角色，倒不如详细说明圣贤的理想行为，问这样的问题："在如此这般的环境下，圣贤会做什么？"在不同的学派中，这常常是对刻画出它们特征的生活方式细节的理想描述手段。

斯多葛派在其教导中，有关于圣贤悖谬的"论题"的大量讨论。这些不仅证明圣人是唯一一贯正确的、完美无缺的、不动声色的、幸福的、自由的、英俊的、富有的存在者，而且证明他是唯一能够真正地、出色地作为政治家、立法者、将军、诗人和国王的人。这意味着，圣贤在自己完美运用理性时，是唯一能够实现所有这些作用的人。[①]

有些学者非常重视这样的悖谬，认为它们是"典型斯多葛式的"。但是，它们事实上似乎符合对那些纯经院哲学的论题的练习。它们在智者派时代准已经被操练过了，但是总而言之，它们的确看来在柏拉图学园中被践行过了。这样的主题在课堂上以"论题"形式，或者以人们有可能争论的问题的形式加以讨论。因此，色诺克拉底曾一度设堂开讲这样的论题——"只有圣贤才是好将军"。[②]斯巴达国王欧达米达斯那天终于来到学园听色诺克拉底的课。课后，这个斯巴达人表现出令人钦佩的好意说："论辩是值得赞扬的，但说者并不可信，因为他从未听过号角的声音。"因此，欧达米达斯判定如此操练的危险，其中关于智慧的理论被加以抽象地讨论，没有真正得以检验。

柏拉图的《斐德罗篇》的最后祈祷，大概暗示了这种操练。在那里，苏格拉底试图坚信，圣贤是丰富的。我们在整个古代哲学史中，看到关于圣贤的同一类问题：圣贤可以是

---

① 布雷依尔，《克里西波斯》(*Chrysippe*)，第216—218页。
② "色诺克拉底"，载普卢塔克，《简短格言》(*Apophegmes laconiens*)，220d。

可爱的吗？他可以参与政治吗？他会生气吗？

然而，存在一个关于更为有意义的斯多葛悖谬。它确认人并不是逐渐成为一个圣贤，而是通过瞬间的变化而做到的。[①]正如我们已经看到的那样，智慧并非递增或递减。因此，从无智慧到有智慧的过渡并非逐渐积累而成，而是瞬间的突进。

这就使我们去追踪另一个悖谬，它在这个时代见之于所有学派：如果圣贤代表一种不同于凡人的存在方式，那么，我们不是可以说，圣贤的形象倾向于成为真正接近上帝或诸神的形象吗？[②]我们最清楚地在伊壁鸠鲁主义中看到这个运动。一方面，对于伊壁鸠鲁来说，圣贤生活得像"在人当中的一个神"；[③]另一方面，伊壁鸠鲁的诸神——就是说传统的奥林匹斯的诸神，正如伊壁鸠鲁重新解释的那样——活得像圣贤。他们是神人同形同性的，生活在伊壁鸠鲁叫做"交互世界"（les intermondes）的东西——既在诸世界之间的虚空——中，由此逃脱原子运动中固有的坠落。像圣贤一样，他们沉浸在完全的宁静中，绝不卷入世界的创造和管理：

---

① *SVF*，III，221 和 539—542；前引普卢塔克著作《一个人如何通过美德意识到自己的进步》，75c。

② 参见 P·阿多的论文"希腊-拉丁古代的圣贤形象"（"La figure du sage dans l'Antiquité grécolatine"），载加多弗尔《世界的诸智慧》（*Les Sagesses du monde*，Paris，1991），第 9—26 页。

③ 伊壁鸠鲁，《致梅内塞的信》，§135；前引巴娄德著作，第 198 页。

神的本性一定是享受在最大安宁中那永恒的绵延，它远离并隔绝我们的烦忧。由于免除了所有痛苦和危险，加强自己的精神力量亦无需我们的帮助，所以它不为利益所诱，亦不为愤怒所动。[①]

我们已经看到，这种对神灵的理解旨在克服人对诸神的恐惧。通过哲学论辩对宇宙作唯物论解释需要——为了让灵魂相信，诸神自己并不关心这个世界——基于伊壁鸠鲁的生活选择。然而，我们现在看到，这样一种描述的目的，伊壁鸠鲁派把神灵的本质视为宁静、无忧愁、快乐和喜悦，也是想把神灵作为一种智慧的理想。诸神在某种程度上是不朽的圣贤，而圣贤是可朽的诸神。诸神是圣贤的朋友、同辈，而圣贤通过诸神的出场，找到自己的喜乐：

他羡慕诸神的本性和状态；试图接近诸神；他可以说渴望接触诸神，与诸神生活在一起；他称圣贤为诸神的朋友，称诸神为圣贤的朋友。[②]

诸神自己并不关心人类事务，因此圣贤将不得不恳求诸

---

① 卢克莱修，《论自然》，II, 646；也见前引巴娄德著作，第 114 页。
② 费斯蒂吉埃尔的翻译，载《伊壁鸠鲁及其诸神》，第 98 页（前引菲洛德穆的文本，III，第 16 页 14 Diels）。

神，以便从他们那里得到某种好处。相反，他将通过对他们宁静和完美的静观，通过把自己与他们的喜乐联系起来，而找到自己的幸福。

亚里士多德认为，圣贤自己致力于思考操练和灵性生活。这里，圣贤的模范再次是神灵。因为——正如亚里士多德指出的那样——我们人的状况使我们灵性的这种生活表现脆弱而间断，散碎在时间中，暴露出谬误和遗忘。然而，通过推断，我们可以再现这样一种心灵，它在一种永恒的当下中，完美地、持续地操练思想。它的思想会在一种永恒的活动中思考自身。它永远知道那种人的心灵只有在稀罕情况下才知道的幸福和快乐。这就是亚里士多德关于神的描述——那个最先的运动者和宇宙最后的原因。因而，圣贤间或经验神一直过的生活。在这过程中，他过着一种超越人的状况的生活，却符合人性中最本质的东西——灵性生活。

神的观念和圣贤的观念之间的关系在柏拉图那里不甚清晰，很可能因为，在柏拉图那里的神灵观念非常复杂并且具有等级。"神灵"是一种弥散的实在东西，它包括处于不同层次中的诸实体，诸如善、理念、神的理智、巨匠造物主的神秘形象，最后是灵魂界。然而，关于这个令我们关注的话题，柏拉图宣布了一个根本的原则：向着与恶相反的方向走，也就是说，向着智慧的方向走——"如果这有可能的话，那么，它就是与神的同化；一个人通过成为与理智一起的正义和神圣而同化自己。"①这里，神表现为人类道德和理智完美的模范。此外，一般而言，柏拉图把神或诸神表现为具有像圣贤那样的道德品质：他是真、慧、善；他没有嫉妒，总是希望做最好的事情。

对于普罗提诺来说，圣贤与神之间的关系处于两个层次。首先，就神的理智在思想、同一性和活动表现方面与自身的关系来说，它拥有四种与其本质融合一体的道德：思想或者审慎、正义、力量和节制。在此状态下，它们是智慧的超越的模范。而且，理智过着"一种免除失误和大错的完全智慧的"生活。②但是，普罗提诺相信，灵魂有时在神秘经验的稀罕时刻，把自己提升到比理智更高的层次上。所以，我们也在关于太一或至善的描述中，发现圣贤的特征：绝对的独立性、无欲求、自身同一。因而，普罗提诺显然把圣贤的形象投射到自己关于神灵的理解中。

很可能正因为圣贤和神的形象与他们是同一的，所以，柏拉图、普罗提诺、亚里士多德和伊壁鸠鲁的哲学，都把神更多地表现为一种抽象的力量，而不是一种创世的力量。神是诸存在者试图去模仿的榜样，是引导诸存在者选择的最高价值。正如弗里舍评论的那样，伊壁鸠鲁的圣贤和神祇是不朽的推动者，像亚里士多德的神：他们通过把自己的形象传

---

① 柏拉图，《泰阿泰德篇》，176b。
② 普罗提诺，《九章集》，V, 3 (49)，17, 1。

递给他人而吸引他们。[①]

斯多葛派的圣贤晓得与普遍理性一样的幸福，它据说是宇宙的人格化。因为，诸神和人类都分享一样的理性，它在诸神那里是完美的，但在凡人中却是可完善的。[②]圣贤通过使自己的理性符合神的理性，自己的意志符合神的意志，获得了理性的完美。神的美德并不高于圣贤的那些美德。

也许可以说，希腊哲人的神学是一种圣贤的神学。但尼采反对这种说法：

> 让我们把最高的善与神的概念分开：它不配是一位神。同样，让我们分开最高的智慧，因为它是构成这种荒唐的哲人的自负——一位是智慧怪物的神；他不得不尽可能地类似他们。不，神——最高的权能，这足够了！万物从这流出，从这里派生出这个"世界"。[③]

全能还是全善？我们将不讨论此问题。但是，我们必须强调，与尼采似乎要说的相反，圣贤的理想与一种"古典

---

① 前引弗里舍著作，第 83 页。
② 塞内加，《致卢西里乌的信》，92，27；*SVF*，III，§§ 245—252。
③ 尼采，《遗作残篇》(*Fragments posthumes*, Automne, 1887)，10 (90)，《哲学全集》卷 13 (*Œuvres philosophiques complètes*, t. XIII, Paris, 1976)，第 151 页。

的"或"市民的"伦理学无关。相反，用尼采的话来说，它符合被一般承认的、约定俗成的价值的一种完全颠倒。而且，用最不同的形式来表现自己，正如我们在不同的哲学学派的语境中所已经看到的那样。

举一个新的例子就足够了：由斯多葛派芝诺在其《论共和政体》中提及"自然的"——即未腐败的——社会状态。它引起某种不体面的事情，恰好因为它把这种状态表现为圣贤共同体的生活。他宣称，在那个很久以前的年代，只有一个民族——世界本身。没有法律，因为圣贤的理性足以告诉他应该做什么；没有法庭，因为他不犯罪；没有神庙，因为诸神不需要它们，而且，以为人造的东西就是神的东西是荒唐的；没有金钱；没有管婚姻的法律，却有希望与任何人结合——即使是乱伦——的自由；没有管死人埋葬的律法。

**圣贤的静观和世界的静观**

哥罗图依森正确地强调了古代圣贤形象非常特别的方面：他与宇宙的关系。

他具有的世界意识，是某种圣贤特有的东西。只有圣贤从不停止惦记大全，从不忘记世界，在与宇宙的关联中思考并行动……圣贤是世界的一部分；他属于宇宙。他不让自己与世界分开，或者与宇宙大全分开……圣贤的形象和世界的再现——

可以说——形成了一个不可分开的统一体。①

正如我们已经看到的那样，自身意识与扩展到大全是不可分开的，与一种自身借此把自己重新置于包含它的总体性中的运动分不开。这个总体性绝不禁锢自身，却允许它扩展到整个无限的空间和时间："你要通过用你的思想拥抱整个宇宙，为你自己敞开一个广阔的领域。"②这里，圣贤的形象再一次促使我们完全地改变自己对世界的感知。

在一个塞内加写的值得注意的文本里，对世界的静观与对圣贤的静观联系了起来：

> 对我来说，我通常用很多时间来静观智慧；我用在其他时间观察世界时同样有的惊愕来观察智慧——这个我常常观察仿佛是第一次看到的世界。③

这里，我们发现两个灵性的操练，其中一个我们非常清楚——对世界的静观，另一个我们刚刚看到：对圣贤形象的静观。根据文本、语境作的判断，塞内加正在静观的形象是

---

① 哥罗图依森，《哲学人类学》(*Anthropologie philosophique*, Paris, 1952)，第 80 页。

② 马可·奥勒留，IX, 32。

③ 塞内加，《致卢西里乌的信》，64, 6。参见 P·阿多的论文"圣贤和世界"("Le Sage et le monde")，载《反思的时代》卷 10 (*Le Temps de la réflexion*, X, 1989)，第 175—188 页。

塞克斯提乌斯的形象:"正如他向你们揭示幸福生活的奇妙一样,他将不会剥夺你获得幸福生活的希望。"这是关于根本重要性的评论: 为了静观智慧,就像静观世界一样,我们必须更新我们观看的方式。这里,哲人与时间关系的一个新方面出现了。我们一定不仅感知并经历时间的每个时刻,仿佛它是最后的时刻;我们也一定感知它,仿佛它是在整个惊奇的陌生环境中最先的时刻。用伊壁鸠鲁派卢克莱修的话说:

> 如果所有这些对象突然出现在凡人眼前,有可能被看到的比这种总体性更奇妙的东西是什么?人类心灵不敢想象谁的实存?①

这里,我们有一切理由相信,当塞内加静观世界时,他正在重新发现这种朴素的景象——虽然它也许是一种自发的、用胡林的话来说"野蛮的神秘主义"(mystique sauvage)。

解释这种在静观世界和静观圣贤之间的紧密关联,也是神圣的观念——就是说,超人和几乎非人——智慧的特征的观念。正如塞内加在别的某个地方所说的那样,在古木林深处、在偏僻荒野中间、在大河的发源地、在幽黑湖水看不见

---

① 卢克莱修,《论自然》,II,1023 起。

底的深处，灵魂感觉到神圣的存在。然而，塞内加在钦佩圣贤时得到同样的感受：

> 如果你看见一个人，他不为危险所惧、不为情感所动、在逆境中取乐并在风雨中平静、从高处往下看人又从自己的境况中平视诸神，对这样的人你不充满敬意吗？……在所有善人中，生活着一位神。哪一位神？我们拿不准——总之他是一位神。[1]

静观世界、静观智慧，最终意味着践行哲学。它意味着实现一种内心的转变、一种视野的变化，它允许我们立即认可很少关注的两件事：一是世界的壮美；二是由圣贤再现的规范的炫目："在我头上星光灿烂，在我心中道德永存。"[2]

## 结语

关于一个几乎达不到的圣贤理想——一种哲人不能达到的理想，这容易成为反讽。现代学者没有抵抗这种诱惑，也没有舍弃谈论"怀旧的反实在论，意识到它的异想天开"。[3]在古人当中，讽刺作家卢奇安嘲笑不幸的人，这些

---

[1] 塞内加，《致卢西里乌的信》，41，3—4。参见前引 I · 阿多关于塞内加的著作，第 94 页。
[2] 康德，《实践理性批判》，吉布兰译，巴黎，1983 年，第 175 页。
[3] 韦纳为塞内加《对话录》、《致卢西里乌的信》写的引论，CX 页。

人一生努力且昼夜不眠，但还是没有得到智慧。①粗俗的常识声音如此说话，它无法抓到在柏拉图《会饮篇》中哲人作为非圣贤的定义的整个要害——正如我们将看到的那样，这个定义使康德能够理解哲人的真正身份。②嘲笑不难；如果哲人只是谈论圣贤的理想，人们就有理由嘲笑他们。但是，如果他们已经作出决定——这是严肃的而且具有严肃的后果——真的训练自己得到智慧，那么，他们就值得我们尊敬，即使他们的进步是有限的。问题在于知道——用布弗雷斯对维特根斯坦观念的表述——"他们付出了什么个人代价"，才能有权利谈论自己争取智慧的努力。③

尽管我保留哲学中比较方法的使用，但还是希望通过强调胡林关于神秘经验的生存性根基的描述——一种佛教启迪的描述，来结束这一章。胡林的描述在我看来，接近古代圣贤理想的特征，因为这两种灵性探索之间的相似似乎是显而易见的。然而，根据对布雷依尔的《克里西波斯》的重读，我惊讶地看到，布雷依尔已经有了类似的发现。他写道：

圣贤优于凡人，没有过失和不幸，这样的看法并非这个时

---

① 卢奇安，《赫谟提读》章 77 (*Hermotime*, chap. 77) 。
② 参见前文。
③ 布弗雷斯，《维特根斯坦——韵律和理性》(*Wittengenstein, la rime et la raison*, Paris, 1973) ，第 74 页，参见前文。

期中斯多葛派特有的。自犬儒学派以来（在这里，布雷依尔也许说"自苏格拉底和柏拉图以来"），它是所有学派都共同具有的一个看法。[1]

他在一个脚注中补充了以下佛教对圣贤的描述：

> 获胜、知道并理解一切、摆脱环境和生存的负担、无欲无求：如此就可以被赞誉为圣贤的人……那个孤独的漫游者并不关心表扬还是责备……其他人的引导者，不受其他人的引导：如此就是那个我们可以赞美为圣贤的人。

或者说，恰好是这个"卸负"的观念，吸引了我对胡林描述的关注，在我看来它提供了某种类似的灵性经验——启迪了古代圣贤的理想形象。胡林实际上表明，在佛教"四圣谛"的第一谛"苦谛"中，"苦"这个词并非指像"苦乐交替——它们无法解脱的混合、它们相辅相成的条件"那样的苦。[2]这种负担是一种对立，即在快乐与不快乐之间，或者在"对我好"和"对我坏"之间，确立接近它自身的个体性的肯定，迫使我们总是当心自己的兴趣。在这种对立背后，

---

[1] 《克里西波斯》（*Chrysippe*），第 219 页注 1（布雷依尔引用 Sutta Nipata，由奥登伯格翻译，载《德国评论》[*Deutsche Rundschau*，janvier 1910]，第 25 页）。

[2] 前引胡林著作，第 238—242 页。

我们觉察某种"隐约的、总是复活的不满"的持久——我们也许称它为生存的苦恼。为了使我们自己摆脱这种"不满",我们必须敢于"卸负":

由于在我们世俗兴趣追寻中的紧张和重压，如果我们不让自己卸负——就是说，如果我们不惜通过反对整个世界秩序、依靠别人来肯定自己，那么，我们也许会感觉到，我们并没有得到任何彻底的轻松。

# 第三部分
断裂与延续：中世纪和现代

## 十

### 作为一种启示哲学的基督宗教

#### 基督宗教把自己定义为哲学

就其起源来说，正如通过耶稣之言所表明的那样，基督宗教宣布世界即将结束和上帝王国的来临。这样一个信使，对于希腊人的精神和哲学的看法来说是完全陌生的；相反，它却通过犹太教知识界而被记下来。基督宗教虽然颠覆了犹太教，却不是没有保留其中一些根本的观念。看起来，没有任何东西能够预知说，在基督死后一个世纪，一些基督徒会把基督宗教不仅表现为一种哲学——就是说，一种希腊的文化现象，而且表现为唯一的和永恒的哲学。

然而，我们不应该忘记，在犹太教和希腊哲学之间事实上有着长久的关系。这方面最著名的例子是亚历山大的斐洛——一个与基督宗教同时代的犹太哲人。在这个传统里，对在上帝和世界之间的某种媒介——某种被叫做索菲亚和逻各斯的媒介因素——的看法，扮演了中心角色。这里，逻各斯曾是创造的道（上帝说，"让有光"），但它也曾启示上帝。正是从这点来看，我们必须根据约翰去理解福音那著名的开场白：

> 太初（在太极中——就是说，在神那里——如某些释经家所解释的那样）有道，道与神同在，道就是神。……万有是藉着他造的；凡被造的，没有一样不是藉着他造的。生命在他里头，这生命就是人的光。……道成了肉身，住在我们中间，充充满满地有恩典，有真理。我们也见过他的荣光，正是父独生子的荣光。

基督宗教哲学之所以成为可能，是因为希腊词逻各斯的模糊性。自赫拉克利特以来，逻各斯这个词已经成为希腊哲学的一个中心概念，因为它可以表示"道""言说""论辩"以及"理性"。尤其是，斯多葛派相信，被设想为理性力量的逻各斯，内在于世界、人类和每个个人之中。这就是为什么，当《约翰福音》的开场白把耶稣等同于永恒的逻各斯和神的儿子时，它能够使基督宗教表现为一种哲学的缘故。上帝那真实的道能够被设想为天地理性，它创造世界并指引人的思维。新柏拉图主义者阿美留斯作为普罗提诺的门徒，把这个开场白看成一个哲学的文本。[①]他写道：

① 阿美留斯，载优西庇乌斯《福音的准备》（*Préparation évangélique*），XI，19。

因此，这是那个逻各斯，所有现成的事物由于他而被产生出来，而他自己总是实存的（正如赫拉克利特所相信的那样）[1]，而且那个未开化之人（即福音主义者约翰）相信，逻各斯（接近上帝）"就是上帝"，拥有原则的等级和尊严。所有事物绝对由于他而被创造出来；生命者、生命、存在者的本性在他之中。而且，逻各斯降为诸形体物，带有肉身，用人的面貌出现；但在同时，它显示自己本性的伟大。当它被释放时，它再次成为神灵，而且就是上帝，正如它在被降为形体物的世界之前那样，在下降为肉身和人之前那样。

对于阿美留斯来说，那个他叫做"未开化之人"的福音主义者约翰，在自己的开场白里描述了世界灵魂——它虽然是神圣的，却以某种方式与形体混合在一起。[2]但是，阿美留斯解释的要旨并不在此；对于我们来说重要的是新柏拉图主义哲学家所承认的、在福音主义词汇和哲学专有的词汇之间那种血缘关系。

公元 2 世纪开始时，被称为护教者的基督宗教作者们用逻各斯这个字眼把基督宗教规定为特定的哲学。这些人试图

---

[1] 赫拉克利特残篇 B1，载前引迪蒙翻译的《前苏格拉底哲学家》，第145 页。

[2] 见布里松的论文"阿美留斯——生平、著作、学说和风格"（"Amélius：Sa vie, son œuvre, sa doctrine, son style"），载哈泽和腾波利尼编的《罗马世界的兴起和没落》（*Aufstieg und Niedergang der römischen Welt*，II，vol. 36，part 2 ［1987］），第 840—843 页。

用一种可了解的形式，把基督宗教介绍给希腊-罗马世界，因此被叫做"护教主义者"。他们宣称，希腊哲学家迄今只部分地拥有逻各斯，仅仅是完美理性和真理论辩的元素；[①]而基督教徒却拥有逻各斯——就是说，在耶稣基督身上体现的真理论辩和完美理性。倘若研究哲学意味着与理性生活在一起，那么基督徒就是哲学家，因为他们与神圣的逻各斯在一起。[②]基督宗教转变为哲学，这甚至可以在公元3世纪亚历山大城的克雷芒那里看得更加清楚。[③]对于克雷芒来说，基督宗教作为逻各斯的完全启示，是真正的哲学，它"教导我们操作端正以仿效上帝，接受神灵计划作为所有我们教育的指导原则"。

像希腊哲学一样，基督宗教哲学既把自己表现为一种论辩，也是作为一种生活方式。在基督宗教诞生时的公元1、2世纪，每个学派的哲学论辩主要由该学派创立者所解释的文本组成，正如我们已经看到的那样。基督宗教哲学的论辩很

---

① 朱斯坦，《护教篇》(*Apologie*)，II，8，1；13，3，参见瓦泰勒编的《圣朱斯坦：诸护教学说——导论、文本、翻译和评论》(*Saint Justin: Apologies— introduction, texte, traduction et commentaire*，Paris，1987)。

② 朱斯坦，《护教篇》，I，46，3—4。

③ 亚历山大的克雷芒，《杂记》(*Stromates*，I，11，52，3)，根据马塞尔·卡斯特在基督宗教来源系列卷30中的文本翻译 (Paris：*Éditions du Cerf*，1951)。比较格雷戈里那个有趣的文本，标题是《感恩奥利金》(*Remerciement à Origène*)。他把奥利金学派描述成一个传统的哲学学派，这个学派以导师和学生之间的爱为特色，强调论辩练习；但是，哲学从属于基督宗教神学。

自然地也是解经的，旧约和新约的诸解经学派，就像那些在亚历山大城由克雷芒的导师，或者由奥利金本人所开创的学派那样，提供一种完全类似于当代哲学流派的教导。柏拉图主义者为那些与灵性发展阶段相对应的柏拉图对话提出的阅读秩序，同样像奥利金这样的基督徒让自己的学生阅读的那样：最先读《箴言》，然后读《传道书》，再后读《雅歌》。对于奥利金来说，这些分别对应那种提供最先净化的伦理学；然后是教导我们超越感观事物的物理学；再有就是引起与上帝结合的l'époptique或者神学。[①]这里，我们开始明白，正如这个时期的哲学家的情况一样，阅读文本是一种与灵魂进步紧密相连的"灵性的"过程。对灵性进步的哲学理解，形成基督宗教教育和教导的真正骨骼。古代哲学论辩有利于哲学的生活方式，同样，基督宗教哲学的论辩也是实现基督宗教的生活方式的一种手段。

也许可以有理由说，可还是有一种不同，因为基督宗教的释经是对圣经文本的解释，而且基督宗教哲学基于一种启示：逻各斯是上帝的启示和显示。基督宗教神学通过教条的争论而逐渐发展，而这些争论总是基于对旧约和新约的注

---

① 由布雷扎德，克鲁泽和博雷特编辑并翻译的《奥利金——关于〈雅歌〉的评论》卷 1 (*Commentaire sur le Cantique des Cantiques*, Prologue, 3, 1—23, Paris, 1991)，第 128—143 页；参见 I·阿多，《辛普利西乌斯——关于范畴的评注》(Introduction à *Simplicius*, *Commentaire sur les Catégories*, fasc. I, Leyde, 1990)，第 36—44 页。

释。不过，在希腊哲学内也一样存在一个系统神学的完全传统。它开始于柏拉图的《蒂迈欧篇》和《法律篇》卷十，在亚里士多德《形而上学》卷十二中得以发展。这个传统区分开启示的各种不同渊源，也区分开神灵实在界活动的不同程度和方式；在后来新柏拉图主义时期，它整合了来自非希腊源头的各种各样的启示。从这个观点来看，希腊哲学也可以说是基督宗教哲学的一个样板。①

不过，虽然有些基督宗教作者把基督宗教表现为一种哲学，或者甚至表现为就是哲学，这并非完全因为基督宗教主张一种类似异教的释经和神学的释经，而是因为它是一种生活风格和一种存在者的方式，就像古代哲学那样。正如勒克莱尔所写的那样："在僧侣主义的中世纪和在古代一样，寻找智慧并不指明某种理论或某种认识方式；相反，它表示一种有生命的智慧，一种与理性一致的生活方式"——就是说，表示一种与逻各斯一致的生活方式。②基督宗教哲学在于与逻各斯一致的生活中——就是说，在与理性一致的生活中——就像查斯丁所指出的那样，"那些在基督之前引导一

---

① 见 P·阿多的"在希腊哲学中的神学、释经、启示、书写"（"Théologie, exégèse, révélation, écriture dans la philosophie grecque"），载 M. Tardieu 编的《解释的规则》（*Les Règles de l'interprétation*, Paris, 1987），第 13—34 页。

② 勒克莱尔的论文"关于'基督宗教哲学'表达的历史"（"Pour l'histoire de l'expression 'philosophie chrétienne'"），载《宗教学研究》（*Mélanges de science religieuse*, t. 9, 1952），第 221—226 页。

种与理性（逻各斯）相伴的生活的人就是基督徒，即使他们被看作是无神论者。这样的基督徒有苏格拉底、赫拉克利特和那些像他们的人。"[1]

由于基督宗教这样同化为一种哲学，我们看到在灵修的基督宗教内的那种现象——实践真正的世俗哲学。例如，亚历山大的克雷芒这样写道：

> 神律一定引起恐惧，以便让哲学家由于慎思和关注自身而获得和保存心灵的平和。[2]

这段话隐含古代哲学的全部思想。神律既是哲学家的逻各斯，也是基督徒的逻各斯。它激发行动中的谨慎、慎思和关注自己——就是说，激发那种根本上属于斯多葛派的态度。这些反过来获得心灵的平和，这是一种为所有学派所寻求的内在品质。在奥利金那里，我们见到良心考察的非常哲学化的练习。[3]他评注《雅歌》的一句歌词——"假如你不了解你自己，哦，最美丽的妇人"——把它解释为邀请灵魂专注地考察自己。灵魂必须考察自己的感受和活动。它希望

---

① 查斯丁，《护教学》（*Apologie*），Ⅰ，46，3，瓦泰勒。
② 克雷芒，《杂记》，Ⅱ，20，120，1，蒙特塞尔编《基督宗教来源》（*SC*）。
③ 奥利金，《关于〈雅歌〉的评论》，Ⅱ，5，7，卷1，1，9，359，布雷扎德、克鲁泽和博雷特编。

做善吗？它寻找各种不同的德行吗？它正在实现进步吗？它已经完全抑制住愤怒、忧伤、害怕的情感和荣耀的爱吗？它的施与和接受的方式是什么？它判断真理的方式是什么？

从4世纪开始在埃及和叙利亚发展起来的僧侣主义现象，在"基督宗教哲学"意义上得以解释。解释者是4世纪那些坚持亚历山大的克雷芒和奥利金传统的教父们：该撒利亚的巴西勒、纳西昂的圣格列高利、尼斯的格列高利、庞义伐，某种程度上还可以算上亚历山大的阿塔纳修，后期如加沙的多罗泰这样的在6世纪写作的僧侣。正是在这个时候，一些基督徒开始希望通过基督的福音劝告和对他生活的效仿，来达到基督宗教的完满：他们隐退到沙漠，过着完全宗教的苦修和沉思的生活。他们并非受过教育的人，也没想过与哲学有任何联系。他们在旧约和新约中找到自己的榜样，同时也许在佛教或摩尼教禁欲主义中找到榜样——至少某段时期是这样。①我们也一定记得，在斐洛和耶稣的时代，已经存在各种静观的苦修主义者团体；这些团体包括精神治疗家——斐洛在自己的论文集《论静观生活》中描述过他们，称他们为"哲学家"②——和在库姆兰的犹太教派。

---

① 格尼伯蒙的论文"僧侣主义和苦修主义"（"Monasticism and Asceticism"），载麦金、迈恩多夫和勒克莱尔编的《基督宗教的灵性》（*Christian Spirituality*, New York: Crossroad, 1986），第91页。
② 见多玛斯为亚历山大的斐洛著作《论静观生活》（*De vita contemplativa*）写的导言，见《基督宗教来源系列》（*Sources Chrétiennes series*, Paris, 1963），特别是第31页。

在"基督宗教哲学"里的一些信仰者本身也是僧侣主义的践行者；这是布耶叫成"有学识的僧侣主义者"的运动。[①]对于他们来说，"哲学"从此之后就把僧侣的生活指明为基督徒生活的完满。然而，这种"哲学"继续与像心灵平和、没有激情[②]和"与本性和理性一致的生活"[③]这样的世俗范畴紧密相连。正如在世俗哲学中一样，僧侣的生活从那时以后就把自己表现为灵修的实践，其中一些灵修是基督宗教特有的，但另外大多数则被世俗哲学流传下去。[④]

因此，我们再次见到对一个人自己的关注，它既是斯多葛派的根本态度，也是新柏拉图主义者的根本态度。[⑤]对于亚历山大的阿塔纳修来说，这样的态度就是僧侣主义态度的真正定

---

① 布耶，《新约和教父的灵性》（*La Spiritualité du Nouveau Testament et des Pères*, Paris, 1960），第 400—472 页。

② 许多例子见于纳西昂的圣格列高利的《书信集》（*Lettres*, t. Ⅰ-Ⅱ, éd. P. Gallay, Paris, Belles Lettres, 1964—1967, t. Ⅰ, p. 39, 60, 71, 74, 114；t. Ⅱ, p. 14, 85）。也见洪格尔的《拜占庭人书面语言的世俗文学》（*Die Hochsprachliche profane Literatur der Byzantiner*, t. Ⅰ, Munich, 1978），第 4—10 页，附有丰富的参考文献；以及马林格尔的《哲学》（*Philosophia*, Paris, 1961）。

③ 阿塔纳修，《安东尼生平》（*Vie d'Antoine*），14, 4 和巴迪连的《基督宗教来源系列》，第 20、56、175、189—191 页；庞义伐，《僧侣修行研究》（*Traité pratique du moine*），吉约芒，巴黎，1971 年，§86，第 677 页。

④ 吕芬，《修道院历史》（*Historia Monachorum*），7, 29，《拉丁教父》（*Patrologia latina*），21, 410d 和 453d。参见勒克莱尔的论文"论灵性修炼"（"Exercices spirituels"），载《灵修辞典》卷 10（*Dictionnaire de spiritualité*, Paris, 1961），1902—1908。

⑤ 参见前文。

义。①他在自己的著作《安东尼生平》里，告诉大家圣人如何皈依僧侣主义的生活。这时，他无非说，安东尼开始关注他自己。阿塔纳修也报道了安东尼在自己死那天向门徒所讲的话：

> 让你每天仿佛都在走向死亡那样地活着，完全专注你自己，并且不要忘记我的劝告。

相反，纳西昂的圣格列高利谈论"专注自己"（concentration en soi-même）。②关注自己，专注当下并且思考死亡，这在僧侣主义传统中是常常联系在一起的，就像它们在世俗哲学中那样。例如，安东尼劝自己的门徒唤醒思考，因为他们到了晚上也许再也活不过来；同时劝告他们让自己也许唤醒不起的思考安睡。就像来自加沙的多罗泰警告自己的追随者那样：

> 让我们关注自己吧，我的兄弟们；让我们警醒着，虽然我们还有时间……自我们的讨论开始，两三个小时已经过去了，我们又离死亡近了一步；但是，我们要勇于正视，我们正在浪费自己的时间。③

---

① 阿塔纳修，《安东尼生平》，3，1，第 137 页和 91，3，第 369 页。
② 纳西昂的圣格列高利，《书信集》卷 2，第 153 封信，第 45 页。
③ 阿塔纳修，《安东尼生平》，19，3，第 187 页；多罗泰，《灵性大全》（Œuvres spirituelles），§114，1—15（载《基督宗教来源》）。

显然，对自己的如此关注事实上是一种皈依——朝向自己更高的部分。这点可以在巴西勒的布道中看得清楚，因为他把圣经文本作为自己的论题，"注意，免得任何不义之词藏在你心中"。[1]我们在巴西勒的评注中，看到所有斯多葛主义和柏拉图主义的论题。关注自己就是唤醒上帝已经放在我们灵魂内的思想和行动的理性原则；这意味着注视我们自己——即注视我们的灵性和灵魂，不要注视属于我们的东西——例如我们的身体和拥有。最后，这意味着通过检查自己的良心来认识自己，保持注视我们灵魂的美。在这方面，通过认识自己真正的贫乏和富有，我们能够改正自己对自己的判断；认识由宇宙、我们的身体、地球、天空和星际给予的壮美；首先是认识灵魂的命运。[2]

关注自身以良心检查的实践为前提，这是著名的僧侣安东尼在其著作中劝告门徒去践行的："我们中的每个人都要写下自己灵魂的行动和运动，仿佛我们不得不让别人知道这些。"[3]这

---

[1] 《申命记》，15：9。

[2] 该撒利亚的巴西勒，载《希腊教父》(*illud attende tibi ipsi*，*Patrologia graeca*，31)，col. 197—217，由鲁德贝格编的《斯德哥尔摩大学学报》专辑《斯德哥尔摩希腊研究》卷 2 (*Acta Universitatis Stockholmensis*，*Studia Graeca Stockholmensia*，Stockholm，1962)。

[3] 阿塔纳修，《安东尼生平》，55，9，第 285 页。参见福柯的"自身的书写"("L'Écriture de soi")，载《身体书写》(*Corps écrit*，n° 5，1983)，第3—23 页，连同我对福柯文本的评论，载 P·阿多的论文"关于'自身教养'概念的反思"("Réflexions sur la notion de 'culture de soi'")，载《哲人福柯》(*Michel Foucault philosophe*，Paris，1989)，第264—266 页。

是一个无法估价的心理学评论: 良心检查的精神治疗价值将会更大，如果它被书写的手段外在化的话。我们会为公然做出不良举止而感到羞耻，书写使我们意识到自己是公开的: "让书写使别人看到。"总之，良心检查一定要经常地和有规则地进行。多罗泰建议每六小时来一次自我检查，但是，他也劝告自己的读者，每周、每月和每年都对自己的灵魂状况来一次更为总体的评价。[①]

正如我们已经知道的那样，关注自身和警醒也以思想练习为前提: 我们必须沉思、回忆，总是"掌握"(sous la main) 自己的行动原则——这些将尽可能简要地加以概括。在僧侣主义的文献里，这种需要由《警句》和被叫做《要点》的东西所满足。像由第欧根尼·拉尔修收集起来的异教哲学家的格言那样，《警句》是著名的和令人印象深刻的教导，灵修导师已经在一些特别的场合提到过这些教导。[②]《要点》是那些相当简短的句子的集成，通常以一百句为一组。如同在世俗哲学中一样，对这些榜样和句子的沉思必须是持续的。伊壁鸠鲁和爱比克泰德建议自己的学生整天实践《要点》；多罗泰也劝告自己的追随者不停地沉思。这样的

---

① 多罗泰，《灵性大全》，§§111，13 和 117，7，第 353 和 365 页，载勒尼奥和德普雷维尔合编的《基督宗教来源系列》，巴黎，1963。

② 参见《教父警句集辑》，章 I-IX (Les Apophtegmes des Pères, collection systématique, chap. 1—9)，由居伊翻译文本并写导论，载《基督宗教来源系列》，巴黎，1993 年。

话，他们才可以在恰当的时间"掌握"自己的行动原则。①
因此，一个人可以"从每个事件中得益"——换言之，知道
面对每个事件时需要做的事情。

关注自身转化为自身掌握和自身控制，这只有通过习
惯和坚持实行苦修才可达到。反过来，这些实践被用来使
得理性能够战胜情感，争取完全根除它们。就是说，对情
感进行全面的精神治疗。如此从情感中完全解放出来，需
要与对象分离——就是说，逐渐消除把无关紧要的事物作
为自己对象的欲望。斯多葛派的爱比克泰德，还有柏拉图
主义者普卢塔克，都曾经写文章提出用来控制好奇心和闲
聊的修炼。同样，多罗泰建议，我们一开始就习惯不去关
心不重要的事情，以便使自己准备好，渐渐地作出更大的
奉献。②对于多罗泰来说，正是自我主义的意志——我们自
己的意志，寻求其在对象中的快乐——将渐渐地被这样的
修炼所减弱：

> 以这种方式，他最后达到这样的境界——没有他自己的意
> 志。不管发生什么事情，都会使他幸福，仿佛这来自他自己
> 一样。

---

① 多罗泰，《灵性大全》，§60，27—30。
② 同上书，§20，1—33，也见爱比克泰德，《对话集》卷1，18，18 和
《手册》，12，2。

那个没有他自己的意志的人，总是做他需要的事情。所有发生的事都使他满足，而且，他总是与自己意志一致地行动。因为他并不想要事物像他所希望的那样；他希望这些事物如同自己所是的那样。①

这里，我们看到对众所周知的爱比克泰德《手册》第八句的一种回应：

不要企图找到那种像你所希望的那样发生的东西。那种东西也许正如你所希望的那样发生，这样你将感到幸福。

像斯多葛派一样，这个修道士正是用这样的方式，要求每个当下的时刻。

根据另一个传统的哲学忠告，②在初学者能够直接通过运用与情感对立的德行来对抗情感之前，应该凭借与这个情感对立的另一种情感——例如，对好名声的渴望，去战胜原先这个欲求奢侈的情感。③

曾经作为纳西昂的圣格列高利弟子的庞义伐，更多地受柏拉图主义和新柏拉图主义想法的影响。例如，他运用柏拉

---

① 多罗泰，《灵性大全》，§20, 28 和 §187, 14—16。
② 西塞罗，《图斯库兰斯》卷4 (*Tusculans*, Ⅵ)，第75页。
③ 庞义伐，《修行研究》(*Traité practique*)，§58（载《基督宗教来源系列》）。

图主义的灵魂三分法（即理性、勇气和情欲），规定德行的
状态：

> 理性灵魂根据本性而活动，就是说，其情欲部分渴望德
> 行，其勇气部分为德行而战斗，其理性部分则达到存在者的
> 静观。①

人们常常以柏拉图的方式来设想苦修主义，就像把身体
与灵魂加以分离一样，以为只有这样才能看到上帝。亚历山
大的克雷芒提出这个论题，对于他来说，"对神的真正虔敬
在于，坚定地把我们自己从身体及其情感分开；也许这就是
苏格拉底何以正确地把哲学称为一种'为死亡的训练'的原
因"——我们必须断绝与感官的联系，以便知道真正的实
在。②纳西昂的圣格列高利责备一个朋友对生病抱怨，仿佛
病治不好了一样。纳西昂的圣格列高利如此开导他：

> 相反，你必须在自己痛苦时搞哲学（就是说，你必须训练
> 自己像一个哲学家那样去生活）。就从现在起，这是纯洁你思
> 想的时刻，表明你自己高于你的结合物（把你与身体结合起来

---

① 同上书，§86。
② 亚历山大的克雷芒，《杂记》，V, 11, 67, 1, 载布吕克编的《基督宗教
来源系列》，巴黎，1981年，第137页。

的东西）。你必须把自己的病看成是老师，他使你有所得益——教导你轻视身体和肉身；所有这些东西都是流逝的，是烦恼之源，是可腐朽的；这样的话，你也许就完全属于在上界的部分，……使这种生活在下界——正如柏拉图所说——一种为死亡的训练，并且，以这种方式尽可能地使自己的灵魂从身体和坟墓——用柏拉图的术语——中得以解放出来。如果你以这种方式做哲学，……你将教导许多人在他们痛苦时去做哲学。[①]

纳西昂的圣格列高利的学生庞义伐用明显是柏拉图主义的术语，继续同样的论题：

把身体从灵魂那里分出来，只属于把它们统一起来的人；但是，把灵魂从身体分出来，则属于那种倾向德行的人。因为，我们的教父们称 anachorèse（僧侣主义的生活）是一种为死亡的训练，一种对身体的逃离。[②]

波菲利曾写道：

本性绑住的东西，由本性来释放；但是，灵魂绑住了东

---

① 纳西昂的圣格列高利，《书信集》XXXI，卷1，第39页。
② 庞义伐，《修行研究》，§52，见载《基督宗教来源系列》，由吉约芒写的评注。

西，灵魂自己释放。本性在灵魂中绑住身体，但是，灵魂在身体中绑住自己。因此，本性从灵魂中释放身体，但是，灵魂则从身体释放自己。[①]

因此，波菲利将身体与灵魂的自然连接——这使身体有生命，同灵魂和身体的情绪连接对立起来。这后一种连接可以如此强烈，以至于灵魂把自己认同为身体，而且只计较身体的满足。在庞义伐看来，哲人要训练的那种死亡，是对情感的根除，因为这些情感把灵魂结合到身体。这种根除将使他能够通过平静，或者通过情感的缺失，来达到与身体的完全分开。

## 基督宗教与古代哲学

基督徒接过希腊词爱智慧，把僧侣主义表示为完美的基督宗教生命。之所以能够这样做，皆因爱智慧这个词指的是一种生活方式。因此，当他们采用这个词时，这些"基督宗教哲人"就被引导，把从世俗哲学承继下来的践行和态度带进基督宗教里头。我们对此并不需要惊讶；在世俗哲学生活和僧侣主义生活之间，最终有许多类似。确实，古代哲学家不曾走进沙漠和修道院；相反，他们活在尘世中，常常参与

---

① 波菲利，《格言》(*Sententiae*)，8 和 9。

世俗的政治活动。然而，如果他们真的是哲人，他们准会被皈依——就是说，他们得公开承认哲学，作出一种生活的抉择，使自己不得不改变自己在世俗中的方方面面的行为举止；而且在一定意义上，使自己与尘世分开。这些基督徒结成一个团契，遵从某位灵性导师的指导，崇敬学派创立者，常常与学派的其他成员一道进餐。他们检查自己的良知，甚至为自己的错误行为忏悔，正如看上去已经成为伊壁鸠鲁派的践行那样，他们过着一种苦修的生活。如果他们是犬儒学派，就责备所有安逸和富有。倘若他们属于某个毕达哥拉斯学派，或者属于新柏拉图主义者，他们就会实行素食，致力于静观，寻找神秘的结合。

基督宗教无可争辩地是一种生活方式，因此，毫无疑问，它事实上把自己表现为一种哲学。但是，它这样做的时候，就吸纳了真正属于古代哲学的那些价值和实践。这个过程合理吗？这样一种演化符合基督宗教的本来精神吗？对这个复杂问题我们不能够给予可靠的和没有遗漏的回答，因为我们首先得给出一个关于古代基督宗教的严格定义；而这点既超出我们的能力，也不是此书所能涵盖的。让我们就来检查一下看来是本质的几个要点。

首先而且是最重要的，我们千万要记住，虽然基督宗教的灵性借用了古代哲学的某些灵修，但却形成了基督宗教特有实践的更广泛内容的部分。整个僧侣的生活总是以上帝恩典的帮助为前提，也就是一种根本的谦卑品质，这常常体现在表示顺从和罪咎的身体态度方面，诸如俯卧在某个人的修道士同伴面前。一个人对自己意志的放弃，表现在对比他高的等级者的绝对服从上。为死亡的训练常常与对基督之死的回忆联系在一起，而且，苦修主义被理解为参与基督受难。类似地，修道士在每个人那里看到基督："难道你不为自己的愤怒和说兄弟的坏话而感到羞愧？难道你不知他是基督？难道你不知自己伤害的正是基督？"[1]这里，美德实践具有完全不同的意义。

　　基督宗教哲学家给人造成这样的印象，他们所提倡的灵修早已由旧约或者新约提出，因此试图把自己对世俗哲学论题的使用基督宗教化。例如，当《申命记》使用"关注"这个表达时，巴西勒得出结论说，这一经书在劝诫"关注一个人自己"的哲学修炼。如此对人自己的关注也叫做"心灵引导"，因为《箴言》中的一段文本说，"最重要的是指导你自己的心灵。"[2]当基督宗教哲学家读到《哥林多后书》[3]劝告"测试你自己"时，这被解释为邀请去检查你自己的良心；当他们在《哥林多前书》读到"我每天都死"[4]的时候，他们把这理解

---

[1] 多罗泰，《多西丢生平》(*Vie de Dosithée*)，§6。
[2] 《箴言》，4：23；阿塔纳修，《安东尼生平》，21，2，第 193 页。
[3] 保罗第二封给哥林多人的使徒书信，13：5；阿塔纳修，《安东尼生平》，55，6，第 283 页。
[4] 保罗第一封给哥林多人的使徒书信，15，31；阿塔纳修，《安东尼生平》，19，2，第 187 页。

为死亡练习的榜样。但是，来自圣经文本的如此暗示，显然不可能阻止这些基督宗教哲学家凭借世俗哲学的词汇和概念，来描述他们的灵修。来自圣经文本的如此暗示，只是基于寓意式的解释，最终在于给出这些文本人们需要给予它们的任何一种意义，而不用考虑作者的意图。此外，许多现代的哲学家仍然使用这种解释的方法，阐明这些来自古代的文本。

总之，正是依靠这个过程，教父们能够把诸如"天国"和"上帝王国"这样的福音表达，解释为属于哲学的东西。我们在庞义伐的《修行研究》开头的几句话里看到这个解释，它说：

> 基督宗教是关于我们的主，基督的教义；它由修行、物理学和神学组成。①

我们这里承认，按先后列举的哲学的三个部分，至少从普卢塔克时代以来就为柏拉图主义学派所教导，而且对应于灵性进步的三个阶段。②相当令人惊讶的正是，基督已经提出一门修行学、一门物理学和一门神学——尽管人们也许说，哲学的这三个部分可以在基督的道德劝告、在他关于上帝和关于世界终结的教导中被识别。

---

① 庞义伐，《修行研究》，§1。
② 参见前文。

但是，当庞义伐更仔细地规定哲学的三个部分时，这令人更为惊讶。对于他来说，物理学似乎是天国，神学是上帝王国。[1]我们带着某种惊讶承认上帝统治是福音的看法，用同义词的表达就是"天国"和"上帝王国"。这种看法来自犹太教，符合对上帝统治和他管治地上万民的律法的未来观点。在耶稣的信使中，这个王国同时是当下的和将临的，因为它通过皈依、悔罪、对邻人的爱和上帝意志的完成，已经开始被认识——根据圣灵而不是根据字面。把上帝王国或天国的看法认同为属于哲学部分的物理学和神学，等于给予这些看法以一种完全没有意料到的意义。在奥利金的影响下，庞义伐区分了天国和上帝王国福音理解的不同之处。天国和上帝王国成了灵魂的两种状态，或者说，灵性进步的两种状态。在修行学之后，也就是说，在使学生开始学会平静情感这样一种初步的净化之后，他才能进一步尝试接触物理学。因为，物理学是对"自然"或者存在者——不管是可见的还是不可见的，都是由上帝创造——的静观。上进的学生静观它们作为被造的东西——就是说，在它们与上帝的关联中。平静通过这种静观变得更持久，这就是庞义伐叫做"天国"的东西。正如他进一步阐明的那样，上进的学生达到"上帝王国"，或者达到对在其三位一体中的上帝奥秘的静观；这

---

① 庞义伐，《修行研究》，§§2—3。

就是神学的阶段。对"天国"和"上帝王国"称呼的这种解释，并非庞义伐所特有。亚历山大的克雷芒和奥利金也已经描述过，在后来的作者中得到大量的证明。[①]

在皈依之后的岁月里，希波的奥古斯丁在自己的书《论真正宗教》里，使柏拉图主义面对基督宗教。对于奥古斯丁来说，柏拉图学说的本质部分，与基督宗教学说的本质部分是交叠在一起的。柏拉图的逻辑教导我们认识，感官影像带着错误和虚假的意见充斥我们的灵魂，而且，我们必须使自己的灵魂从这种病态中康复，这样，灵魂才能发现神灵实在。物理学教导我们，所有事物都有生有死，会逐渐凋落；这些事物只有凭借上帝真正的存在才有自己的实存，因为是上帝造出它们。因此，如果灵魂厌恶感觉事物，那么它就会使自己凝视赋予所有事物以形式的那个不朽的形式，凝视那种绝对的美，它"总是在所有方面等于和类似它自己，既不可为空间所分隔，也不能被时间所改变"。最后，伦理学将使我们发现，只有那个理性的、理智的灵魂，才能够享受对上帝永恒性沉思的快乐，享受发现永恒生活的快乐。[②]

---

① 奥利金，《论布道》(De oratione)，25，见由吉约芒合编的《庞义伐〈灵修研究〉》卷 2 注，第 499—503 页（载《基督宗教来源系列》）。

② 奥古斯丁，《论真正宗教》(De vera religione)，III, 3，奥古斯丁文献(Bibliothèque augustinienne)，载《圣奥古斯丁著作集》第一系列第八本《论基督宗教信仰》(Œuvres de Saint Augustin, no. 8, 1ˢᵗ series: Opuscules. VIII: La Foi chrétienne)，佩贡编并翻译，巴黎，1951 年。

对于奥古斯丁来说，这就是柏拉图主义的本质，同时也就是基督宗教的本质。他引用新约圣经的一些话来作为证明，可见世界和不可见世界是对立的，肉身与圣灵是对立的。但是，人们也许要问，基督宗教和异教哲学之间的不同是什么？对于奥古斯丁来说，这个不同在于这样的事实：柏拉图主义不能使大众改变信仰，使他们摆脱世俗事物，从而面向灵性的事物；而自基督降临以来，各种社会地位的人都接受基督宗教的生活方式，由此使人性发生真正的转变。如果柏拉图再生，他会说，"这就是我不敢向群众宣扬的东西。"虽然"被肉身的不洁蒙住眼睛"，诸灵魂还是能够"在没有哲学讨论的帮助下"，"返回到它们自身，期待自己的家园"，因为上帝——通过道成肉身——已经把神理性的权威性，下降到人身上。[①]从奥古斯丁这个观点来看，基督宗教具有与柏拉图主义同样的内容：关键点是厌恶可感的实在，以便静观上帝和灵性的实在，但是，只有基督宗教使大众接受这种生活方式。尼采也可以用奥古斯丁来证实自己说的"基督宗教是对于大众的柏拉图主义"。[②]

因此，我们必须承认，在古代哲学影响下，在基督宗教里只是作为次要——不能说不存在——的特定价值，上升到了第一位的重要性。上帝统治来临的福音观，由通过苦修主义和静

---

① 奥古斯丁，《论真正宗教》，IV, 7。
② 尼采，《超越善恶》(*Par-delà le bien et le mal*) 前言。

观而达到的与神合——或者神格化（déification）——的哲学观所代替。在某些情况下，基督宗教生活更多的是一种灵魂的生活，而不是人的世俗生活。它根据理性而变成一种生活，类似于由世俗哲学家所宣扬的那种生活。更为特别的是，它根据圣灵而变成一种生活，类似于柏拉图主义者的那种生活；这里，目的是脱离肉身，以便转向一种超越的、可理解的实在；如果可能的话，通过神秘经验达到这种实在。总之，关注自身寻求平静、心灵的平和、不忧虑，尤其是逃离肉身，成了灵性生活的首要任务。多罗泰宣布，心灵平和相当重要，如果必要的话，我们必须放弃自己所得，从而保证不要失去这种平和。[①]这种灵性通过古代哲学学派的生活方式，强烈地表现出来，而由基督宗教在中世纪和现代的生活方式所承继的，正是这种灵性。

① 多罗泰，《灵性大全》，§§58—60。

# 十一

## 古代哲学概念的衰落与重现

如果古代哲学在哲学论辩与生活方式之间建立了这样一种亲密关系，那么，为什么在今天——假定按哲学史通常被教导的方式——哲学首先表现为上述一种论辩，它也许是理论的、体系化的，或者是批判的，但是总之缺乏一种与哲人那种生活方式的直接联系呢？

### 重提基督宗教与哲学

这种转变过程首先是历史的：它归因于基督宗教的繁荣。正如我们所知，基督宗教很早就把自己表现为一种"哲学"——就这个词的古代意义而言。换言之，它表现为一种生活方式和生活选择——一种根据基督的生活，隐含一种特别的论辩。许多来自传统的希腊-罗马哲学的元素已经被吸收和整合到基督宗教的生活方式中，也同样被吸收和整合到基督徒的论辩里。但是，逐渐地，而且由于我们后面所探究的理由，基督宗教——尤其是在中世纪——明显见出在哲学论辩和生活方式之间的一种分离。有些特别属于古代各种不同哲学学派的哲学生活方式，例如伊壁鸠鲁学派，完全消失了。其他的像斯多葛学派和柏拉图学派，则被基督徒的生活方式所吸收。虽然在一定程度上说，僧侣修道的生活方式确实把自己叫做中世纪的一种"哲学"，[①]然而这种生活方式被从它原先所维系住的那种哲学论辩那里分裂出来，尽管它整合了真正属于古代哲学的灵修。因此，唯有特定古代学派的哲学论辩，尤其是柏拉图学派和亚里士多德学派的哲学论辩被保持了下来。不过，由于与曾经鼓舞它们的那些生活方式分离，它们的地位就被降为仅是可以在神学争论中使用的概念材料。"哲学"——当被用来为神学服务时——从此就不再是一种理论的论辩；而且，在 17 世纪特别是 18 世纪的时候，现代哲学取得了自己的自主性，就倾向坚持把它自己限制在这种观点上。我强调"倾向"这个词，因为事实上，希腊罗马哲学本来的、权威的看法从来就没有被完全忘掉。

幸亏多曼斯基的著作，[②]我才能够改正自己在先前研究中提出的哲学"理论化"那些非常简要和不精确的表述。[③]

① 参见前文，第十章，第一节"基督宗教把自己定义为哲学"。
② 见 P·阿多为其写前言的多曼斯基的著作《哲学：理论还是生活方式？文艺复兴关于古代的争论》（*La philosophie, théorie ou mode de vie....*, Fribourg-Paris, Edition du Cerf, 1996）。
③ P·阿多，《灵修与古代哲学》（*Exercices spirituels et philosophie antique*, 3rd ed., Paris, 1993），第 56—57、222—225 页。

我依然相信，这种现象紧联哲学与基督宗教之间的关系，特别是这些关系在中世纪大学里得以规定时。但是，我必须承认，哲学作为一种生活方式的重新发现，不像我说的那样晚，而且，它也开始在中世纪大学里得到勾画。另一方面，我们必须把许多细微区别和限定，补充到我们关于作为一种生活方式的哲学的这种重新发现的描述中。

## 哲学作为神学的仆人

在16世纪行将结束的年代里，经院哲学家苏亚雷兹发表了自己的著作《形而上学的争论》。这部著作对许多17到19世纪的哲学家产生了相当深远的影响。他在书中宣布：

> 在这部著作里，我扮演哲人的角色，然而仍然清醒地意识到，我们的哲学必须是一种基督宗教哲学，并且为神圣的神学服务。[1]

对于苏亚雷兹来说，"基督宗教的"哲学是一种与基督宗教的教条并不矛盾的哲学，正是在它能够被用于阐明神学问题

---

[1] 苏亚雷兹，《形而上学的争论》（*Disputationes metaphysicae*），载《作品大全》（*Opera omnia*, Vivès, 1861, t. XXV, *Ratio et discursus totius operis*），引文见吉尔松，《中世纪哲学精神》（*l'Esprit de la philosophie médiévale*, Paris, 1944），第414页，那里吉尔松给出有关几度宗教哲学概念的一系列文本。

这个意思上，它是基督宗教的。这并非说，这样一种哲学必须在自己所宣称的学说方面特别应该是基督宗教的；相反，这里所说的哲学本质上是亚里士多德学派的哲学，正如它已经被吸收到 13 世纪经院主义的基督宗教并使自己适应它一样。

哲学表现为一门更高神学或者智慧的仆人甚至奴隶，这已有很长的历史。[①]早在基督教泛滥时期，我们便在亚历山大的斐洛那里，发现他提出了一门普通课程，用于灵性训练和灵性进步。[②]与柏拉图的《理想国》一样，斐洛课程的第一步是关于科学圈的研究：几何学和音乐，但也有语法学和修辞学。通过对《创世记》的评注，斐洛把这些科学等同于夏甲——如果亚伯拉罕没有与他的妻子萨拉结合的话，准

① 对于一门观念史来说，见博杜的论文"哲学辅助神学"（"Philosophia ancilla theologiae"），载《安东尼修行》（*Antonianum*，t. 12, 1937），第 293—326 页；吉尔松的论文"神学的仆人"（"La servante de la théologie"），载《中世纪哲学研究》（*Études de philosophie médiévale, Publications de la Faculté des Lettres de l'Université de Strasbourg*，fasc. 3, Strasbourg, 1921），第 30—50 页。也见康坦在他为 Peter Damian 著作《关于全能神灵的信》（*Lettre sur la Toute-Puissance divine*）所写的导论，载《基督教来源系列》，巴黎，1972 年，第 251 页注 3。

② 参见前引 I·阿多，《古代思想中的人文科学与哲学》，第 282—287 页；M·亚历山大，"亚历山大的斐洛《关于恩宠学问的争论》导论"（introduction à Philon d'Alexandrie, *De congressu eruditionis gratia*），载《亚历山大的斐洛著作集》卷 16（*Œuvres de Philon d'Alexandrie*, vol. 16, Paris, 1967），第 27—96 页。也见沃尔夫森的《斐洛：犹太教、基督教和伊斯兰教中的宗教哲学基础》（*Philo: Foundations of Religious Philosophy in Judaism, Christianity, and Islam*, Cambridge, Mass., 1947），第 156—157 页。

会与这位埃及女奴结合——她的女奴身份暗示了当时哲学的地位。①科学圈必须被设想为哲学的奴隶；不过，接下去，哲学又必须被设想为智慧的奴隶——对于斐洛来说，智慧或者真正哲学，就是上帝之言，正如摩西所启示的那样。②像亚历山大的克雷芒那样的教父，特别是奥利金，接过由斐洛提出的，在以科学圈和希腊哲学为一方，以希腊哲学和摩西的哲学为另一方之间的相称关系。无须说，他们用基督的哲学来取代摩西的哲学。③

但是，我们必须牢记，这里讨论的希腊哲学是被归结到哲学论辩的希腊哲学。我们清楚，基督宗教已经把自己表现为一种哲学——那就是说，作为一种生活方式，甚至作为唯一有价值的生活方式。然而，这种基督宗教的生活方式，有时候被从世俗哲学借用的细微差别而有所改变——与此形成张力的是，各种不同学派的哲学论辩继续得以保持。更确切地说，保存下来的是新柏拉图主义的哲学论辩，因为，从第3世纪起，综合了亚里士多德主义和柏拉图主义的新柏拉图

---

① 亚历山大的斐洛，《关于恩宠学问的争论》，§11。也见前引 I · 阿多著作《古代思想中的人文科学与哲学》，第 282 页。
② 同上书，§79—80。也见前引 I · 阿多，《古代思想中的人文科学与哲学》，第 284 页；前引 M · 亚历山大的"亚历山大的斐洛《关于恩宠学问的争论》导论"，第 71—72 页。
③ 见引用到的克雷芒和奥利金的文本，在前引 M · 亚历山大的论文第 83—97 页，在前引 I · 阿多《古代思想中的人文科学与哲学》，第 287—289 页。

主义，是唯一留存下来的哲学学派。追随亚历山大的克雷芒和奥利金的教父们，正是使用这种新柏拉图主义的哲学论辩，发展他们自己的神学。因此，从这个观点看，从古代基督宗教开始，哲学是为神学服务的。它贡献自己的诀窍，但是得使自己适应自己主人的要求。

也有染污的地方。在三位一体方面，上帝父亲呈现出新柏拉图主义首要神的许多特点，而儿子则被设想为努梅尼乌的次要神或者普罗提诺的理智的模式。神学争论的展开，最后导致一种同质三位一体的观念。通过划分本性、本质、实体和基督身位之间的区别，已经被整合到新柏拉图主义的亚里士多德的逻辑和本体论，提供了那些对于表述三位一体和道成肉身的教条来说是不可阙如的概念。反过来，亚里士多德的本体论得以提炼，通过神学讨论而变得更为精致。

根据斐洛和奥利金，人文科学为希腊哲学的预科，希腊哲学又为启示哲学的预科。但是，这些准备的步骤渐渐变得融成一体。希波的奥古斯丁在自己的著作《论基督宗教教义》中，罗列出对于基督宗教解经家来说必要的世俗知识——当他这样做时，他把像数学和论辩学这样的人文科学，放在与哲学几乎同样的层面上。[①]我们发现在中世纪开

---

① 奥古斯丁，《论基督宗教教义》，40，60，奥古斯丁文献，载《圣奥古斯丁著作集》第一系列第十一本《基督宗教大师集》，由孔贝斯和法尔热编排和翻译，巴黎，1997年，第331页。

始时，在例如卡洛林王朝时期的阿尔昆那里，有同样的置放过程。①

从9世纪到12世纪，希腊哲学继续被用于神学的争论方面，就像它在教父时代的情况一样。因为，柏拉图、亚里士多德和波菲利的一些著作在古代结束时，通过波爱修、马可罗比乌和马尔提安努斯·卡佩拉的翻译和评注而为人所知。这些著作也像教父时代那样，继续用于神学的讨论，不过也用来详细解释这个世界的表象。查特修院学校的柏拉图主义就是一个众所周知的现象。②在这整个期间，人文科学是修院学校和主教座堂研究圈的部分。③

13世纪开始，两个新的事实对中世纪的思想演化产生了巨大的影响。一方面，大学诞生了；另一方面，亚里士多德翻译的广泛传播。大学的出现伴随着城市的繁荣和修院学校的衰落，用舍尼的话来说，"毫无奢望地为读解《圣经》和服侍神灵培养年轻的修士。"④在城市中心里，大学是导

① 阿尔昆，"书信"（"Epistulae"），280，载《日耳曼历史纪念：书信》卷4（*Monumenta Germaniae Historica*, *Epistulae*, vol. IV），第27—31、437页，蒂姆勒编。也见前引多曼斯基著作，第二章。

② 见芝诺，"哲学经文"（"Lectio philosophorum"），载《关于查特修院学派的研究》（*Recherches sur l'École de Chartres*, Amsterdam, 1972）。

③ 见德勒艾，《12世纪的教育和道德》（*Enseignement et moral au XIIᵉ siècle*, Fribourg and Paris, 1988），第1—58页。

④ 舍尼，《圣托马斯·达坎研究导论》（*Introduction à l'étude de saint Thomas d'Aquin*, Paris, 1954），第16页。

师和学生的一种智力合作；可在教会里，它是独立于教会权威的一个躯体。它组织起经院哲学的课程、大学学年、讲座、讨论练习和考试的体系。教学在两个系之间进行：艺术系——原则上讲授人文科学，和神学系。

也正是在 13 世纪里，人们发现亚里士多德的许多著作，还有他希腊和阿拉伯的注释家的许多著作。亚里士多德哲学——就是说，他的哲学论辩——在两个系里扮演重要角色。神学家用亚里士多德的辩论学——还有他把形式和质料对立起来的知识论和物理学——回应基督宗教教条向理性提出的问题。在艺术系，亚里士多德哲学的讲授——对被称为"哲人"的亚里士多德的辩论学、物理学和伦理学的著作的注释，基本上取代了人文科学的教育。①因此，哲学变成对亚里士多德主义的认同。"哲学教授"的活动和生涯，也就见之于对亚里士多德著作的注释，见之于他们提出的那些解释问题的方案。教授们和注释家们的这种哲学（还有神学），被称为"经院哲学"。就它本身而言，正如我们所见那样，②经院哲学只不过是对在古代结束时被最广泛使用的哲学方法的承继，就像经院哲学的讲经和辩论不过是扩展流行于古代各个学派的教

---

① 见前引多曼斯基著作，第二章（连同在该章注 17 中详细列出的参考文献）。
② 参见前文。

学和练习方法一样。[1]

## 理性的艺术家

我从康德借用"理性的艺术家"(artiste de la raison)这个表达，因为他用这个短语来指明只对纯粹思辨感兴趣的哲学家。[2]一种被归结到其概念内容的哲学观念，在我们自己的时代继续存在。我们在自己的大学课程和各种教科书里，时时遭遇到这种哲学观念；人们也许可以说，它是对哲学经典、经院哲学的大学看法。自觉不自觉地，我们的大学仍然是这所"学校"的继承人——换言之，是经院哲学传统的继承人。

进一步说，就 19 和 20 世纪托马斯主义被传统地推荐给天主教的大学而言，这所"学校"仍然保存到今天。新经院主义或托马斯主义哲学的追随者就像在中世纪那样，继续把哲学看成是一种纯粹理论的活动。这就是为什么——例如——在关于一种基督宗教哲学的可能性和重大意义的争论

---

① 见 P·阿多的论文"古代的中世纪哲学文献种类前史"("La préhistoire des genres littéraires philosophiques médiévaux dans l'Antiquité")，载《中世纪神学哲学来源中的文献种类》(Les Genres littéraires dans les sources théologiques et philosophiques médiévales, Actes du colloque international de Louvain-la-Neuve, 1981, Louvain-la-Neuve, 1982)，第 1—9 页。

② 康德，《纯粹理性批判》，由特雷米赛格和帕考德翻译，巴黎，1944 年（新的编订版 1986 年），第 562 页；《逻辑学》，由吉耶米特翻译，巴黎，1966 年（新的编订版 1989 年），第 24 页。

（一种大约在 1930 年出现的争论）中，就我所知，作为一种生活方式的哲学问题从来没有被提出来的原因。新经院主义哲学家吉尔松用纯粹理论的术语表述了这个问题：基督宗教把新的概念和问题争论引入到了哲学传统中吗？根据自己对心灵的富有特色的明晰性，他发现了这个问题的本质："最令人赞许的哲学立场，并非哲学家的立场，而是基督徒的立场。"①

基督宗教伟大的优越性在于这样的事实，它并非"关于真理的单纯抽象的知识，而是拯救的一种有效的方法"。确实，吉尔松承认，古代的哲学既是科学，也是一种生活；但是在基督宗教看来，古代哲学代表的恰好是纯粹思辨，而基督宗教本身是"伴随思辨的一种学说，同时是把自己付诸实践的所有手段"。②人们也许不可能更清楚地断言说，现代哲学终于把自己看成是一种理论科学，因为，哲学的存在范围，从既是学说同时也是生活的基督宗教的视角来看，不再具有任何意义。

然而，这所"学校"——就是说，经院主义神学的传统——并非都是存在的。也有那些学校——不是古代的哲学团体，而是尽管其基础和功能多样，却仍然是中世纪大学继

---

① 见吉尔松，《中世纪哲学精神》（*L'Esprit de la philosophie médiévale*），第1—38 页。
② 同上书，第 25 页。

承者的大学。在古代，在哲学机构的社会结构和它们对哲学的理解之间有一种密切的互动，同样，自中世纪以来，在大学机构的结构和它们怀有的关于哲学性质的看法之间，也有一种相互的因果性。

总之，这是我们从黑格尔的一个文本里拾获的东西——这个文本被阿本索尔和拉巴里埃尔在他们为叔本华名为《反对大学哲学》的小册子写的出色前言中引用。黑格尔令我们想起，哲学不再是：

> ……被作为一门私人艺术而实践，就如它在希腊人那里一样，而是现在具有一种正式的实存，因此它关心公共的东西；它主要地和唯一地为国家服务。[①]

必须承认，在古代哲学学校——它讲求个人改造其整个人格，与大学——其使命是授予符合可客观化知识一定水准的文凭——之间，有一种彻底的对立。显然，黑格尔关于大学服务于国家的观点不能被普遍化。不过，人们还得承认，只有通过一个更高权威的带头——即使是国家或者各种不同的宗教团体，如天主教、路德派、加尔文主义、圣公会，大

---

[①] 阿本索尔和拉巴里埃尔写的前言，载叔本华《反对大学哲学》(*Contre la philosophie universitaire*, Paris, 1994)，第 9 页。这整个前言从我们这里正在展开的观念来看是重要的。

学才会发生。大学哲学因此仍然处于自己在中世纪时所处的位置：它还是一个仆人，有时候服务于神学，有时候则服务于科学。总而言之，大学总是服务于整个教育机构的绝对命令。或者说，在当代情况下，服务于科学研究的绝对命令。教授的遴选、课程名称、考试，总是服从于或者是政治的或者是财政的"客观的"标准，而且不幸的是，与哲学无关。

再者，大学机构倾向于使哲学教授成为公务员，他的工作很大程度上在于训练出其他公务员。大学的目的不再像它在古代时的目的那样，训练人们作为人去谋生，而是训练他们作为职员或者作为教授的职业生涯——就是说，作为专门人才、理论家和多少是隐秘知识特别细节的保存者。① 然而，这样的知识不再与生命整全有关，就像古代哲学所要求的那样。

谈到维特根斯坦关于哲学教授职业生涯的观念时，布弗雷斯已经作出了一个令人钦佩的分析——教授的"理智和道德沉沦"将面临的风险：

> 在某种意义上说，这样一种奴役是最不可容忍的——通过职业强迫一个人在其未必具有最起码资历的情况下表达看法。从维特根斯坦的观点来看，这里所争论的绝不是哲人的"学

---

① 见前引布弗雷斯著作《维特根斯坦——韵律和理性》中致力于哲学教授生涯所写的文字，第73—75页。

问"——就是说，哲人在自己的品质中所具有的理论知识的储藏，而是不得不为他相信自己能够思考和言说的东西所付出的个人代价……归根结底，一种哲学恰好只能是一种典范的人类经验的表达。[①]

从黑格尔到存在主义兴起，随后是结构主义的风行，观念论对整个大学哲学的支配，极大地滋养了这样的观念——只有是理论的和体系的，才一定是真正的哲学。

这些在我看来是历史的因素，它们已经导致人们把哲学理解为纯粹理论。

## 哲学视为一种生活方式的持久

但是，这种转变并不像它看上去那样彻底。贯穿整个西方哲学史，我们注意到古代观念的一种特定的持久存活。从中世纪到今天，一些哲学家仍然忠诚于古代哲学家那种有活力的、生存性的维度。他们不时活跃在大学的真正中心，但更经常的是反对它。他们有时候是独自行动，但在一般情况下，他们从那些不适合于大学的基本东西——如特定的宗教和世俗的团体——开始这样做。

我们在前面已经说过，由于希腊人和阿拉伯人对亚里士

---

[①] 见前引布弗雷斯著作《维特根斯坦——韵律和理性》中致力于哲学教授生涯所写的文字，第74页。

多德的翻译，人文系的教授们已经能够阅读某个来自古代哲人的几乎所有的著作。富有意义的是，由于这些文本，他们再次发现，哲学不仅是论辩，也是一种生活方式。[①]这个事实更加令人感兴趣，因为，这里所讲的哲人是亚里士多德——通常被认为是纯理论家的哲人。然而，亚里士多德的注释家以极大的敏锐注意到，对于"哲人"来说，哲学的关键点，恰好是使一个人自己献给一种探索的生活，一种静观的生活，最为重要的是努力使一个人自己同化到神灵理智上。因此，来自达西伊的波爱修接过亚里士多德在《尼各马可伦理学》卷十结尾处的有名主张，说人类的目的和幸福在于根据自己存在的最高部分而生活：那种打算去静观真理的理智。这样一种生活与自然秩序一致，让较低官能服从更高的官能。只有将自己一生用来探究真理的哲人，按照本性来生活；他引导的那种生活是最快乐的。[②]这个文本被莱姆斯的奥布里的以下声明附和：

> 当我们知道自己已经到达目的地，所有剩下的就是去尽情享受快乐。这是被叫做智慧的东西，这种我们已经发现的尽情

---

① 参见前引多曼斯基著作，第2—3章。

② 波爱修，《论德行本质》（*De summon bono*），由因巴赫和梅莱阿尔翻译，载《中世纪哲人——13—14世纪哲学文本选》（*Philosophes médiévaux. Anthologie de textes philosophiques*，XIII<sup>e</sup>-XI<sup>e</sup> siècle，Paris，1986），第158—166页。

享受可以因为自己的缘故而被喜欢。这就是哲学，我们必须到此为止。[①]

我们在但丁和埃克哈特大师那里看到同样的态度。[②]正如多曼斯基所写的那样，这种思潮"符合哲学的完全自主，而且并不被认为仅是基督宗教教义的预科"。[③]

在14世纪，彼特拉克拒绝一种理论和描述的伦理学观念，注意到阅读和评论亚里士多德关于主体的论文并没有使他成为一个更好的人。[④]因此，他拒绝把"哲人"这样的称呼用于"坐在椅子上的教授"，只为那些通过行动而确认自己学说的人保留这个字眼。[⑤]我们把以下的评论归功于彼特拉克，这个评论对于我们正在探究的视角来说是本质的："更重要的是需要善而不是知道真理。"[⑥]伊拉斯谟反复断定

---

① 莱姆斯的奥布里，引自利贝拉的《中世纪思想家》(*Penser au Moyen Âge*, Paris, 1991)，第147页。

② 见利贝拉，《中世纪思想家》，第317—347页，尤其是第344—347页。

③ 前引多曼斯基著作，第3章。

④ 彼特拉克，《关于他自己和许多人的无知》(*De sui ipsius et multorum ignorantia*)，载马特罗提编的《彼特拉克的散文》(*Petraca, Prose*, Milan, 1955)，第744页。随后的要点，见前引多曼斯基的著作，第4章。

⑤ 彼特拉克，《论孤独的生活》(*De vita solitaria*)，II, 7，载马特罗提编的《彼特拉克的散文》，第524—526页。正如前引多曼斯基著作（第四章注5）的评论那样，"坐在椅子上的哲学家"这个表达，来自塞内加的《论生活的短暂》(*De la brièveté de la vie*)，X, 1。

⑥ 彼特拉克，《关于他自己和许多人的无知》，第746—748页："Satius est autem bonum velle quam verum nosse."

说，只有哲人才是哲学地活着的人——就像苏格拉底、犬儒者第欧根尼和爱比克泰德，也像施洗者约翰、基督和使徒们，此时，我们在他那里也见到同样的态度。[1]我们必须注意，当彼特拉克和伊拉斯谟谈论哲学生活时，他们就像某些教父和修道士一样，在意一种基督徒的哲学生活。此外，正如我们所知道的那样，他们承认说，有些异教的哲学家也知道哲人的理想。

我们看到文艺复兴时期，复兴的不仅有古代哲学的学说倾向，也有其具体的态度：伊壁鸠鲁主义、斯多葛主义、柏拉图主义、怀疑主义。例如，蒙田的《随笔集》表明哲人试图实践由古代哲学所提出的各种不同的生活模式："我的职业和我的艺术就是生活。"[2]他的灵性之旅把他从塞内加的斯多葛主义引导到普卢塔克的或然论，[3]从怀疑主义——最后肯定地——到伊壁鸠鲁主义：

　　我今天无所事事。——什么？你不过活了？我们伟大而光

---

① 伊拉斯谟，《经典文萃》(*Adagia*)，2201，(3, 3, 1)，载《作品大全》(*Opera omnia*，Amsterdam, 1969)，II, 5，第162、25—166、18页。也见前引多曼斯基著作，第四章注44。

② 蒙田，《随笔集》，II, 6，由蒂博达编，载"七星诗社书库"(Bibliothèque de la Pléiade，Paris, Gallimard, 1962)，第359页。

③ 参见巴布特的论文"超越理性的怀疑主义——普卢塔克的哲学和宗教信仰"（"Du scepticisme au dépassement de la raison. Philosophie et foi religieuse chez Plutarque"），载《巴布特文选》(*Parerga. Choix d'articles de D. Babut*，Lyon, 1994)，第549—581页。

荣的杰作是惬意地生活……这不仅是根本点，而且是你手头上最清楚明白的东西。知道如何在我们的存在中光明正大地喜悦，这是一种绝对的、仿佛是神灵般的完善。①

米歇尔·福柯认为，哲学的"理论化"开始于笛卡儿，并非在中世纪。②我在别的地方曾经讲过，我同意福柯，因为他说："在笛卡儿之前，一个主体只有通过预先完成那种使他自己愿意去认识真理的工作，才有可能使用真理。"我们只需要记得，我上面关于亚里士多德和波菲利所说的话。③然而，我把自己与福柯分开，因为他补充说，根据笛卡儿，"为了得着真理，我只需要能够看到明证的东西的主体。……明证已经取代了苦修"。

事实上我认为，当笛卡儿选择将自己著作中的一部命名为《沉思录》时，他完全知道，"沉思"这个词指的是在古代灵性传统中的一种灵魂练习。每个沉思确实就是一次灵性的练习——就是说，一个人做的工作，而且是对他自己做的——必须在他能够走向另一个阶段之前就结束。正如小说家、哲学家布托尔非常精巧地指出的那样，这些练习被用美

---

① 蒙田，《随笔集》，III，13，第 1088 和 1096 页；也见弗里德里希《蒙田》(*Montaigne*, Paris, 1949)，第 337 页。

② 德赖弗斯和拉比诺著《米歇尔·福柯：一种哲学的历程》(*Michel Foucault, Un parcours philosophique*, Paris, 1984)，第 345—346 页。

③ 参见前文。

妙的文字技巧表现出来。① 虽然笛卡儿用第一人称说：在他坐下前点着火、穿上睡袍并在面前放好纸；虽然他描述的是自己正在经验的感受；实际上他希望，自己的读者应该走出他所描述的内心展开的阶段。换言之，在《沉思录》中用的"我"，事实上是"你"——是对读者说的。再说一遍，我们这里碰到的是一种运动——在古代很常见，一个人由此从个人自我走到一个被提升到普遍性平面的自我。每个沉思处理只是一个主题——例如，方法的怀疑在第一沉思里讨论，第二沉思则谈作为一个思维实在的自我的发现。这使读者消化每个沉思中所做的练习。正如亚里士多德说的那样，"将我们已经学会的东西变成自己的本性，这需要时间"。笛卡儿自己也知道，使我们已经获得的新的自我意识进入自己的记忆，这需要长久的"沉思"。至于方法的怀疑，他写道：

> 我已经不能够对某个沉思不给予怀疑；我希望我的读者不仅花少许必要的时间阅读这个沉思，而且花几个月，至少花几个星期去思考这里所讨论的那些事情，然后才继续做别的。②

---

① 布托尔的论文"小说中的人称代词的使用"（"L'usage des pronoms personnels dans le roman"），载梅耶尔编的《人称问题》（*Problèmes de la personne*，Paris-La Haye, 1973），第 288—290 页。

② 笛卡儿，"对沉思的第二个异议的回答"（"Réponses aux Secondes Objections [contre les . . . Méditations]"），载 Ch·阿当和塔内里编的《笛卡儿著作》卷 9（*Descartes: Oeuvres*, vol. 9, Paris, 1964），第 103—104 页。

关于知道自我作为一种思维实在的方法，笛卡儿写道：

> 自我必须常常加以检查，长期思考……这点在我看来已经
> 有充分理由，在第二沉思中不用处理别的问题。

第三沉思在自己开头那几行也表明自己是一种非常柏拉图式的灵修，其目标是彻底把自我与感官知识分开：

> 我现在应该闭上眼睛；捂住耳朵；甚至从我的思想中抹掉
> 所有关于肉身事物的想象……这样，在只与我自己交谈并思考
> 自己内心时，我将渐渐地使自己懂得更深，更熟悉自己。

更一般地说，笛卡儿的明证在我看来并非所有感知的心灵均可达到。确实，从提及明证规则的《方法谈》的那些内容来看，不可能不承认斯多葛派关于确切而全面的表象的定义：

> 首要的事情是，千万不要把任何事物，看成就如我没有明
> 证知道如何是真的事物；就是说，小心地避免仓促和偏见，通
> 过自己的判断把握恰好是非常清晰和明确地在自己心灵中呈现
> 的东西，由此不再有机会对它加以怀疑。①

---

① 笛卡儿，《方法谈》第二部分，文本有吉尔松作的注释（*Discours de la méthode*, second partie, texte et comm. par É. Gilson, Paris, 1939），第15、18 页。

这正好是斯多葛派赞同的训练。①正如在斯多葛主义那里一样，这种训练并不等于正好对任何心灵都可接受的，因为它也要求苦修和努力，从而避免"仓促"。古代人对哲学的看法延伸到笛卡儿的程度，并不总是恰当地得以度量。例如，《致伊丽莎白女王的信》确实在一定程度上就是灵性指导的信。

对于康德来说，古代人把哲学定义为爱－智慧——对智慧的渴望、热爱和练习——仍然是有价值的。康德说，哲学是"智慧（不单纯是科学）的学说和练习"。他知道哲学离开智慧有多远：

"人并不拥有智慧；他只是趋向它，能够感受对它的热爱。然而，这总是足以值得称赞的。"②

对人来说，哲学在于争取总是未能实现的智慧。③批判的康德哲学的整个技巧大厦，只有从智慧而不是圣贤的角度来看才有意义。康德通常借助圣贤形象——一种理想的规

---

① 参见 SVF，II，§§130—131；D. L.，VII，46—48，译文载布雷依尔编的《斯多葛主义》，第31—32页。避免仓促的判断是斯多葛派的美德；笛卡儿很可能并非如吉尔松所相信的（在《方法谈》第198页）那样，通过圣托马斯那里发现这点，而是通过斯多葛派——或者是现代的，见吉尔松自己引用韦尔《斯多葛派的道德哲学》(*La philosophie morale des Stoïques*, éd. de 1603) 第55页，或者是古代的，例如第欧根尼·拉尔修。

② 康德，《遗作》(*Opus postumum*)，F. Marty 法文版，巴黎，1986年，第245—246页。

③ 同上书，第262页。

范，从来没有具体化为某个人——来想象智慧，但是哲人试图根据智慧去生活。康德也把这种圣贤模范叫做哲人的理念。

> 没有符合这种模范的哲人，有的恰好是真正的基督徒。两者（基督徒和圣贤。——译者）都是模范……模范必须用作规范。……"哲人"只是一种观念。我们也许可以窥见他，以某种方式效仿他，但我们永远不会完全达到他。[1]

这里，康德把自己放在苏格拉底的传统中。因为，苏格拉底在《会饮篇》里说，他唯一知道的是，他并不是一个圣人，还没有达到圣人的理想模范。此外，这种苏格拉底主义预示克尔恺郭尔的模范，因为他说，只有在他知道自己不是基督徒的时候，他才是一个基督徒。康德写道：

> 智慧的理念一定是哲学的基础，就像圣洁的理念是基督宗教的基础一样。[2]

康德用"智慧的理念"，同样也用"哲学的理念"或者

---

[1] 康德，《关于哲学百科全书的讲演》，载《康德全集》卷 29 (*Vorlesungen über die philosophische Encyclopädie*, in *Kants gesammelte Schriften*, vol. 29, Berlin: Akademie, 1980)，第 8 页。

[2] 同上。

"哲人的理念"，因为智慧所确立的理想恰好是哲人所追寻的理想：

> 某些古代哲人已经接近真正哲人的模范，也包括卢梭；但是他们还没有达到它。也许，许多人相信我们已经拥有智慧的学说，相信我们不应该把它看作一种单纯的理念，因为我们有如此多的书，写满了告诉我们应如何做的规定。但是，这些规定在很大程度上是我们不可能坚持听到的同义反复的陈述和要求，因为它们显示不了获得它们的手段。[①]

康德继续诉诸古代哲学：

> 一个隐藏的哲学观念长期在人们中间。但是，他们既没有理解这个观念，也没有把它看成是对博学的贡献。如果我们看一下像伊壁鸠鲁、芝诺、苏格拉底这样的古希腊哲人，就会发现，他们学问的主要对象是人的目的，以及取得它的手段。因此，当我们看到哲人只是作为一个理性的艺术家时，这些古希腊哲人比起现代的情况来说，对哲学的真正理念仍然是更忠诚的。[②]

---

[①] 康德，《关于哲学百科全书的讲演》，载《康德全集》卷29，第8页。
[②] 同上书，第9页。

在描述了苏格拉底、伊壁鸠鲁和第欧根尼的教导，尤其是他们的生活之后，康德说，这些古人要求就如自己所教导的那样去过哲人的生活：

> 柏拉图问一个正在听他的美德课的老人："你最后什么时候开始有德行地生活？"重要的不是冥思苦想；我们最终必须考虑实际的行动。但是，在今天，谁用与自己教导东西相一致的方式去生活，谁就会被看作是做梦者。[1]

至于无论生活还是知识方式都是完美的圣贤，在这个地球上并不存在，因此将不会有哲学。"有一个被认为是理想的导师，我们必须把他叫做哲人；但是……人们无处觅到他。"[2]就哲学这个术语的真正意思来说，它并不存在；也许永远不会存在。我们能做的就是研究哲学——就是说，进行一种理性的练习，由我们对一个"理想中的导师"的理念所指引。[3]

事实上，两种哲学观念或表象是可能的：一种康德叫做"经院主义的"哲学概念，另一种他叫做"世俗的"哲学

---

[1] 康德，《关于哲学百科全书的讲演》，载《康德全集》卷29，第12页。
[2] 康德，《纯粹理性批判》，特雷米赛格和帕考德法文版，第562页。
[3] 同上书，第561—562页；参见康德《实践理性批判》，吉布兰和吉尔松法文版，巴黎，1983年，第123页。

概念。[①]作为一种学院的或经院主义的概念，哲学正是纯粹思辨。它旨在成为体系，追求知识的逻辑完美。康德告诉我们说，谁赞同经院主义的哲学概念，谁就是一个理性的艺术家；[②]他就是柏拉图叫做philodoxes的人，或者是"意见的朋友"。[③]他对许多美妙事物感兴趣，但是看不到美自身；被许多公正事情激起，但看不到正义本身。这等于说，他没有完美的体系，因为他没看到那种鼓舞所有哲学努力的普遍人类兴趣的统一。[④]事实上，对于康德来说，学院的哲学概念仍然在纯粹理论层面上，只有"世界的哲学"的概念处在哲学终极意义的视角内，能够真正统一世界。

这个"世界的哲学"的概念是什么？康德也谈论一种"宇宙的"或者"世界主义的"概念。[⑤]这个表达令我们不安；但我们必须把它放到18世纪的语境中，即放到启蒙时代中。"宇宙的"这个词在这里并不关涉物理的"世界"，而是关涉人类世界，它是要说那个生活在一个其他人类的世界中的个体的世界。经院主义哲学和世界的哲学之间的对立，

① 康德，《纯粹理性批判》，特雷米赛格和帕考德法文版，第562页。

② 同上书，第561—562页；《逻辑学》，吉耶米特法文版，巴黎，1966年（1989年重新修订本），第24页。

③ 柏拉图，《理想国》，480a6。

④ 韦尔，《康德问题》（*Problèmes kantiens*, Paris, 1990），第37页注17。

⑤ 康德，《逻辑学》卷9，第25页。关于宇宙的哲学概念，见林格伦的论文"康德的宇宙概念"（"Kant's Conceptus Cosmicus"），载《对话》（*Dialogue*, t. 1, 1963—1964），第280—300页。

在康德之前——例如——在苏尔泽（1759年）的著作中已经存在。[1]对于苏尔泽而言，"世界的哲学"在人的经验中，在由人的经验所产生的智慧中。这个区别符合启蒙运动的大趋势，力图使哲学离开封闭、固定的学派圈子，从而能够为一切人所接受。我们必须强调18世纪哲学的这个特征，因为18世纪哲学——正如在古代一样——要重新把哲学论辩和生活方式统一起来。

　　但是，康德关于宇宙哲学的想法，比在18世纪流行的世界哲学更加深刻；因为"宇宙的"哲学最终关涉在理想阶段具体化的智慧。康德说，已经一再成为对爱-智慧（即寻找智慧）这个看法的基础的东西，是一种"宇宙的"哲学的观念、一种"世界的"哲学，而不是一种经院主义的观念，"可以说，尤其当这种想法被人性化，被想象为只存在于理想中的哲学家模范时"。换言之，它通过圣人的形象而得以看出。"在这个意义上，如果一个人把自己叫做哲人，宣称能够胜任一种只存在于理想中的模范，那么他就是傲慢自大的。"[2]

---

[1] 参见赫尔兹海的论文"为了世界的哲学家——德国启蒙的一种外观"（"Der Philosoph für die Welt— eine Chimäre der deutschen Aufklärung"），载赫尔兹海和齐默利合编的《哲学的微言大义》（*Esoterik und Exoterik der Philosophie*，Bâle-Stuttgart, 1977），第117—138页，尤其是第133页。

[2] 康德，《纯粹理性批判》法文版，第562页。

如此的圣贤，或者理想的哲人，会是"理性的立法者"：他根据自己的法则——可能是理性法则——管理自己。虽然理想的圣人不可能找到，至少"他立法的理念随处可见，在所有人的理性中"。这使我们明白，自己的理性明确表达了通过理想圣贤的理念之光指导人的活动——这是一个绝对律令。[1]"不论做什么，总应该做到使你的意志所遵循的准则永远同时能够成为一条普遍的立法原理"[2]——通过这个绝对律令，自我认识自己并超越自己，甚至如它把自己普遍化那样。这个绝对律令必须是无条件的——就是说，它不必基于任何具体的利益。相反，它一定使个体倾向于只用普遍的视角去行动。这里，我们再次见到关于古代哲学固有的那种生活方式的一个根本论题。

无疑，读者仍然会好奇，康德为何呼唤这个由智慧的观念，即"宇宙哲学的概念"所支配的哲学方案。也许，在我们读了康德的这个定义之后，能够对这个术语有一种更好的理解："就'宇宙的概念'来说，这里指的是这样的概念，它关系到那种在其中大家都必然有兴趣的东西"——换言之，因为这里谈及的世界（宇宙）就是人的世界，"那种人人都有兴趣的想法"。[3]

---

① 韦尔，《康德问题》（*Problèmes kantiens*），第 34 页。
② 康德，《道德形而上学的根本原则》，德尔博斯和菲隆纳克的英文版，巴黎，1987 年，第 94 页。
③ 康德，《纯粹理性批判》法文版，第 562 页注。

令人振奋的东西，或者说，应该令人振奋的东西，不是别的，正是智慧。人类正常的、本性的和日常的状态应该是智慧，但是，他们不可能达到；这是古代哲学的另一个根本观念。它等于说，令每一个人感兴趣的不仅是康德批判的"我能够知道什么？"，而尤其是像"我应该做什么？""我可以希望什么？""人是什么？"这样的问题——它们都是哲学的根本问题。①

理性兴趣这个观念非常重要，因为它与相对于理论理性来说的实践理性的首要性观念相连。正如康德说的那样：

> 所有兴趣最终是实践的，甚至思辨理性的兴趣也是有条件的，它只有通过理性的实际运用才得以完成。②

事实上，康德哲学只针对那些人——他们感受这种为了道德善的实践兴趣，他们被赋予道德感，他们选择一种最高目的和一种完全的善。此外，值得注意的是，在他的《判断力批判》中，这种对于道德善的兴趣和这种道德感，表现为我们能够感受自然美的兴趣的前提条件：

---

① 康德，《逻辑学》法文版，第 25 页；《纯粹理性批判》法文版，第 543 页。
② 康德，《实践理性批判》法文版，第 136 页：第三部分的结尾，"关于纯粹实践理性在其与思辨理性统一中的首要性"。

这种对自然美的直接兴趣事实上不是共同的。它为那些其思维习惯已经得以训练向善，要不就是不同寻常地受这样的训练所影响的人所特有。①

康德的理论论辩，无论从他的角度还是从读者的角度来看，与一种决定相关联——一种引导选择特定生活方式的信仰行为，归根结底受圣贤模范的鼓舞。因此，我们看到康德受古代哲学概念影响的程度。还有，康德在自己的《道德形而上学》结尾处提出"伦理学的苦修者"，由此，他确立美德练习的规则，努力调和伊壁鸠鲁的平静和斯多葛派责任的紧张。②

中世纪和现代哲学对古代哲学接受的整个历史，也许要写一本大部头才可以讲清。我选择了集中研究几个关键人物：蒙田、笛卡儿、康德。我们也许可以提及其他许多思想家——像卢梭、沙夫茨伯里③、叔本华、爱默森、梭罗、克尔恺郭尔、马克思、尼采、威廉·詹姆斯、柏格森、维特根斯坦、梅洛-庞蒂，等等。所有这些人都以这样或那样的方式，受到古代哲学模范的影响，把哲学不仅想象为一种具体的、实践的活动，而且作为我们栖息和感知世界的方式的一种转变。

---

① 康德，《判断力批判》，菲隆纳克法文版，巴黎，1968 年，§42，第133 页。
② 康德，《道德形而上学导论》，第二部分："美德的形而上学原则"，II，§53，雷诺法文版，巴黎，1994 年，第363—365 页。
③ 参见沙夫茨伯里，《修行》(*Exercices*)，雅芙洛法文版，巴黎，1993 年；沙夫茨伯里根据爱比克泰德和马可·奥勒留来谈论灵修。

# 十二

## 问题与视角

既然我们已经达到这部著作的目的，还没有说的事情，同样还有读者也许会提出的问题有哪些？例如，如果哲学的"理论化"已经被表现为基督宗教和哲学之间会遇的结果，对哲学与宗教——不管是古代的还是现代的——之间的关系进行全面的研究难道不是更好吗？在古代，哲人在自己的社会生活——以正式的祭祀形式——中，在文化生活——以文学艺术的作品形式——中遭遇宗教，然而，他通过把宗教改变为哲学而哲学地过宗教生活。如果伊壁鸠鲁建议参与公民节日甚至祈祷，这就允许伊壁鸠鲁派哲人把诸神静观为由伊壁鸠鲁的自然论所设想的那样。甚至践行法术的晚期新柏拉图主义者，也把哲学整合到灵修进步的过程中——它本质上是哲学的，以便最终上升到一个超越的和不可知的完全与传统宗教无关的上帝那里。虽然他们根据一种理性的神学——哲学的实体由此才符合正式宗教的诸神，但是这种神学不再具有与他们需要防卫基督宗教的古代信条那么多共同一致的东西。在古代，哲学的生活方式从未与宗教发生竞争，那时候宗教并不是一种包括所有存在和整个内心生命的生活方式。毋宁说，正好是哲学论辩可能与被接受的关于城邦中诸神的观念相冲突，正如它在安那克萨哥拉和苏格拉底的情况下所做的一样。

正如我们所看到的那样，哲学与基督宗教之间的关系更为复杂，弄清这些关系需要进行长期的研究。也许可以说，自中世纪以来几乎所有哲学都感受到基督宗教的影响。一方面，它们的哲学论辩在与基督宗教的密切关联中发展，不管是为了——直接或间接——证明基督宗教学说的合理，还是反驳它。在这个关键点上，人们有必要评论吉尔松的著作，他指出笛卡儿、马勒布朗士和莱布尼茨的哲学——归根结底——如何属于基督宗教的问题争论。[①]他也许还添上了康德的名字，[②]但是，必须承认，康德通过把基督宗教信仰吸收到道德信仰，本质上把基督宗教改造为一种哲学。此外，从中世纪开始，通过彼特拉克和伊拉斯谟或者基督宗教的斯多葛派和伊壁鸠鲁派，到马塞尔的基督宗教存在主义，这种哲学的生活方式一直被等同于基督宗教的生活方式，以至于

---

① 前引吉尔松著作《中世纪哲学精神》，第11—16页。比戈，《印度思考吗？》（*L'Inde pense-t-elle?* Paris, 1994），第25—26，梅洛-庞蒂，《哲学礼赞及其随笔》（*Éloge de la philosophie et autres essais*），第201页。
② 扎克的论文"康德——斯多葛主义者和基督宗教"（"Kant, les Stoïciens et le chrsitianisme"），载《形而上学和道德评论》（*Revue de métaphysique et de morale*，1972），第137—165页。

我们甚至能够在现代哲学家的存在主义态度中，辨认出基督宗教的踪迹。[①]假如这种传统的力量充满整个西方传统，这也用不着惊讶。因此，人们需要长期的反思，以对哲学和宗教之间的关系给出一个更妥当的定义。

也许，我应该简要地谈谈对哲学的总的看法。我相当乐意接受说，哲学——不管是古代还是今天——是一种理论的和"概念化的"活动。然而，我也相信，在古代，正是哲学家的生活方式，制约和决定了他们哲学论辩的根本倾向。我也认为，这对于所有哲学来说最终是真的。当然，我并不是指哲学家由一种盲目的、任意的选择所决定；我指的是，首要的是实践理性而不是理论理性。用康德的话来说，哲学反思由"令理性感兴趣的东西"——换言之，由对一种生活方式的选择所引起和指引。我同意普罗提诺说的"产生思想的正是渴求"。[②]然而，一方面是哲学家深刻地需要的东西，即在这个术语最强烈的意义上令他感兴趣的东西——就是说，对"我应该如何生活？"这个问题的回答，另一方面是他通过反思而努力阐明的东西，这两者之间有一种相互作用或互为因果。反思与意志不可分离。有时候，这种相互作用也在现代或当代哲学中存在；到了某一点，我们就能通过推

---

① 罗赫利兹的论文"实存美学"（"Esthétique de l'existence"），载《哲人福柯》（Michel Foucault philosophe，Paris，1989），第 290 页，他谈论一种"世俗化的基督宗教和人文主义承继"。

② 普罗提诺，《九章集》，V，6（24），5，9。

动各种哲学论辩的生存选择来解释它们。例如，我们从维特根斯坦的一封信知道，他的《逻辑哲学论》——它显然是，也确实真正地是一种关于命题的理论——却根本上是一部关于伦理学的书，其中"伦理学所固有的东西"不是被说出而是被显示出来的。[1]维特根斯坦详细阐述他的命题理论，从而证明这种关心伦理学的沉默是合理的，这点从这部书的一开始便可预见并有所筹划。促动《逻辑哲学论》的是希望把读者引向某种生活和某种态度，它也完全类似古代哲学的生存选择："在当下中生活"，[2]无需遗憾、害怕或者期待什么。[3]我们看到，许多现代和当代的哲学家，用康德的话来说，仍然保持对哲学理念的忠诚。[4]归根结底，它是经院主义的哲学，尤其是哲学史的教导，总是要强调哲学的理论、抽象和概念一面。

这就是为何有必要强调方法论的绝对律令的原因。为了理解古代的哲学著作，我们必须考虑当时哲学的独特状况。我们必须认识到哲人隐藏的意图，它并不是在自己本身发展

---

[1] 加布里埃尔的论文"作为文学的逻辑？关于维特根斯坦的文学形式的含义"（"La logique comme littérature？De la signification de la forme littéraire chez Wittgenstein"），载《新开端》82—83 期（*Le Nouveau Commerce*，cahier 82/83，printemps 1992），第 77 页。

[2] 维特根斯坦，《逻辑哲学论》，6.4311。

[3] 见前引布弗雷斯著作《维特根斯坦：韵律和理性》，第 21—81 页中的出色解释。

[4] 参见前文。

有其目的的哲学论辩，而是对灵魂施加影响。事实上，每个断言必须从它意图在听者或读者灵魂中产生影响这个角度加以理解。目的是改变、安慰、治疗或者劝诫听者，关键在于塑造他们，而不要总是首先向其传达某种现成的知识。换言之，旨在学习某种实际知识；发展某种体征或者判断和批评的新能力；改造——就是说——改变民众谋生和观察世界的方式。因此，如果我们记得，哲学断言不是在于传达知识，而是塑造和训练，那么，当我们在柏拉图、亚里士多德或者普罗提诺那里发现思想似乎走不出来的难题时，用不着惊讶，关键是重新表述、重复和看上去的不连贯。

一个作品和作品接受者之间的关系具有相当的重要性，因为作品内容有必要部分地由本身适合接受者的灵性能力所决定。我们必须永远记得把古代哲学家的著作，放在他们所属学派的生活视角中，因为他们几乎总是与教学或直接或间接地相关。例如，亚里士多德的论文基本上是口头教学的准备，而普罗提诺的则回应他上课时被提出来的难题。最后，大多数古代的作品——不管是哲学的还是别的什么——都与口头表达有密切关系。它们被用来大声朗读，常常是公开的阅读。在写作和阅读之间这样一种密切的关联，可以解释古代哲学作品的某些使人难以应付的特性。

读者也肯定要问，我是否认为古代的哲学概念在今天仍然存在。我认为我至少已经部分回答了这个问题，因为我指出了有多少现代哲学家——从蒙田到现在——已经不把哲学看成是一种单纯的理论论辩，而是看作一种实践、一种苦修、一种自我的转变。①因此，这个概念仍然是"现实的"，总是能够被再现实化。②就我而言，我会以不同方式提出问题：难道不是迫切需要重新发现"哲人"——那个活生生的、选择的哲人，没有他，哲学的观念就没有意义——的古代观念吗？为何不把哲人看成是发展一种哲学论辩的教授或者作者，而是与古代坚定不变的概念相一致地把他看作是一个引导哲学生活的人？我们难道不应重新考虑"哲人"这个词的习惯使用——通常只是指理论家，从而用来指那种践行哲学的人，就像基督徒不需要作为理论家或神学家而能够践行基督宗教那样？我们在能够哲学地生活之

---

① 参见前文。

② 例如，见阿诺德·I·戴维森的许多著述，尤其是论文"作为苦修主义的伦理学：福柯、伦理学史和古代思想"（"Ethics as Ascetics: Foucault, the History of Ethics, and Ancient Thought"），载戈尔茨坦编的《福柯和历史写作》（*Foucault and the Writing of History*, Oxford, 1994），第63—80页。也见胡特尔的论文"作为自我转变的哲学"（"Philosophy as Self-Transformation"），载《历史反思》（*Historical Reflections*, vol. 16, nᵒˢ. 2—3, 1989），第171—198页；因巴赫的论文"作为灵修的哲学"（"La philosophie comme exercice spirituel"），载《批评》（*Critique*, nᵒ 454, March, 1985），第275—283页；索莱尔的论文"哲学和智慧的热爱：古代和我们印度之间"（"Philosophie et amour de la sagesse: entre les Anciens et nous, l'Inde"），载普兰编的《印度、欧洲和后现代——塞雷座谈会缘起》（*Inde, Europe, Postmodernité*, colloque de Céret, 1991, Paris），第149—198页；施朗热，《哲人姿态》（*Gestes de philosophes*, Paris, 1994）。

前，自己就不得不建构一个哲学体系吗？当然，这并不意味着，我们不需要反思自己的经验，不需要反思过去和现在的哲人的经验。

但是，"像一个哲人那样生活"是什么意思？哲学的实践是什么？我在此书已经试图指出，那种哲学实践除了别的事情以外，相对不依赖哲学的论辩。同样的灵修事实上能够由广泛不同的哲学论辩证明是合理的，以便描述那些其生存密度最终逃逸所有旨在理论化和体系化的经验，证明这些经验的合理。例如，斯多葛派和伊壁鸠鲁派出于各种不同的、几乎是对立的理由，劝告自己的信徒这样去生活——总是意识到死亡临在，使自己从对未来的忧虑和过去的负担中摆脱出来。但是，践行这种专注练习的人，用一双新眼看见宇宙，仿佛自己第一次和最后一次看见它那样。通过自己当下的享用，他发现生存和世界非常时刻的壮观和神秘；同样，他经验到引发忧虑和烦恼的事物是如何地相对，从而获得宁静。斯多葛派、伊壁鸠鲁派和柏拉图派都有各自理由，劝勉他们的信徒把自己提升到一种宇宙的视角，投入无垠的时空中，由此改变自己的世界观。

如此观之，哲学践行超越各具体哲学的对立。它本质上是认识我们自己、我们在世界中的存在和我们与他人的存在。正如梅洛-庞蒂习惯说的那样，它也是"重新学习如何看世界"和获得一种宇宙观的努力，由此，我们能够把自己放在他人的位置上，超越我们自己的偏见。①

有一个弗里德曼写的文本，我经常在别的著作中引用。它在这里似乎具有特别的重要性，因为它展示了一个参加政治斗争的同时代人，如何认识到自己能够并应该作为一个哲人而生活：

> 每天都"逃逸"！至少一会儿，这也许短暂，但只要是强烈的。每天一次"灵修"——单独地或者与人一起做，只要那个人也希望自己更好。
>
> 灵修。把绵延留下。努力去掉你自己的情感、空虚和环绕你名字的喧嚣（它不时像一种慢性痛苦来撩拨你）。拒绝背后中伤。除掉自己的怜悯和憎恨。热爱所有自由的人。通过超越自己而成为永恒。
>
> 这种对自己施加的努力是必要的；这种抱负是正确的。许多人是完全投入政治斗争和社会变革准备中去的人。极少——真的极少——是为了准备变革，愿意使自己对变革有价值的人。②

但是，古代哲人为了践行哲学，生活上多少与其他哲人团体保持一种亲密的关系，或者至少从一种哲学传统中接受自己

---

① 梅洛-庞蒂，《知觉现象学》（*Phénoménologie de la perception*，Paris，1945），第 xvi 页。

② 弗里德曼，《权力和智慧》（*La puissance et la sagesse*，Paris，1970），第 359 页。

的生活规则。因此，他们的任务变得更为从容，即使在现实中根据这样的生活规则去生活需要紧张的努力。今天没有更多的学派，"哲人"是孤独的。他应该如何找到自己的道路？

他将找到这条道路，正如许多其他人——蒙田、歌德或者尼采——在他之前已经找到一样。他们也是孤独的，但是没有离开自己的环境和内心的需要，而是选择古代哲学的生活方式，作为自己的榜样。例如，尼采这样写道：

> 就实践而言，我把各种不同的道德学派视为实验室——在那里，相当数量的生活艺术处方，已经被彻底地实践过并完全投入地生活过。所有它们的实验结果都属于我们，就像我们的合法财产一样。因此，我们将毫不迟疑地采纳斯多葛派的处方，因为我们在过去已经从伊壁鸠鲁派的处方得益。①

它是几个世纪以来所获得的长久经验，还有关于这样经验的长久讨论，由此赋予古代的模范以自己的价值。使用斯多葛派模范和伊壁鸠鲁派模范——成功地和交替地——对于尼采来说，是取得生活中某种平衡的方式，对于蒙田、歌德、②

---

① 尼采，《补遗》（*Fragments posthumes*，automne，1881，15 [59]），在科利和蒙蒂纳里编的《尼采著作》卷 5（*Œuvres philosophiques complètes*，t. V，Paris，Gallimard，1982），第 530 页。

② 见歌德，"与福尔克的谈话录"（"Entretien avec Folk"），载冯·比德尔曼编的《歌德对话录》（*Goethes Gespräche*，Leipzig，1910，t. IV），第 469 页。

康德、①维特根斯坦②和雅斯培尔斯③来说也是一样。当然，还有其他模范同样能够有效地鼓舞和指导哲学践行。

读者也许还会追问这些古代模范如何能够被再次现实化，即使有几个世纪以来出现的全球发展。首先，正如尼采评论的那样，这可能出现的原因在于，古代学派是一个实验的场所，由此，我们能够比较它们所主张的各种不同类型的灵性经验的后果。从这点来看，古代学派的多元性是宝贵的。但是，它们所给的模范，只有在它们被还原到自己本质或者最深刻的意义时，才可能被现实化。它们必须与自己古旧的宇宙论和神话的元素分开，由是，它们的根本观点——那些学派自己视其为本质性的——才能够显示出来。我们可以走得更远些——正如我在别处说过那样，我相信，这些模范符合所有人在开始寻找智慧时自己必定发现的永恒的、根本的态度。④我在《内心的堡垒》中谈到一种普遍的斯多葛主义，它不仅在西方出现，而

---

① 参见前文。
② 维特根斯坦，《逻辑哲学论》6.4311，那里他暗示伊壁鸠鲁对死亡和斯多葛派对当下的看法。
③ 雅斯培尔斯，"伊壁鸠鲁"，载赖芬伯格和施泰格合编的《世界居住者和魏玛人——贝乌特勒纪念文集》（*Weltbewohner und Weimarianer: Festschrift E. Beutler*, Zurich, 1960），第132—133页。
④ 前引 P·阿多，《内心的堡垒》，第330—333页。

且——正如 J·谢和耐所说的那样——也在中国出现。[①]我曾经说过，我一直不喜欢比较哲学，因为我认为它会引起混乱和任意的联系。但是，现在我读了同事比戈、德鲁瓦、胡林和索莱尔的著作，在我看来，在古代的哲学态度和那些东方的哲学态度之间，确实存在惊人的类似。[②]这些类似不能由历史影响加以解释；然而，它们的确可能使我们更好地理解，所有可以被包括在以这种方式相互阐明的哲学态度中的东西。使我们获得内心平和，以及与他人或者与宇宙交流的手段，并不是没有限制的。我们也许应该说，我们描述过的生活选择——苏格拉底、斐洛、伊壁鸠鲁、斯多葛派、犬儒学派和怀疑主义的那些生活选择——符合持久的、普遍的模范，它们以各种不同形式在所有文明和遍及人性的各种不同的文化领域中被发现。[③]这就是我为何早前提及佛教文本以及被佛教所鼓舞的胡林的一些理论，因为我认为，这些东

---

① 谢和耐，《中国和基督宗教》第二版（*Chine et Christianisme*, 2$^{nd}$ ed., Paris, 1991），第 191 页；同一作者论文"王夫之的智慧，17 世纪中国哲学"（"La sagesse chez Wang-Fou-tche, philosophe chinois du XVII$^e$ siècle"），载加多弗尔编的《世界的智慧》（*Les sagesses du monde*, Paris, 1991），第 103—104 页。

② 见前引戈《印度思考吗？》；德鲁瓦，《印度的遗忘》（*L'oubli de l'Inde*, Paris, 1989）；前引胡林著作《野蛮人的神话故事》；索莱尔，参见本书第 388 页注②，同一作者的"思考东方"（"L'Orient de la pensée"），载《哲学手册》（*Les Cahiers de philosophie*, n° 14, 1992），第 5—42 页。

③ 参见前文。

西可以使我们更好地理解希腊圣贤的本质。最令人感兴趣的在于，在希腊、印度和中国，走向智慧的路径是无所谓的态度，或者拒绝使不同的事物在价值上一致起来。这样的不同表达了个人的自我主义、偏爱和有限的观点——"井底之蛙"的观点，或者"桶底之蝇"的观点，正如庄子说的：

> 井鼃不可以语于海者，拘于虚也；夏虫不可以语于冰者，笃于时也；曲士不可以语于道者，束于教也。今尔出于崖涘，观于大海，乃知尔丑，尔将可与语大理矣。①

如此的不感兴趣和无所谓把我们带回一种本原的状态：深存我们心中的宁静和平和。它先于我们针对世界和他人的个体性而存在，因此先于自我主义和自我中心性而存在，后者把我们从宇宙分开，无情地把我们扫进对欢愉的不安追求和对痛苦的永久害怕中。

诸如"生活在当下"和"从上往下看事物"这样的灵修，可以在歌德、尼采和维特根斯坦那里找到。②在我们由

---

① 庄子，《秋水》，由刘齐晖翻译，载《道家哲学》（*Philosophes taoïstes*, Paris：Gallimard, Pléiade, 1980），第 202、244 页。

② 论歌德的内容，见 P·阿多的论文"'唯一的当下和我们的善'：歌德在古代哲学中表现出来的当下的价值"（"'Le present seul est notre Bonheur'. La valeur de l'instant présent chez Goethe et dans la philosophie antique"），载《第欧根尼》（*Diogène*, n° 133, 1986），第 58—81 页；同一个作者论文"从上看到的大地和宇宙旅行：诗人、哲学家和（转下页）

此理解"哲人"这个意义上说，它们相当为其所接受。我希望在以后的著作中回到这个论题上。

更一般地来说，用索勒尔的话："古人也许比我们更为接近东方人。"①一位现代的中国作者提出过同样的观点："中国哲人全是程度不同的苏格拉底。知识和智慧在哲人人格中是不可分的。他的哲学要求自己践行它，而他自己则是哲学的传达者。与自己的哲学信念一致地生活，属于他哲学的一部分。"②因此，"哲人"或者智慧的热爱者，在我们由此理解这些称呼的意义上，能够寻找在东方哲学中的生活模范，而且这些离古代的模范并不是那么的远。

再者，这样的"哲人"容易招致风险。这些风险中的第一位将是满足于哲学论辩的诱惑。在漂亮措辞和真正知道一个人自己——真正改变自己——之间有一个深渊。此外，它仿佛说，哲学的"理论化"最深刻的理由是这种倾向——仿

---

（接上页）历史学家的视点"（"La terre vue d'en haut et le voyage cosmique. Le point de vue du poète, du philosophe et de l'historien"），载《前沿和被征服的空间》（*Frontières et conquête spatiales*, Dordrecht-Londres, 1988)，第31—39页。关于尼采，见《尼采与瓦格纳的对立》"结语 I"（*Nietzsche Contra Wagner*, Epilogue, I, Paris, Gallimard），载《尼采全集》卷8，第275页："所有这都是必然的，当从上往下和整体济世的角度去看时，它本身也是有用的。我们得不仅容忍它，而且热爱它。"至于维特根斯坦，见《逻辑哲学论》6.4311和6.45。

① 前引索莱尔，"哲学和智慧的热爱：古代和我们印度之间"，载普兰编的《印度、欧洲和后现代——塞雷座谈会缘起》，第198页。

② 金岳霖引用冯友兰的《中国哲学简史》（*Précis d'histoire de la philosophie chinoise*, Paris, 1952)，第31页。

佛是哲人天生的——把他引导到满足论辩，或者他建立的、重建的或欣赏的概念建筑学。贯穿整个古代哲学史，在所有学派那里，我们见到对哲人引起危险的同样警告，倘若他认为自己的哲学论辩能够不需要哲学生活就足以直达本身的话。当柏拉图为了证明自己去锡拉库萨的决定是合理的而这样写的时候，他已经感觉到这种经常存在的危险：

> 我担心，我会把自己看成是一个优秀的言说者，不能够坚决地行动。①

另一个危险——所有危险中最坏的那个——是相信一个人能够不需要哲学反省而做事。哲学的生活方式一定通过理性的、有根据的论辩得以证明是合理的，这样的论辩与生活方式不可分开。然而，我们不得不批判地反思古代、现代和东方的论辩，因为它们证明某种现存的生活方式是合理的。我们必须试图清晰地给之所以用这样的方式行动以理由，并且反思我们的经验和他人的经验。没有这样的反思，哲学生活就会沉沦到索然乏味的陈腐、心满意足的自得或者迷乱中。确实，我们不能为了像哲人那样生活，而人人都写一本《纯粹理性批判》。但是，像一个哲人那样生活，也意味着

---

① 柏拉图，《第七封信》，328c，布里森翻译，第 173 页。

用一种严格的技术方式来反思、推理和概念化——或者，正如康德习惯说的那样，"为了自己而思考"。哲学生活是一种永不终结的探求。①

最后，尽管仍然有顽强阻碍哲学教诲的陈词滥调，但我们千万别忘了，古代哲学生活总是与对他人的关心密切相关联，这种要求是哲学生活所固有的，尤其当它在当代世界存在时。用弗里德曼的话来说：

> 一个现代圣人（假如他存在的话），不会离开——就像那么多令人厌恶的唯美主义者做过的那样——人的污水坑。②

但那是说，弗里德曼看到，在古代哲人和国家之间关系中的问题几乎是不可解决的。我们一定同意，因为"做事的"哲人总是冒着让自己被政治激情和仇恨卷走的危险。在弗里德曼看来，这种情况生生不息的原因在于，为了改善人类的处境，我们把自己的力量集中"在有限的团体组织上，甚至在个人身上"，而且，"在灵性的努力（一些人的改变）

---

① 参见德鲁瓦的论文，"春天的哲学"（"Philosophie de printemps"），载《书的世界》（*Le Monde des livres*，21，avril，1995），第 IX 页。德鲁瓦引用康德的"对形而上学的反思"（Reflexionen zur Metaphysik），载《康德全集》学术版卷 18（*Kant's Gesammelte Schriften*，Akademie edition，Bd. XVIII，Berlin und Leipzig，1928），第 488 页（康德手写的补遗第 5 卷：形而上学，第 2 部分，I）："得以启蒙意味为自己去思考"。
② 前引弗里德曼，《权力和智慧》，第 360 页。

上"——他认为，这有可能最终被传达和扩散。哲人残酷地意识到自己在世界上的孤独与无力，因为这个世界在两种无意识状态之间被扯开：一种来自对金钱的偶像崇拜，另一种是面对亿万人的悲惨痛苦。在这样的状况下，哲人肯定永远不能获得圣贤的绝对宁静。因此，做哲学也意味着遭受这种分离和无力的痛苦。但是，古代哲学也教导我们不要自暴自弃，而是继续理性地行动，努力根据由智慧的理念构造的规范去生活，不管发生什么，即使我们的行动似乎是非常有限的。用马可·奥勒留的话来说：

> 不要指望柏拉图的《理想国》，而是应该为一件小事带来的进步感到高兴；请思考一下：从这样一件小事得出的结果，其实并不是真的那么微不足道。①

---

① 马可·奥勒留，IX，29，5。也见 P·阿多的《内心的堡垒》，第 321—325 页。

# 参 考 书 目

## I

## 题词引文出处

Nietzsche, *Humain, trop humain. Le voyageur et son ombre*, § 86, dans Nietzsche, *Œuvres philosophiques complètes*, t. III, 2, Paris, Gallimard, p. 200.

Kant, *Vorlesungen über die philosophische Encyclopädie*, dans *Kants gesammelte Schriften*, XXIX, Berlin, Akademie, 1980, p. 8 et 12.

Plotin, *Ennéades*, V, 6 (24), 5, 9.

Simplicius, *Commentaire sur le Manuel d'Épictète*, introduction, texte grec et apparat critique, par I. Hadot, Leyde, Brill, 1996, XXIII, ligne 163.

Nietzsche, *Fragments posthumes. Automne 1881*, 15 [59], dans Nietzsche, *Œuvres philosophiques complètes*, t.V, p. 530.

Pétrarque, *De sui ipsius et multorum ignorantia*, dans *Prose*, a cura di G. Martellotti..., Milan, 1955, p. 746-748.

Sénèque, *Lettres à Lucilius*, 108, 36.

Pascal, *Pensées*, § 331 Brunschvicg (Classiques Hachette).

Épictète, *Entretiens*, III, 21, 23.

Thoreau, *Walden*, éd. et trad. G. Landré-Augier, Paris, 1967, p. 89.

Plotin, *Ennéades*, II, 9 (33), 15, 39.

Montaigne, *Essais*, III, 13, Paris, Gallimard, Pléiade, 1962, p. 1088.

# II

## 古典作家引文目录

古典作家引文确切的参考资料通常都已在注释中标明。然而，对于那些非常"经典"的作家，如柏拉图或者亚里士多德，笔者并未给出相关参考资料的版本和译本，而只是满足于标明在所有版本的边缘处都给出的编码。 例如： 柏拉图，《会饮篇》，208e；或者通常引用的——像西塞罗和爱比克泰德这样的作家的——著作的卷数、章节和段落。 为了对注释中给出的简要说明做出补充，下面列出确切的参考资料以供想要对看原文的读者之需，笔者将自己使用的古典著作文集的相关信息提供给他们。

*Abréviations*

**BL**    Collection des Universités de France, Paris. Les Belles Lettres.
**CAG**    Commentaria in Aristotelem Graeca, Berlin.
**GF**    Collection Garnier Flammarion, Paris, Flammarion.
**Pléiade**  Bibliothèque de la Pléiade, Paris, Gallimard.
**LCL**    Loeb Classical Library, Cambridge (Mass.)-Londres.
**SC**    Sources chrétiennes, Paris, Éditions du Cerf.
**SVF**    *Stoicorum Veterum Fragmenta*, éd. H. von Arnim, I-IV Leipzig, 1905-1924, rééd. Stuttgart, Teubner, 1964.

ARISTÉE : voir *LETTRE D'ARISTÉE*.
ARISTOPHANE, *Les Nuées*, dans Aristophane, t. I, texte de V. Cou-lon, trad. par H. Van Daele, BL, 1960.
ARISTOTE : les traductions citées sont empruntées, parfois en les modifiant, soit à la traduction complète par J. Tricot dans la *Bibliothèque des textes philosophiques*, Paris, Vrin, 1951 1970, soit aux traductions qui se trouvent dans BL, ou dans GF

AUGUSTIN, *La Cité de Dieu*, livres I-XXII, trad. Combès, dans . *Bibliothèque augustinienne, Œuvres de saint Augustin*, n° 33-37, Turnhout, Brepols, 1959-1960.

AULU-GELLE, *Nuits attiques*, éd. et trad. R. Marache, livres I-XV, BL, 1967-1989.

CICÉRON : les traductions citées sont empruntées, parfois en la modifiant, à la traduction presque complète dans BL, notamment *Des termes extrêmes des biens et des maux*. Quelques traités sont traduits dans la collection GF, notamment les *Nouveaux livres académiques* et le *Lucullus*, dans le volume Cicéron, *De la divination*, etc., trad. Ch. Appuhn, GF, 1937 (rééditions).

CLÉMENT D'ALEXANDRIE, *Stromates*, I-II (trad.C. Mondésert), V (trad. A. Le Boulluec), SC, 1954-1981.

—*Le Pédagogue*, I-III (trad. M. Harl, Cl. Mondésert, Ch. Matray, introd. et notes d'H.-I. Marrou), SC, 1960-1970.

DIODORE DE SICILE, *Bibliothèque historique* : texte grec et traduction anglaise par différents auteurs sous le titre *Diodorus Siculus*, t. I-XII, dans LCL, 1933-1967 ; édition et traduction en cours, livres I, III, XII, XV, XVII-XIX, dans BL, 1972-1993.

DIOGÈNE LAËRCE (cité : D. L.), *Vies, doctrines et sentences des philosophes illustres* ; en général, les traductions que j'ai données sont originales. Il existe une traduction complète (peu satisfaisante) dans GF ; une nouvelle édition et une nouvelle traduction sont en préparation ; traduction anglaise avec texte grec par R. D. Hicks, dans LCL n°184-185, 1925 (rééditions).

ÉPICTÈTE, *Entretiens*, livres I-IV, texte établi et traduit par J. Souilhé, BL, 1948-1965 ; voir aussi la traduction de V. Goldschmidt, dans *Les Stoïciens*, par É. Bréhier et P.-M. Schuhl, Pléiade, 1964 ; *Manuel*, trad. J. Pépin, dans *Les Stoïciens*, Pléiade, 1964.

EUSÈBE DE CÉSARÉE, *Préparation évangélique*, livre XI, éd. É. des Places, trad. G. Favrelle, Paris, SC, 1982.

ÉVAGRE LE PONTIQUE, *Traité pratique du Moine*, texte grec et trad. par A. et Cl. Guillaumont, SC, 1971 ; *Le gnostique*, texte grec et trad. par A. et Cl. Guillaumont, SC, 1989.

HÉRODOTE, *Histoires*, livre I texte et trad. Ph. E. Legrand. BL. 1970.

Hésiode, *Théogonie, Les Travaux et les Jours*, éd. et trad. par P. Mazon, BL, 1928 (rééditions).

Homère, *Iliade*, Chants I-XXIV, t. I-IV, éd. et trad. P. Mazon. BL 1937 (rééditions); *Odyssée*, chants I-XXIV, t. I-III, éd. et trad. V. Bérard, BL, 1924 (rééditions); *Hymnes homériques* : Homère, *Hymnes*, éd. et trad. par J. Humbert, BL, 1936 (rééditions).

Horace : les traductions citées sont empruntées, parfois en la modifiant, à la traduction complète des œuvres du poète établie par F. Villeneuve dans BL, 1929-1934 (rééditions).

Isocrate, *Discours*, t. I-IV, éd. et trad. par G. Matthieu et É. Brémond, BL, 1962.

Jamblique, *Vie de Pythagore*, trad. allemande : Iamblichos, *Pythagoras*, herausg., übersetzt und eingeleitet von M. von Albrecht, Darmstadt, 1985.

*Lettre d'Aristée*, éd. et trad. A. Pelletier, SC 89, 1962.

Lucrèce, *De la nature*, texte établi et traduit par A. Ernout, t. I-II, BL, 1924 (rééditions); voir aussi Lucrèce, *De rerum natura*, commentaire exégétique et critique par Alfred Ernout et Léon Robin, BL, 1925-1926; Lucrèce, *De la nature*, traduit du latin par J. Kany-Turpin, Paris, Aubier, 1993.

Marc Aurèle : j'ai donné ma propre traduction des *Pensées*, dont on trouvera le texte grec dans BL, éd. Trannoy, 1924 (rééditions), et surtout dans l'édition de J. Dalfen. Leipzig, Teubner, 1972, 2ᵉ éd. 1987.

Numénius, *Fragments*, éd. et trad. par É. des Places, BL, 1973.

Ovide, *Métamorphoses*, éd. et trad. par G. Lafaye, BL, 1928 1930 (rééditions).

Philon d'Alexandrie : les traductions citées sont empruntées parfois en la modifiant, à la traduction complète, accompagnée du texte grec, réalisée par différents auteurs, dans *Les Œuvres de Philon d'Alexandrie*, publiées par R. Arnaldez, Cl. Mondésert, J. Pouilloux, Paris Éditions du Cerf, 1962-1992.

Platon : les traductions citées sont empruntées, parfois en les modifiant, soit à la traduction complète de BL et de la Pléiade, soit aux nouvelles traductions publiées dans GF.

Pline l'Ancien, *Histoire naturelle*, XXXV, éd. et trad. J. M. Croi sille, BL, 1985

PLOTIN, *Ennéades*, éd. et trad. par É. Bréhier, BL, 1924-1938 pour *Enn.* III, 5; VI, 7; VI, 9 (respectivement traités 50, 38 et 9), j'ai emprunté mes citations aux trois volumes parus de la collection *Les Écrits de Plotin*, sous la direction de P. Hadot, Paris, Cerf, 1988-1994.

PLUTARQUE : les traductions citées sont empruntées soit à la traduction très avancée des *Vies* et des *Œuvres morales* qui se trouve en BL, soit aux traductions des traités antistoïciens, qui sont rassemblés, avec les textes d'autres auteurs, dans la Bibliothèque de la Pléiade, sous le titre *Les Stoïciens*. Voir aussi pour les traités antistoïciens, la traduction anglaise de H. Cherniss, dans LBL, n° 470, 1976.

PORPHYRE, *De l'abstinence*, livres I-IV, éd. et trad. J. Bouffartigue, M. Patillon et A. Segonds, BL, 1979-1995; *Vie de Pythagore, Lettre à Marcella*, éd. et trad. É. des Places, BL, 1982. *Sententiae*, éd. du texte grec par E. Lambertz, Leipzig, Teubner, 1975; une traduction française va paraître très prochainement

PROCLUS, *Commentaire sur le Timée*, trad. Festugière, t. I-V, Paris, Vrin, 1966-1968.

SÉNÈQUE : les traductions citées sont empruntées, parfois en la modifiant, à la traduction complète dans BL, 1929-1961(rééditions); voir aussi Sénèque, *Entretiens, Lettres à Lucilius*, Paris, R. Laffont (Bouquins), 1993, révisé par P. Veyne.

SEXTUS EMPIRICUS : il n'existe pas en français de traduction complète de l'ensemble de l'œuvre. J'ai emprunté certaines traductions à J.-P. Dumont, *Les Sceptiques grecs*, textes choisis, Paris, PUF, 1966, voir aussi *Œuvres choisies de Sextus Empiricus*, trad. J. Grenier et G. Goron, Paris, Aubier, 1948; trad. anglaise par R.G. Bury, dans LBL, n° 273, 291 et 311, 1935-1936 (rééditions).

SOLON, *Élégie aux Muses*, texte grec dans E. Diehl, *Anthologia Lyrica Graeca*, Leipzig, Teubner, 1953, p. 20.

THUCYDIDE, *La guerre du Péloponnèse*, livres I-VII, éd. et trad. J. de Romilly, BL, 1968-1970.

XÉNOPHON, *Banquet*, éd. et trad. par F. Ollier, BL, 1961 (rééditions); *Mémorables*, dans Xénophon, *Œuvres complètes*. t. III, GF, 1967 (rééditions).

## III

本书注释中更多引文，可参考以下挑选的书目。 笔者有意限定这些书目的数量，以便就本书所探讨主题提供容易接受的补充信息。

K. ALBERT, *Von philosophisches Leben, Platon, Meister Eckhart Jacobi Bergson, Berdjaer*, Würburg, 1995.

*Archiv für Begriffsgeschichte*, t. II, 1982, p. 166-230 (Hommage à Jacob Lanz, articles en langue allemande consacrés à la notion de « philosophe »).

D. BABUT, *La religion des philosophes grecs, de Thalès aux Stoïciens*, Paris, 1974.

P. BOYANCÉ, *Lucrèce et l'épicurisme*, Paris, 1963.

V. BROCHARD, *Les sceptiques grecs*, Paris, 2ᵉ éd. 1932, réimpression 1959.

A. DAVIDSON, Introduction à : Pierre Hadot, *Philosophy as a Way of Life*, Oxford-Cambridge (Mass.), 1995, p. 1-45.

M. DETIENNE, *Les maîtres de vérité dans la Grèce archaïque*, Paris, 1967 (aspects religieux et intellectuels de la pensée présocratique).

J.-P. DUMONT, *Éléments d'histoire de la philosophie antique*, Paris, 1993.

P. FRIEDLÄNDER, *Plato*, I, *An Introduction*, Princeton, 1973.

P. HADOT, *Exercices spirituels et philosophie antique*, Paris, 3ᵉ éd., 1993.

— *Philosophy as a Way of Life*, voir à : A. Davidson.

— « La philosophie hellénistique » dans J. Russ (dir.), *Histoire de la philosophie. Les pensées fondatrices*, Paris, 1993.

— « Il y a de nos jours des professeurs de philosophie, mais pas de philosophes... », *L'Herne. Henry D. Thoreau*, Paris, 1994, p. 188-193.

— « Émerveillements », dans *La Bibliothèque imaginaire du Collège de France* éd. par F. Gaussen, Paris, 1990, p. 121-128.

J. HERSCH, *L'étonnement philosophique Une histoire de la philosophie*, Paris, 1981, 2ᵉ éd. 1993.

B.-L. HIJMANS JR., *ΑΣΚΗΣΙΣ. Notes on Epictetus Educational System*, Assen, 1959.

H.-G. INGENKAMP, *Plutarchs Schriften über die Heilung der Seele*, Göttingen, 1971.

W. JORDAN, *Ancient Concepts of Philosophy*, Londres-New York, 1990.

D. KIMMICH, *Epikureische Aufklärungen. Philosophische und poetische Konzepte der Selbstsorge*, Darmstadt, 1993.

M.-L. LAKMANN, *Der Platoniker Tauros in der Darstellung des Aulus Gellius*, Leyde, 1995.

M.C. NUSSBAUM, *The Therapy of Desire. Theory and Practice in Hellenistic Ethics*, Princeton, 1994.

J. PERRET, « Le bonheur du sage », *Hommages à Henry Bardon*, collection Latomus, t. 187, Bruxelles, 1985, p. 291-298.

J.A. PHILIP, *Pythagoras and Early Pythagoreanism*, Phoenix, suppl., vol. VII, University of Toronto Press, 1966, p. 159-162 (critique de l'interprétation chamanistique).

J. PIGEAUD, *La maladie de l'âme. Étude sur la relation de l'âme et du corps dans la tradition médico-philosophique antique*, Paris, 1981.

Plato's *Apology of Socrates. A Literary and Philosophical Study with a Running Commentary*, edited and completed from the papers of the late E. de Strycker, Leyde, 1994.

M.-D. RICHARD, *L'enseignement oral de Platon. Une nouvelle interprétation du platonisme*, préface de P. Hadot, Paris, 1986 (traduction de textes et bibliographie sur les théories concernant l'enseignement oral de Platon).

J. C. THOM, *The Pythagorean Golden Verses with Introduction and Commentary*, Leyde, 1995 (texte, trad., comm. des *Vers d'or* pythagoriciens).

A. C. VAN GEYTENBEECK, *Musonius Rufus and Greek Diatribes*, Assen, 1963.

W. WIELAND, *Platon und die Formen des Wissens*, Göttingen, 1982 (Platon n'enseigne pas un savoir, mais un savoir-faire).

# 年 代 大 事 记

符号±表示时间为约数。对于哲学家的活动时代来说，这是非常常见的情形。通常，我选择符合古人称之为稳定 (akmé) 的时间：讨论的人物达到成熟期的时刻，或者他活动或名望的盛期。在古莱的《古代哲学家词典》第一卷从阿巴蒙到阿克西塞亚和第二卷从巴贝利卡到狄斯库里乌斯中，读者能够找到不同哲学家生平细节的有用资料。

## 公 元 前

850—750　荷马史诗创作。

700?　　赫西奥德，希腊诗人，《工作与时日》的作者。

650±？　普罗康尼萨斯的阿里斯特亚旅行到达中亚，创作诗篇《阿里玛斯培亚》(Arimaspea) 。

640±？　埃庇米尼得斯在雅典进行了赎罪献祭。

600—550　第一批思想家出现在小亚细亚的雅典殖民地：米利都的泰勒斯，他预言了 585 年 5 月 28 日的日食；

阿那克西曼德；阿那克西米尼。

600± 七贤——历史和传说的人物：梭伦，米蒂利尼的皮塔科斯，斯巴达的喀隆，普里耶涅的彼亚斯，科林斯的佩里安德，林多斯的克莱奥布洛斯，米利都的泰勒斯。

594± 梭伦，雅典政治家和诗人，后来被认为是七贤之一。

560±？ 阿巴里斯，在毕达哥拉斯哲学和柏拉图哲学传统中，与毕达哥拉斯联系在一起。

540±？ 科洛封的色诺芬尼从小亚细亚的雅典殖民地科洛封移居到达意大利南部的雅典殖民地爱利亚。

540±？ 泰奥格尼斯，贵族伦理的哀歌诗人。

532± 毕达哥拉斯，出生于萨摩斯岛，移居意大利南部的雅典殖民地克罗顿，后来又到了墨塔蓬通。据说他是（传说中的）哲人克拉佐门尼的赫谟提谟的转世。

504± 以弗所的赫拉克利特（以弗所是小亚细亚的雅典殖民地）。

500± 佛陀和孔子教导他们的学说。

490—429 希腊政治家伯里克利的生活时间。

470± 克拉佐门尼的安那克萨哥拉。

460± 阿格里真托的恩培多克勒。

450±以后 爱利亚的巴门尼德，爱利亚的芝诺，萨摩斯的默利索斯。

450± 以后　智者活动的全盛期，主要包括普罗塔哥拉、高尔吉亚、普罗狄科、希庇亚斯、塞拉西马柯、安梯丰、克里底亚。

450±　希罗多德，历史学家。

440±　阿布德拉的德谟克利特。

435±　苏格拉底在雅典教学。

432　安那克萨哥拉在雅典被指控不敬虔，被迫逃离。

432—431　苏格拉底参加波提狄亚战役。

431—416　亚西比德，雅典政治家，苏格拉底的门徒。

430±　修昔底德写作《伯罗奔尼撒战争史》。

423±　阿里斯托芬的剧作《云》，在其中嘲笑了苏格拉底的教诲。

399　苏格拉底被指控不敬虔，并被处死。

399±？　苏格拉底的门徒安提西尼、居勒尼的亚里斯提卜和麦加拉的欧几里得，建立了各自的学派。

390±　伊索克拉底在雅典创办了学校，在那里他教授作为一般文化的"哲学"。

389—388　柏拉图第一次旅行至南意大利和西西里。见到叙拉古的狄翁。

388—387　柏拉图在雅典一个叫做"学园"的体育学校中建立了自己的学校。学园的主要成员有欧多克索斯、赫拉克利特、色诺克拉底、斯珀西波斯、亚里士多德和泰阿泰德。还有两个女人——阿克西塞亚和拉斯提亚。

370—301　中国哲学家庄子，他将老子视为自己的导师。

367—365　可尼杜的欧多克索斯取代柏拉图，成为学园的领导者。其时柏拉图第二次到西西里，去拜访叙拉古的狄奥尼修二世。

361—360　本都斯的赫拉克利特取代柏拉图成为学园的领导者，后者第三次前往西西里。

360±以后　犬儒主义者第欧根尼，安提西尼的门徒。

360±?　斯菲托的埃斯基涅，苏格拉底的门徒，在雅典授课，并创作对话。在对话中，苏格拉底是其中的角色。

350±?　色诺芬，苏格拉底的门徒，写了关于苏格拉底的回忆录。

349—348　柏拉图去世。斯珀西波斯继承他学园领导的职位。

339—338　色诺克拉底被选举为学园的校长，接替斯珀西波斯。

希腊化时代

336　亚历山大大帝成为马其顿国王。

335　亚里士多德在雅典建立自己的学园。学园的重要成员包括泰奥弗拉斯托斯、亚里士多塞诺斯、狄凯亚尔库、克里尔库斯。根据碑铭材料，克里尔库斯旅行到了雅典的一座城市，这座城市后来成为阿富汗的埃哈奴姆（Aï Khanoum）。

334 亚历山大大帝远征波斯和印度。阿布德拉的阿那克萨库——德谟克利特的学生、皮浪和俄涅西克里图都参加了这次远征。

328± 以后 犬儒主义者第欧根尼的第一代门徒：莫尼摩、俄涅西克里图、克拉底、希帕吉雅、梅特罗克勒斯、迈尼普斯和墨涅德摩斯。

326—323 在亚历山大大帝停留塔克西拉期间，印度圣人卡拉努斯见到这些希腊人，并在亚历山大大帝死后不久自杀。

323 亚历山大大帝在巴比伦去世。在接下来动乱的几年中，各种形式的希腊专制政体形成。

322± 亚里士多德去世，泰奥弗拉斯托斯继任。

321 喜剧诗人梅南德尔，他可能受到伊壁鸠鲁的影响。

320± 埃利斯的皮浪的哲学活动。他的门徒包括雅典的斐洛和雅典的泰门。

312 色诺克拉底去世。波勒谟继任成为学园的领导者。

306 伊壁鸠鲁在雅典成立自己的学园。他的第一批门徒包括希罗多德、皮托克勒、赫尔玛库、梅特罗多洛、波吕安努斯、兰萨库斯的勒翁忒乌、塞米斯塔、勒翁提安、科罗特、阿波罗尼德和朋友伊多梅纽斯。

301±　基提翁的芝诺在雅典建立斯多葛学派。他的第一批门徒包括珀尔修斯、希俄斯的阿里斯顿和阿索斯的克莱安西斯。

300±　（亚历山大的）欧几里得写作《几何原本》。

300±　克兰托尔成为学园的校长。

295±　托勒密一世在亚历山大城建立科学研究中心，名叫"缪斯庙"①。亚里士多德主义者法莱勒的德米特里与之有关。3 世纪末，其中的教师包括天文学家萨摩斯的阿利斯塔克和医生希罗菲卢斯。

287—286　兰普萨库斯的斯特拉顿接替泰奥弗拉斯托斯成为逍遥学园的校长。

283—239　马其顿国王安提柯·哥纳塔宠爱哲学家，尤其对斯多葛主义者，比如克莱安西斯。

276—241　学园校长阿凯西劳斯给了学园"批判"的定位。

268±　吕康继承斯特拉顿成为逍遥学园的校长。

262±　芝诺去世，克莱安西斯成为斯多葛学派的领导者。

---

① Musée, 即后来的博物馆。——译者

235± 斯多葛主义者索非卢斯，芝诺和克莱安西斯的学生，成为斯巴达国王克莱奥梅尼三世的顾问，并可能是继任者亚基斯四世的顾问。他建议进行社会改革。

230± 克莱安西斯去世，克里西波斯成为斯多葛学派的领导者。

212 罗马军队包围叙拉古，杀死了天文学家、数学家、工程师阿基米德。

164± 卡涅阿德斯成为学园校长。

155 雅典遣使去罗马，要求免除重罚。使团中包括三位哲学家：学园的卡涅阿德斯、亚里士多德学派的克里托劳斯和斯多葛学派的巴比伦的第欧根尼。

150± 塔索斯的安提帕特（或安提帕托斯）成为斯多葛学派的领导者。

149—146 马其顿和希腊归附罗马。

144± 斯多葛主义者帕奈提乌加入西庇阿斯圈子。他于129年继承安提帕特成为斯多葛学派的领导者。

133± 在罗马，安提帕特的学生、斯多葛主义者布洛修斯影响了提比略·格拉胡斯的社会改革，或许，在帕加马也影响了阿里司托尼库斯寻求所有奴隶自由和公民平等的造反。

110± 拉利萨的斐洛和卡玛达斯在学园中教学。

106—43 西塞罗，罗马政治家，他的哲学著作受到当时"学园"的很大启发（卡涅阿德斯、拉利萨的斐洛、卡玛达斯、阿斯卡龙的安提库斯）。

99± 昆图斯·穆修斯·斯卡厄沃拉大祭司和卢提里乌·鲁弗斯，罗马政治家，斯多葛主义者。

97—55 卢克莱修，伊壁鸠鲁哲学家和诗人，《物性论》的作者。

95—46 乌提卡的加图，罗马政治家，斯多葛学派哲学家。

87 罗马人占领雅典，苏拉的军队抢劫了这座城市。

79± 阿什凯隆的安条克在雅典开办了自己的学校，反对"批判的"态度——从阿凯西劳斯到拉利萨的斐洛时期学园的立场。

60± 毕达哥拉斯主义复兴的种种迹象。

50±？ 帕加马的阿波罗芬尼，伊壁鸠鲁哲学家。

50± 迦达拉的菲洛德穆，伊壁鸠鲁派哲学家，卡普尼乌·皮索——恺撒岳父的朋友。他的很多作品可以在赫库拉尼厄姆的帕比里庄园中找到。

49± 西西里的狄奥多罗斯，历史学家。

44 恺撒遇刺。

43 朱尼厄斯·布鲁图斯，罗马政治家，恺撒的谋杀者，在雅典参加柏拉图主义者塞奥涅斯特的课程。塞奥涅斯特是在雅典讲课的最后一位被称为"学园式"的哲学家，即批判性的哲学家。由柏拉图、亚里士多德和芝诺创立的教育机构，在罗马共和国的最后一年消失。吸取柏拉图、亚里士多德和芝诺学说遗产的新学校在雅典和其他城市建立。

35± 亚历山大的欧多鲁斯，柏拉图主义哲学家。

30 亚克兴战役，埃及最后一位皇后克娄巴特拉去世。希腊化时代结束。

30? 在他的家乡，奥诺安达的第欧根尼把伊壁鸠鲁学派的主张雕刻在一块墓碑上（一些学者认为，这块碑铭的时间在公元2世纪）。

7± 萨摩斯的阿密尼亚斯，伊壁鸠鲁哲学家。


# 公 元 后

### 罗马帝国

27 屋大维统治罗马帝国，并从元老院获得"奥古斯都"的称号。罗马共和国结束，帝国开始。拉丁文学繁盛（贺拉斯、奥维德）。阿里乌斯·狄底谟斯，奥古斯都的顾问，写了一本介绍不同哲学学派"教义"的思想地图。塞克提乌斯父子，接受斯多葛和毕达哥拉斯的观点。他们对塞内加的思想影响很大。

29—30 拿撒勒的耶稣被钉死在耶路撒冷。

40± 亚历山大的斐洛，柏拉图主义者，犹太教希腊化的最重要作家之一。他将对基督教"哲学"产生重大影响。

48—65　塞内加，斯多葛学派哲学家，家庭教师，后来成为皇帝尼禄的顾问。公元 62 年之后，他全身心地投入哲学活动。公元 65 年，皇帝迫使他自杀。

60　柏拉图主义者阿摩尼奥斯在雅典授课。喀罗尼亚的普卢塔克是他的听众。

93—94　皇帝图密善将所有哲学家驱逐出罗马。斯多葛学派哲学家、汝弗斯的学生爱比克泰德被赶出罗马后，在希腊的亚得里亚海海岸尼科波利斯建立了一所学校。

96　皇帝内尔瓦掌权。

100±？以后　普卢塔克，具有"批判"倾向的柏拉图主义者。

120±　基督教护教士的文学活动开始，特别是查斯丁、阿特那哥拉斯和安条克的泰奥菲勒。泰奥菲勒将基督宗教展现为一种哲学。

129—200　医生和哲学家加利安的生活时间。

133±　巴西里德斯，第一位"得到历史确认的"诺斯替主义者，在亚历山大里亚授课。

140　在敬虔者安东尼统治期间，诺斯替主义者瓦伦廷在罗马授课。

140±　阿尔勒的法沃里努斯，有"批判"倾向的柏拉图主义者。

146　柏拉图主义者卡尔维西乌斯·陶鲁斯在雅典授

课。他的学生中包括奥卢斯·格利乌。

147　托勒密，天文学家、数学家和地理学家。

150±　柏拉图主义者阿普列乌斯。

150±?　柏拉图主义者努墨尼奥斯和克罗尼乌斯。

150±?　阿尔喀诺俄斯，柏拉图主义哲学家，柏拉图主义梗概的作者。

150±?　柏拉图主义者阿尔比努斯，《柏拉图对话篇导论》的作者，在士麦那授课。

155±　提尔的马克西姆，修辞学家，柏拉图主义哲学家。

160±　讽刺作家卢奇安，受犬儒主义的影响。

161—180　皇帝马可·奥勒留统治。他是一位深受伊壁鸠鲁学说影响的斯多葛主义者。

176　在雅典，马可·奥勒留为四个主要派别设立了哲学教席（由皇家资助）：柏拉图主义、亚里士多德主义、斯多葛学派和伊壁鸠鲁学派。

176±　阿提库斯，柏拉图主义哲学家，出任马可·奥勒留设立的柏拉图主义的教席，在雅典授课。

177±　奥卢斯·格利乌创作了《阿提卡之夜》。

177±　塞尔苏斯，柏拉图主义哲学家，参与反对基督教的论战。

180 以后　巴勒斯坦的亚历山大里亚和该撒利亚成为基

督教"哲学"教育的中心。其拥护者包括潘腾、亚历山大的克雷芒、奥利金、魔术家格列高利、该撒利亚的优西比乌斯。

190± 塞克斯都·恩披里柯，物理学家、怀疑主义哲学家，发展了早期怀疑主义者如埃奈西德穆（公元前 1 世纪中期？）和阿格里帕（年月不详）的主张。

198± 阿佛罗狄西亚的亚历山大，教授亚里士多德哲学，可能是在雅典，并出版了很多对亚里士多德著作的注释。

200± 第欧根尼·拉尔修写作《名哲言行录》。

244—270 普罗提诺，阿谟尼乌斯·萨卡斯的学生，在罗马建立了一个柏拉图主义（即新柏拉图主义）学校。他的门徒包括波菲利、阿美留斯、卡斯特里修司和罗伽提亚努斯。普罗提诺的一些作品中包含有对诺斯替主义的讨论。

300± 基督教修院主义开始。安东尼隐居沙漠。356年，亚历山大的阿塔纳修将写作安东尼的传记。

**基督教帝国**

312—313 君士坦丁大帝皈依基督教。他颁布"米兰敕令"，确保了基督宗教崇拜的实践。

313± 扬布利科斯在叙利亚建立了一个柏拉图主义（即新柏拉图主义）的学校，或许是在阿帕密亚。通过对毕达哥拉斯传统和神迹的重要贡献，他极大影响了后来的新柏拉图主义。他写了很多对柏拉图和亚里士多德的注释。他的门徒包括卡帕多西亚的爱得斯奥斯和亚辛的狄奥多尔。

361—363　皇帝朱利安统治，新柏拉图主义哲学家，属于扬布利科斯传统的以弗所的马克西姆的学生。在新柏拉图主义刺激下，开始了对基督教的反对。

360±以后　"有学问的修道生活"兴起，拥护者包括巴西勒、纳西昂的圣格列高利和尼撒的格列高利。

375±以后　雅典的普卢塔克。雅典柏拉图主义（即新柏拉图主义）学园诞生。

386—430　奥古斯丁的文学生涯。

400以后　新柏拉图主义在雅典和亚历山大里亚兴盛（私人学校）；教师包括绪里亚努、普罗克洛斯、达马斯基奥斯、希罗克洛斯、赫米亚斯、阿谟尼乌斯、辛普利西乌斯、奥林匹奥多罗斯。在第5和第6世纪，雅典和亚历山大里亚（比如希罗克洛斯、赫米亚斯、阿谟尼乌斯和奥林匹奥多罗斯）的新柏拉图主义，在重要教义上并无大的差别。绪里亚努、普罗克洛斯、赫米亚斯、阿谟尼乌斯、奥林匹奥多罗斯、菲洛波努斯、辛普利西乌斯和其他一些人，作了很多对柏拉图和亚里士多德的注释。新柏拉图主义是反对基督宗教的中心。

529　朱斯蒂尼安皇帝禁止异端授课。新柏拉图主义哲学家达马斯基奥斯、辛普利西乌斯和普里西安离开雅典，流亡到波斯。在考斯罗与朱斯蒂尼安达成和平协议之后，他们在卡雷（拜占庭帝国领土，但处于波斯的影响之下）定居，并继续授课。

529± 新柏拉图主义者约翰·菲洛波努斯皈依基督教，或许是因为朱斯蒂尼安禁止异教徒授课的法令的缘故。

540± 加沙的多罗泰，修道院作家。

**图书在版编目(CIP)数据**

古代哲学的智慧／(法)阿多著；张宪译.
—上海：上海译文出版社，2017.12（2023.8重印）
（译文经典）
ISBN 978-7-5327-7642-9

Ⅰ.①古… Ⅱ.①阿… ②张… Ⅲ.哲学—通俗读
物 Ⅳ.①B-49

中国版本图书馆 CIP 数据核字(2017)第 230574 号

Pierre Hadot
Qu'est-ce que la philosophie antique?
ⓒ Editions Gallimard，Paris，1995
根据伽里玛出版社 1995 年版译出
图字：09-2010-509 号

**古代哲学的智慧**

〔法〕皮埃尔·阿多 著 张宪 译
责任编辑/衷雅琴 装帧设计/张志全工作室

上海译文出版社有限公司出版、发行
网址：www.yiwen.com.cn
201101 上海市闵行区号景路159弄B座
江阴市机关印刷服务有限公司印刷

开本 787×1092 1/32 印张 14.25 插页 5 字数 230,000
2017 年 12 月第 1 版 2023 年 8 月第 6 次印刷
印数：11,501-13,000 册

ISBN 978-7-5327-7642-9/B·440
定价：69.00 元